HEIKE PRASCHEL

Weltenbummler

HEIKE PRASCHEL

Welten bummler

Eine Familie bereist
dreißig Monate die Welt

Mit 67 farbigen Fotos
und zwei Karten

MALIK ☐ NATIONAL GEOGRAPHIC

Mehr Bäume.
Weniger CO₂.
www.cpibooks.de/klimaneutral

Mehr über unsere Autoren und Bücher:
www.malik.de

Bibliografische Information der Deutschen Nationalbibliothek
Die Deutsche Nationalbibliothek verzeichnet diese Publikation in der
Deutschen Nationalbibliografie; detaillierte bibliografische Daten
sind im Internet über http://dnb.d-nb.de abrufbar.

MALIK NATIONAL GEOGRAPHIC

Erstmals im Taschenbuch
Februar 2016
© Piper Verlag GmbH, München / Berlin 2014
Redaktion: Antje Steinhäuser, München
Umschlaggestaltung: Dorkenwald Grafik-Design, München,
unter Verwendung eines Entwurfs von kohlhaas-buchgestaltung.de
Umschlagabbildungen: Mexiko (Vorderseite), Kirgistan (Rückseite),
Mongolei (vordere Klappe): Heike Praschel
Autorenfoto: Heike Praschel
Fotos im Bildteil: Heike Praschel
Karten: Marlise Kunkel, München
Litho: Lorenz & Zeller, Inning am Ammersee
Satz: Greiner & Reichel, Köln
Gesetzt aus der Regacy Serif
Papier: Naturoffset ECF
Druck und Bindung: CPI books GmbH, Leck
Printed in Germany   ISBN 978-3-492-40581-2

Für Sarah, Emma,
Paula und Tom

»Es heißt ›Nomaden reisen nie ohne Grund‹;
reisen Sie mit offenem Herzen, und lassen Sie die
Begegnung mit Andersartigem Grund Ihrer Reise sein.«

aus: Marion Wisotzki, Erna Käpelli und Ernst von
Waldenfels, *Mongolei – Unterwegs im Land der Nomaden*

Inhalt

2. Teil: Amerika
Kanada, USA, Mexiko

Prolog

Esme streicht ihre dunklen Haare zurück und drückt mir
einen selbst gehäkelten Wollschal in die Hand.

»*Komsure*«, sagt sie – Nachbarschaft –, und ich nicke gerührt. Dann steigt sie zu den fünf Männern, die während
der letzten Wochen den Strand, unser Winterquartier, mit
uns geteilt hatten, ins Auto und schlägt die Tür zu.

Der Motor springt an, rumpelnd zuckelt die verbeulte
Karosserie über den unebenen Weg, und bevor das Gefährt
hinter der letzten Kurve verschwindet, reiße ich noch einmal den Arm nach oben.

»Bis in drei Wochen«, rufe ich halblaut. Dann wollen Esme
und ihre Leute uns nämlich besuchen. Ich blicke zu den
verlassenen Hütten hinüber.

Grau und leer stehen die kleinen Bretterverschläge vor
der rauschenden Brandung, alte Fußabtreter verschwinden
halb unter feuchtem Sand.

Der Kopf einer grau-weißen Hündin taucht auf. Zusammen mit ihren fünf Welpen schnüffelt sie zwischen den
hölzernen Buden nach alten Fischresten, während das salzige Wasser um ihre Füße schwappt, und nach mehr als
zwei Monaten haben wir den wenige Autostunden von der
syrischen Grenze entfernten Strand ganz für uns alleine.

Der Wind rauscht durch die alten knorpeligen Bäume,
die hinter unserem Lagerplatz aus dem Boden wuchern,
vor uns leuchtet das Mittelmeer in einem geradezu un-
natürlich strahlenden Grün.

Ich recke meinen Kopf in die warmen Strahlen der türkischen Sonne, und noch während ich die salzige Luft tief

einatme, setze ich mich summend an den alten hölzernen Picknicktisch, den wir vom Strand ein kleines Stück bis zu unserem Laster getragen haben.

Es ist warm, zu warm für die Jahreszeit. Das T-Shirt klebt mir am Rücken, das Thermometer zeigt weit über zwanzig Grad, und Fred, unser vierjähriger Husky, liegt hechelnd im Schatten. Heute ist der 31. Dezember, Silvester. Seit zehn Monaten sind wir jetzt unterwegs und haben nach einer Asienreise und Tausenden von Kilometern quer durch Russland Anfang Dezember unser Winterlager in Karatas aufgeschlagen.

Nachdenklich streiche ich mir die dunkelblonden Locken hinter die Ohren und blicke auf das weiße Papier, das vor mir auf dem Tisch liegt. Dann zücke ich meinen alten Bleistift und beginne zu schreiben:

31. Dezember, Strandsäuberung
Die Fischer und Esme, knapp ein Dutzend Menschen, müssen den Strand verlassen, ein Bewohnen der alten Buden wird nicht länger geduldet, wenn Herbst und Winter zu Ende gehen. Wie jedes Jahr, so haben es uns die Fischer erzählt, will die Stadtverwaltung den Strand für die Touristen frei und sauber halten, sogar den riesigen Haufen Müll, der bis vor Kurzem Nase und Auge herausforderte, haben sie im Sand vergraben. Alles ist plötzlich so ruhig. Keine Boote mehr auf dem Wasser, kein Gehämmer an den baufälligen Hütten, keine allgegenwärtigen Stimmen ... ein merkwürdiges Gefühl nach so langer Nachbarschaft. Die Einzigen, die bleiben, sind die Hunde, eine Mutter mit fünf Welpen und ein großer schwarzer Rüde, dem die Türken den Namen Barack Obama gegeben haben. Ich hoffe, wir können noch eine Zeit lang bleiben, denn hier fühle ich mich schon fast wie zu Hause ...

Zu Hause ... nachdenklich schweift mein Blick über den breiten Strand, der sich bis nach Karatas zieht, und leise schwingen die Gesänge der Muezzins über die sanften Hügel. Vor knapp einem Jahr hatte mein Zuhause noch ganz anders ausgesehen: hundert Quadratmeter Wohnfläche anstatt acht, fließend warmes Wasser und ein Badezimmer im Gegensatz zu einem baufälligen Klohäuschen ohne Dach, ein eingezäuntes Gemüsegärtchen statt eines kilometerlangen Strandes.

Von Weitem sehe ich meine drei Töchter über den Sand laufen, und die Welpen, die eben noch nach Futter gesucht haben, springen begeistert um ihre Füße ... Einen besseren Tausch hätten wir wohl kaum machen können. Jetzt, fast ein ganzes Jahr später, bin ich mir dessen sicher.

Abschied von Deutschland, März 2010

Stein in der Oberpfalz oder: Wie alles begann

»Wir fahren in die Mongolei!« Unser Entschluss stand fest, auch wenn die Leute immer wieder den Kopf schüttelten.

Ein alter Laster stand zur Abfahrt bereit in unserem Gemüsegarten, drückte seine Schnauze in den Rhabarber und das Heck in die Pfefferminze, der frisch ausgebaute Wohnkoffer duftete nach Holz und dem eingelassenen Öl, während die Kinder ihre letzten Kuscheltiere aus dem Haus trugen.

Feuerwehrrot leuchtete der Lack des Lasters, der an einigen Stellen abzuplatzen begann, darunter sah man Sanitäterweiß und Militärgrün. Das Gefährt hatte hundert PS, siebenundzwanzigtausend Kilometer und stolze siebenundvierzig Jahre auf dem Buckel, und hätte es ein vernarrter Schrottplatzbesitzer nicht gerettet, läge es jetzt wohl zu Einsatz-Übungszwecken zerflext in alle Einzelteile auf einem rostigen Haufen Altmetall.

Vor knapp einen Jahr hatten wir den Mercedes 710 tief im Osten Deutschlands entdeckt, verliebten uns auf Anhieb in seine runde Schnauze, und für sechstausend Euro nahmen wir ihn mit nach Hause und verwandelten den damals noch leeren Metallkasten in ein ausgebautes Wohnmobil.

Holz dominierte jetzt sein Inneres, das mit einer kleinen Sitzecke mit versenkbarem Tisch, einem Sofa, einer Küchenzeile samt Wasserkanister, Staukästen und abgerindeten Stämmen (an Regal und Schränkchen), verziert mit geschnitzten Sonnen, ausgestattet war. Auf dem selbst geschweißten Dachträger stapelten sich unsere acht Alukisten mit den nötigsten Kleidungsstücken, Spielzeug und

Ersatzteilen, dazu ein Solarpaneel für den Strom im Wohnkoffer und die kleine Kinderbadewanne.

Am Heck hatten wir sogar eine ausklappbare, etwa zwei Meter lange Veranda angebracht, ein Metallgestell mit Holzbohlen, hinter dem sich während der Fahrt zusätzlicher Stauraum befand.

»Mit dem olden Koarn kumts dets grod amal die näxtn finf kilometa, obar niad waida!« Ein alter Bauer stand kopfschüttelnd vor unserem Staketenzaun und beäugte misstrauisch den plattgewalzten Gemüsegarten.

»Was wollts dets denn ibahapt in da Mongolai? Is des daham net schena?«

Ohne eine Antwort abzuwarten, fuhr er fort: »Und anu mit de Kinda, des is doch vül zu gfärlich, mai, was da alls passiern ko!« Vorsichtig legte er seine raue Hand auf einen der Zaunpfosten und kratzte sich nachdenklich über den grauen Stoppelbart.

»Jo mai, als ich no jinga war, da war i scho mitgfarn, des hätt ma scho gfalln, aba etzad is a scho zspat ... beim Russn, ja da wor ich a scho, damals im Kriag ...«

Gedankenverloren schüttelte er den Kopf und griff dankbar nach der Flasche Bier, die ihm Tom über den Zaun reichte.

»Mai, des worn nu Zeitn!«

Langsam schritt ich am 1. März ein letztes Mal durch unser Haus. Merkwürdig hohl klangen meine Schritte in den leeren Räumen, und die gelbe Farbe leuchtete hell von den kahlen Wänden. Noch roch ich das Kümmelöl für Paulas Bauch in ihrem Zimmer, die Räucherstäbchen und das frisch geputzte Holz, doch schon bald würden, wie die Möbel, auch die altvertrauten Gerüche verschwunden sein und sich neue ausbreiten. Morgen schon würde jemand anderes hier wohnen!

Ich holte tief Luft und bückte mich nach einem kleinen Zettel, der auf der Fensterbank liegen geblieben war, eine

Seite aus einem alten Urlaubsprospekt. »Ferien mit Pferd und Wa-« war gerade noch zu entziffern, und ich erinnerte mich.

Ich sah den selbst gebauten Planwagen vor mir, das hohe Dach, das mir vorkam wie einer dieser holländischen Hüte aus der Käsewerbung, hörte die klappernden Hufe der trabenden Pferde. Vor allem aber waren mir die vor Begeisterung leuchtenden Augen in Erinnerung geblieben, die Augen des jungen belgischen Pärchens, das schon seit neun Monaten mit Pferd und Wagen durch Deutschland unterwegs war und von der Hilfsbereitschaft der Bauern schwärmte, von Nächten am Lagerfeuer und den Geschichten aus alten Zeiten. Etwas benommen, mit der neugeborenen Emma auf dem Arm, hatten wir am Straßenrand gestanden und dem begeisterten Klang der Stimmen gelauscht, bis ein kleines Fünkchen davon in unsere Köpfe übergesprungen war.

Damals hatte alles begonnen, damals schon hatten wir den Entschluss gefasst, in die Welt zu reisen, und uns ein feierliches Versprechen gegeben:

In drei Jahren brechen wir auf.

Noch am selben Tag hatte ich eine Karte an die Wand genagelt, auf der wir die weiteste Fahrstrecke suchten, und spontan pinnten wir eine rote Nadel unter den dick gedruckten Namen eines Landes – die Mongolei ...

Unser Traum von damals war jedoch zunächst schnell in Vergessenheit geraten. Tom hatte eine Zusatzausbildung zum Naturlehrer begonnen, ich war wieder schwanger geworden, und als unsere dritte Tochter Paula zur Welt kam, hatten wir die Belgier schon völlig vergessen. Nur der Pin blieb, als kleiner roter Punkt unter dem breit geschriebenen Namen der Mongolei, wie ein getrocknetes Samenkorn, das sich in unsere Gedanken gepflanzt hatte und nur eines Tropfen Wassers bedurfte, um zu wachsen.

Zwei Jahre waren vergangen, als plötzlich ein kleiner Trieb aus der harten Schale brach.

Unser Leben lag vor uns wie ein aufgeschlagenes Buch. Wir wussten, was wir erreicht hatten, und wir wussten, was uns erwartete. Und uns war klar, dass wir uns nicht vorstellen konnten, genau so und an diesem Ort unser restliches Leben oder auch nur die nächsten Jahre zu verbringen. Eine erneute Unruhe ergriff von uns Besitz.

Unsere Augen verweilten auf dem kleinen roten Punkt, suchten Halt an dem darübergeschriebenen Namen, und eine neue Idee wuchs in unseren Gedanken. Unsere Kinder sollten etwas anderes kennenlernen als den normalen Schulalltag und das Oberpfälzer Dörfchen. Sie sollten durch Erfahrungen lernen, sollten ihre Sinne gebrauchen und die Umwelt, Geschichte, fremde Kulturen und Sprachen selbst erfahren und hautnah erleben.

Der rote Pin wurde wieder zum Ziel, und wir stürzten uns in die Vorbereitungen. Innerhalb weniger Monate kauften wir uns den Laster, legten die Route in die Mongolei fest, beantragten Visa, kündigten Sparverträge und vermieteten unser Haus. Tom, der als Heilerzieher gearbeitet hatte, beantragte Elternzeit und nahm danach unbezahlten Urlaub. Ich hatte, bevor die Kinder kamen, zuletzt als Kinderpflegerin gearbeitet. Mit knapp dreißigtausend Euro Erspartem im Gepäck, unseren zwei kleinen Töchtern Emma (zu dem Zeitpunkt dreieinhalb) und Paula (ein Jahr und acht Monate) und unserem Hund Fred wollten wir uns auf den Weg nach Südosten machen. Unseren einzigen festen Termin hatten wir am 1. August, 10.20 Uhr in Ölgii in der Mongolei. Dort, knappe vierzehntausend Kilometer entfernt und fünf Monate später, würden wir Sarah, unsere Große, nach ihrem Schulabschluss wieder in die Arme schließen.

Nachdenklich knüllte ich die alte Seite des Urlaubsprospekts in meiner Hand zu einem kleinen Ball, lief ein letztes Mal über die hölzerne Treppe, bevor ich hinter mir die Tür ins Schloss zog. Drei Jahre! Ich runzelte die Stirn und rechnete. Morgen wäre unser selbst gesetztes Ultimatum abgelaufen, wir waren genau in unserem Zeitplan.

Die ersten Meter

Mit in die Seiten gestemmten Fäusten stand Emma vor dem bepackten Laster und schüttelte unnachgiebig den Kopf.

»Das Laufrad muss aber mit!« Sie verstand nicht, warum wir all die Sachen in den großen LKW packten, sie schaute auf das leer geräumte Haus und wirkte plötzlich traurig. Ihr neues Hochbett, ihre Rutsche und ihr Pferd auf Rädern, all das war verliehen und aus ihrem Zimmer getragen, und ich konnte zusehen, wie sie wütend wurde, stinkewütend. Jetzt auch noch das Laufrad! Stampfend lief sie in den Schuppen und griff nach dem roten Lenker.

»Wenn das Laufrad nicht mitdarf, dann fahr ich auch nicht.« Und das war ihr letztes Wort. Wild schüttelte sie die gelockten Haare und brüllte wie ein siegreicher Löwe, als ich nach dem Laufrad griff und es auf den Dachträger hievte.

»Wir fahren in die Mongolei«, hatten wir ihr immer wieder erklärt, doch Emma schien die Worte kaum zu hören, kniff die Lippen zusammen und beobachtete ihre kleine Schwester, die in der Nähe auf dem Boden saß und an einem trockenem Zwieback lutschte.

Noch einmal lief sie durch den Garten, grub ihre kleine Hand in einen letzten Schneeberg und legte ihr Lieblingsschneckenhaus auf einen großen Stein. Ihrer Meinung nach konnte all das doch nicht allzu lange dauern.

»Du musst aufpassen, wir kommen bald wieder!«, ließ sie das Schneckenhaus wissen. Dann griff sie nach meiner Hand und kletterte über die hohen Stufen in den engen Laster. Der Motor dröhnte, fast taten einem die Ohren weh, und erschrocken krallte sie ihre kleinen Finger in den Kindersitz. Paula saß auf meinem Schoß und nuckelte an ihrem Schnuller, während Emma ihre Stirn in Falten legte und prompt die unumgängliche Frage stellte: »Wann sind wir denn da?«

Ich strich ihr über die widerspenstigen Locken und blickte durch die schmale Heckscheibe nach draußen, sah unser Häuschen kleiner und kleiner werden. Ein paar vermummte Walker, die in einiger Entfernung über den verschlammten Boden stapften, hielten kurz inne, um zu winken, inzwischen waren wir bekannt wie bunte Hunde. Wir waren die, die in die Mongolei fuhren, oder zumindest die, die da hinfahren wollten. Denn ob wir jemals ankommen würden, stand freilich in den Sternen.

Noch nie hatten wir die europäischen Grenzen überschritten, hatten keine Ahnung von Fernreisen, hatten den Laster gerade mal einige Hundert Kilometer gefahren. Was, wenn etwas schiefging? Was, wenn die Kinder krank wurden? Und was, wenn uns alles zu viel würde? Wie würden wir ohne Toilette, fließend warmes Wasser und Bad zurechtkommen, wie ohne eine uns verständliche Sprache?

Wir hatten eine Entscheidung getroffen. Und das Haus war vermietet, für zwei Jahre. Ich schloss die Augen und holte tief Luft.

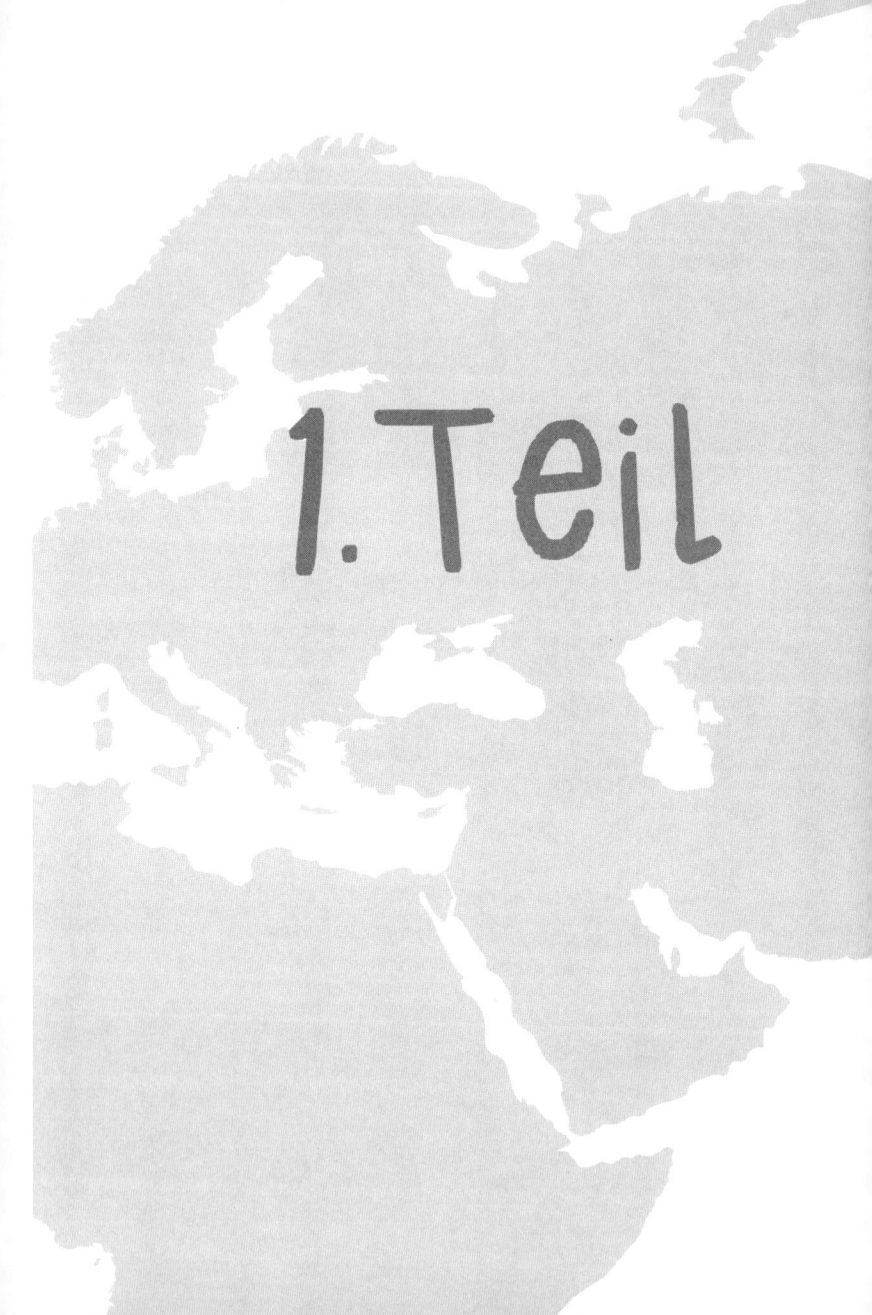

1.Teil

Asien

Türkei, Iran, Turkmenistan,
Usbekistan, Kirgistan, Kasachstan,
Altai, Mongolei, Sibirien, Russland,
Türkei, Griechenland, Mazedonien,
Serbien, Kroatien, Ungarn, Österreich,
Tschechien, Deutschland

Etappe 1: Türkei, März 2010

Türkische Wegweiser und Hundegeschichten

Zwei Wochen später, Mitte März, ein ganzes Stück hinter Istanbul: Das kalte Licht einer Neonröhre flackerte über uns, und eine dicke Fliege flog surrend gegen das heiße Glas. Unser Laster parkte auf dem dreckigen Parkplatz einer kleinen Tankstelle. Wir mussten uns wegen des Iran-Visums zwar ziemlich mit der Fahrt beeilen (einundzwanzig Tage hatten wir insgesamt, um an die iranische Grenze zu gelangen), aber die Umstellung auf das Leben im Wohnkoffer unseres Lasters war problemlos verlaufen, und insbesondere die Kinder fühlten sich ab dem ersten Tag pudelwohl. Der Boden der türkischen Tankstelle, an der wir nun gerade standen, war fleckig von den Resten übergelaufener Tanks, und in einigen Pfützen fanden sich merkwürdig gelbliche, stinkende Reste. Ich hatte mich neben Tom an das kühle Metall des Koffers gelehnt, gemeinsam starrten wir auf die vor uns ausgebreitete Karte, verglichen die Namen kleiner Ortschaften mit einer Notiz auf einem verknitterten Zettel, als ein schmaler junger Mann zu uns herübergeschlendert kam. Er hatte die Hände in die Taschen seiner weiten Jeans gesteckt und musterte interessiert unseren bepackten Laster.

»*Siz nere-li-siniz?*«

Tom zuckte hilflos die Schultern.

»Es tut mir leid, ich verstehe kein Türkisch ... *I don't understand.*«

Er zog die Karte zu sich, zeigte auf einen kleinen Punkt in der Nähe der Schwarzmeerküste, dann auf den Boden unter seinen Füßen. »Ist das hier? *Is this the place?*«

»*Yok!*«

Vehement schüttelte der schmale Türke den Kopf, dann nahm er Tom die Karte aus der Hand, drehte sie hin und her, deutete auf eine kleine Ortschaft, die um einiges weiter nördlich lag ... Karagöllü. Überrascht zog Tom die Augenbrauen in die Höhe, kratzte sich an seinem Bart.

»So weit drüben? Das kann doch gar nicht sein!«

Nachdenklich fuhr er mit dem Finger über eine Straße.

»Hier sind wir gefahren, dann abgebogen und hier ...«, er umkreiste ein kleines Gebiet mit dem Finger, »... zwischen Izmit und Adapazari müssten wir jetzt eigentlich irgendwo sein!«

»*Hayir!*« Nein.

Wieder schüttelte der junge Mann den Kopf, er lehnte sich erneut über die große Karte, wobei ein kleines goldenes Kreuz aus seinem aufgeknöpften Ausschnitt baumelte, und deutete in die Nähe derselben Ortschaft – Karagöllü. Zwei weitere Männer kamen über den Platz gelaufen. Einer war klein und kompakt und hüpfte mit seinen polierten Schuhen leichtfüßig über die stinkenden Pfützen. Der andere war breit und muskulös und stampfte schwerfällig daher.

»*Merhaba!*«, tönte es mit einer ungewöhnlich hellen Stimme über seine schwulstigen Lippen.

Der Schmale grinste, reichte ihnen die Hand und empfing sie mit einem Schwall Türkisch, Tom dagegen lächelte etwas gequält, sah mich Hilfe suchend an, dann zog er ein kleines Büchlein aus der Hosentasche, »Kauderwelsch: Türkisch Wort für Wort«, und blätterte eine Zeit lang darin.

»*Türkce yok!*« – Ich habe kein Türkisch, brachte er schließlich hervor, und die Männer strahlten.

Am frühen Morgen hatten wir Istanbul hinter uns gelassen, waren mittags von der Schnellstraße gefahren und hatten in einem Gewirr aus Dörfern, kleinen Sträßchen, Sackgassen und Waldwegen nach einem ruhigen Plätzchen gesucht, irgendwann und ohne Vorwarnung hatte uns unser Orientierungssinn komplett im Stich gelassen, und allein standen wir mitten im tobenden Leben zwischen lauter Schildern mit uns gänzlich unbekannten Namen. Hunde bellten, Kühe liefen über die Straße, bunte Wäschestücke wehten im Wind wie Gebetsfahnen, die kleine Tankstelle, in deren Fenster unaufhörlich der Schriftzug »Efes«, der Name einer Brauerei, blinkte, erschien uns wie eine ruhende Insel im tosenden Meer. »Efes« blinkte es im Fenster, als wir auf den Parkplatz rollten, vier neongelbe Buchstaben, geformt aus einem dünnen Lichterschlauch. Efes ... Efes ...

Mittlerweile hatte sich eine stetig wachsende Traube um Tom gebildet, fünf oder sechs schwarze Haarschöpfe beugten sich über unsere Karte, und die mir fremde Sprachmelodie flatterte durch die Luft wie ein aufgeregter kleiner Vogel. Emma und Paula hatten ihre Köpfe nebeneinander aus dem schmalen Schiebefenster gestreckt und sahen auf mich hinunter. Inzwischen war der Tankwart aus seinem Verschlag getreten, er hatte ein dunkles Käppi tief über zwei buschige Augenbrauen in die Stirn gezogen und trug vor seiner speckigen Schürze ein silbernes Tablett voller zierlicher dampfender Gläser, aus denen der Geruch nach schwarzem Tee stieg. Er stellte es auf eine alte Zapfsäule, machte eine einladende Geste, dann nahm er eines der Gläser, balancierte es auf seinen breiten Fingern bis zu mir und überreichte mir das zerbrechliche Gefäß mit einem knappen Wort: »*Çay.*«

Dankbar führte ich das dunkelbraune Gebräu an meine Lippen, es war bitter und stark, herrlich. Emma und Paula begannen indessen lautstark zu protestieren. Der Mund des Tankwarts unter einem buschigen Schnauzbart verzog sich zu einem breiten Lächeln, dann zog er aus den Jackentaschen zwei kleine Flaschen Limonade, reichte sie den strahlenden Kindern und küsste seine zusammengepressten Fingerspitzen, während er auf ihre Köpfe deutete. Mit einem anerkennenden »*çok güzel*«, sehr schön, marschierte er forschen Schrittes zurück zu den Männern. Immer wieder tauchte Toms hellbrauner Schopf aus einem Meer von Schwarz auf, seine Hände hasteten durch die Luft, als suche er nach einem rettenden Strohhalm, der ihn aus dem fremdartigen Strudel reißen könnte, eine Welle aus wogendem Türkisch begrub ihn unter sich, bis er erschöpft nach Luft schnappte.

»*Yer karavan kurmak*«, gepresst und abgehackt kamen die aneinandergestückelten Worte aus seinem Mund, gingen unter in einer brennenden Diskussion, die gar nichts mehr mit uns zu tun haben schien, nur der Schmale richtete sich auf, sah Tom ins Gesicht

»*Efendim?*« Wie bitte?

»*Yer karavan kurmak.*« Ort, Wohnwagen, aufstellen.

In seiner Ratlosigkeit, fast schon Verzweiflung, hatte Tom die Worte eher geschrien als gesagt. Sie hallten über den Platz, und alle restlichen Gespräche verstummten mit einem Schlag.

»*Tamam!*« In Ordnung.

Der Tankwart klopfte Tom beruhigend auf die Schulter und grinste.

»*No problem, karavan camping … tamam!*« Dann schob er ihn sanft in Richtung Laster und griff entschlossen nach einem imaginären Lenkrad. Resignierend zuckte Tom die Schultern und warf mir einen letzten hilflosen Blick zu:

»Das nächste Mal bist du dran«, sagte er und kletterte auf den Fahrersitz, während ich mich zu den Kindern schwang. Der Schmale sprang mit einem Satz auf die Trittstufe zur Fahrertür, hielt sich am Dachträger fest und deutete starr gerade aus, wie ein fest montierter Wegweiser.

»*Karavan camping*«, wiederholte er und nickte, während Tom aufs Gaspedal drückte. Hinter uns starteten zwei voll besetzte Autos, Schotter spritzte auf, die gelbliches Brühe einer großen Pfütze schwappte über den ausgefahrenen Teer, dann rollten wir im Konvoi auf die Straße. Ich sah zwei Jungen winken, feiner Staub hüllte uns in eine kratzige Wolke, unser türkischer Trittbrettfahrer hatte sich ein dünnes Tuch vor Mund und Nase gebunden, dessen Zipfel im Fahrtwind flatterten. Im Rückspiegel wirkte er nun wie Ali Baba persönlich, und ich überlegte zum ersten Mal, wo wir wohl landen würden.

Nur zehn Minuten später hatten wir einen schmalen Weg erreicht, der sich zwischen platten Wiesen und monoton gleichmäßig gepflanzten Baumplantagen dahinzog, dann sahen wir einige Häuser vor uns auftauchen. Klein, grau und eng aneinandergeschmiegt ragten sie aus dem geordneten Grün, vor einem der Häuser kam unser Konvoi zum Stehen. Unser Begleiter bedeutete uns zu warten und verschwand hinter einer weiß getünchten Tür, vor der kleine lila Blüten aus dem Boden sprossen. Ein Hund riss an seiner Kette, sprang kläffend vor seiner Hundehütte auf und nieder, und ein dunkler Schatten schob sich aus dem Gebüsch des daneben gelegenen Schuppens. Mächtige Hörner tauchten vor uns auf, dichtes, dunkles Fell unter einer prächtigen Schnauze, durch die sich ein silberner Ring zog, ein Wasserbüffel trottete gemächlich vor uns über die Straße, verschwand auf der anderen Seite zwischen den zusammenstehenden Häusern, als hätte es ihn nie gegeben. Jetzt endlich öffnete sich die Haustür, und eine ältere Frau mit großer getönter Brille trat neben dem Schmalen auf die Straße, sie lächelte uns entgegen, und ich streckte zur Begrüßung den Kopf aus dem Fenster.

»*Hello, my name is Fatime*«, sagte sie. »*He told me, you are searching a place for the night?*«

»*Yes, we do.*« Ich lächelte sie erleichtert an.

»*You can park in my garden!*«

»*Really? That's great, thank you very much!*«

Sie zeigte mit einer einladenden Geste auf die große, mit Blumen übersäte Wiese bei ihrem Haus und strahlte.

»*Stay wherever you want!*«

Tiefe Spuren hinter sich zurücklassend, rollte der tonnenschwere Laster auf den weichen Boden, zart leuchteten die bunten Blümchen vor den monströsen Reifen, die Hündin, die nur wenige Meter entfernt vor ihrer Hütte kläffte, verzog sich mit zwischen die Hinterbeine geklemmtem Schwanz ins Innere ihrer vier Wände. Es roch nach Frühling, mehrere Nachbarn hatten sich auf der Straße versammelt, nachdem unser lebendes GPS, Ali Baba und seine Begleitfahrzeuge, mit durchdrehenden Reifen das Dorf verlassen hatten, Emma und Paula tollten durch das frische Gras wie kleine Raketen, und die Hausherrin saß auf einem unserer Campingstühle und erzählte.

»Ich war schon oft in Deutschland«, sagte sie auf Englisch, nahm dabei ihre große Brille ab und putzte sie mit einem Zipfel ihrer bunt bedruckten Bluse.

»Plätze zum Übernachten finde ich immer im Internet, habt ihr schon einmal Couchsurfing probiert?«

»Nein«, überrascht musste ich grinsen, ich hatte die etwas ältere Dame ganz anders eingeschätzt.

Sie nickte, dann deutete sie auf ihr Haus:

»Ihr könnt gerne mein Bad benutzen, duschen, Wäsche waschen, was ihr so braucht, und wenn ihr wollt ... in einer halben Stunde gibt es Abendessen!«

Sie erhob sich, strich noch einmal über die Köpfe der Mädchen, dann verschwand sie erneut hinter der weiß getünchten Tür, die einladend einen Spaltbreit offen blieb. Zart und verlockend wehten Gerüche daraus hervor, der Duft nach warmer Milch, nach Kaffee und frisch gebackenem Kuchen, nach aufgeschnittenen Tomaten und Kräutern. Töpfe klapperten, und durch den dunklen Spalt der geöffneten Tür war ein undefinierbarer Zipfel bunter Plüsch auszumachen.

Still und leise schlichen Emma und Paula um die Hausecke, spähten durch das stumpfe Glas eines kleinen Fensters, streckten ihre Köpfe durch den schmalen Spalt der geöffneten Tür, bis eine helle Stimme aus dem Inneren rief:

»*Come in!*«

»Ihr könnt ruhig reingehen«, übersetzte ich und stieß die Tür auf.

Ein schmaler Gang lag vor uns, kalter Betonboden, auf dem mehrere Paare grellbunte Plüschschuhe an der Wand aufgereiht standen; vor den Durchgängen, die in andere Zimmer führten, hingen bunte Stoffe.

Fatime steckte den Kopf aus der relativ geräumigen

Küche, kleine Lachfältchen um ihre dunklen Augen. Hinter ihr auf einem Gasherd brodelte eine weiße Flüssigkeit in einem riesigen Emailtopf.

»Schön, dass ihr da seid, geht am besten ins Arbeitszimmer, da habe ich schon einen Tisch aufgestellt!«

Sie zeigte auf den angrenzenden Raum und schob für uns den Vorhang zur Seite. Als Erstes sah ich die Bücher, Hunderte davon, dicht an dicht gestapelt in einem schmalem Regal, das die ganze Zimmerbreite einnahm, Romane, Lexika, Bildbände und Sachbücher. Direkt daneben der Schreibtisch, mit Laptop und Ordnern, und in der Mitte des Raumes der versprochene Tisch und fünf Sitzkissen.

Wir ließen uns auf die weichen Polster fallen. Minuten später dampfte eine helle Suppe in kleinen Schüsseln vor uns, und Fatime fing mit ihrer leisen und eindringlichen Stimme an zu erzählen, ich fungierte als Übersetzerin.

»Habt ihr Sibse schon gesehen?«, wandte sie sich an die Kinder, die interessiert lauschten.

»Ist das der Hund an der Kette?«

»Nein, nein, Sibse ist ein Kangal, ein türkischer Herdenschutzhund, etwa so groß wie ein Kalb!«

Sie hielt ihre Hand zur Verdeutlichung auf Bauchhöhe, und gespannt schüttelten beide den Kopf.

»Seit ein paar Tagen ist sie verschwunden, jedes Jahr um diese Zeit sucht sie nach ihrem Freund. Ich habe sie jetzt schon fünf Jahre, schon seit sie ein ganz kleines Hundebaby war, und draußen an der Kette, das ist ›die Mutige‹, ihre Tochter.

Eigentlich hatte ich immer reinrassige Babys von ihr gewollt, aber seit sie ein Jahr alt war, kam ein braun-weißer Mischlingsrüde zu ihr, und schon dreimal wurde er der Vater ihrer Kinder. Jedes Mal ist er im Winter gekommen und ist so lange bei ihr geblieben, bis sie die Jungen zur Welt gebracht hatte, doch seit zwei Jahren ist er verschwunden, spurlos, und ich habe ihn nie wieder gesehen.«

Mit großen Augen hingen die Mädchen an ihren Lippen, besonders Emma, die schon von klein auf einen Narren an jeder Art von Tieren gefressen hatte, konnte ihren Kopf kaum abwenden.

»Seitdem mag Sibse keinen anderen Rüden mehr, und immer, wenn es an der Zeit ist und viele Hündinnen ihre Jungen bekommen, verschwindet sie und sucht nach ihm. Vor zwei Tagen hat ›die Mutige‹ geworfen, und seitdem ist Sibse fort!«

»Die Arme«, Emma rührte in ihrer Suppe und seufzte. Nach einer Zeit fragte sie:

»Wieso heißt ›die Mutige‹ eigentlich so?«

Fatime lächelte.

»Das ist eigentlich ein Witz. Sie hat vor allem und jedem Angst, gerade dann, wenn ihre Mutter verschwindet, deshalb habe ich sie zum Spaß ›die Mutige‹ genannt.«

Emma kicherte leise vor sich hin, und selbst, als wir uns über eine Stunde später auf den Rückweg zum Laster machten, ging ihr die Geschichte nicht aus dem Kopf.

»Meinst du, Sibse findet ihren Freund?«

»Ich weiß es nicht, vielleicht!«

In diesem Moment schob sich ein brauner Schädel aus der Dunkelheit, und ein riesiger Hund verstellte uns den schmalen Weg ... Sibse war zurückgekehrt! Massig und geradezu herrschaftlich sah sie uns entgegen, wie gebannt blieben wir stehen und starrten in die gelb leuchtenden Augen. Nur Emma schien keine Angst zu haben. Noch bevor ich sie zurückhalten konnte, lief sie auf Sibse zu, streckte ihr vorsichtig ihre Hand entgegen und flüsterte säuselnd:

»Mach dir keine Sorgen, du findest ihn bestimmt noch!« Dann strich sie sanft über den kantigen Schädel, und der Furcht einflößende Hund wedelte träge mit dem Schwanz.

Schon früh am nächsten Morgen machten wir uns auf den Weg in die Berge, zusammen mit Fatime hatten wir die kürzeste Route an die iranische Grenze gesucht, von Dogubayazit, der letzten Grenzstadt, trennten uns noch knappe tausend Kilometer. Lange nachdem wir aus dem Garten gerollt waren, sahen wir immer noch die winkende Hand unserer neuen Freundin. Die helle Morgensonne spiegelte sich in ihrer großen Brille, und hinter ihr, in Reih und Glied, erkannten wir die buschigen Bäume ihrer kleinen Plantage. Bald würden sie blühen, vor meinem inneren Auge sah ich ein rosa Meer aus zierlichen Blüten und roch den süßlichen Duft, während der Mercedes langsam über die erste Steigung kroch.

Winterliche Kälte in den Bergen

Die Nacht war kalt gewesen, eiskalt.

Festgefroren klebten die wollenen Vorhänge mit einer Eisschicht an den dünnen Schiebefenstern, im dunklen Zwielicht sah ich die roten Nasen von Tom und den Kindern aus den Decken spitzen.

Allmählich hatte ich das Gefühl, in die falsche Richtung zu fahren, und hielt es beinahe für wahrscheinlicher, anstatt im Iran schon bald in der Arktis zu landen. Ich rieb mir die roten Finger und kletterte aus dem Bett, um Teewasser aufzusetzen, die kleine Handpumpe jedoch, die aus der Spüle ragte, bewegte sich keinen Millimeter.

Ich griff nach dem Vorratswasserkanister, der hinter mir auf dem Boden stand, durchstieß die dünne Eisschicht an der Oberfläche mit dem Griff eines Messers und füllte das kalte Wasser in unseren roten Teekessel.

Die kleine Flamme des Gasofens flackerte durch das schummrige Licht, und mit Gewalt riss ich den vereisten Vorhang vom Fenster.

Draußen schneite es. Dicke Flocken schwebten lautlos zu Boden, fröstelnd griff ich nach meiner Thermojacke, schnürte mir meine klobigen Wanderschuhe an die Füße und schlüpfte durch die kleine Tür nach draußen.

Ich musste pinkeln ... dringend!

Ein eisiger Wind pfiff um die rutschigen Stufen, schneidend schoss er um meine Ohren, und ich zog schnell die gefütterte Kapuze über meinen Kopf. Dicke Wolken hatten sich um die schneebedeckten Gipfel gebauscht, seit fast drei Tagen waren wir stetig auf einer Höhe von über tausendneunhundert Metern unterwegs, und langsam ging uns das Feuerholz aus. Zwei Stunden hatte Tom gestern an der Gasheizung herumgefummelt, hatte die Verkleidung abgebaut, die Schalter untersucht, aber keinen gravierenden Defekt gefunden, immerhin aber hatte sie die nächsten zwanzig Minuten anstandslos funktioniert.

Zwanzig Minuten!

Knirschend marschierte ich durch den gefrorenen Schnee, hinterließ eine Kette von frischen Fußstapfen und kauerte mich zwischen zwei hoch aufgetürmte Geröllhaufen, um wenigstens ein bisschen Schutz vor dem frostigen Wind zu haben.

Beherzt zog ich an meiner Hose, spürte den eisigen Hauch, der sich mit kleinen Nadelstichen in meine Haut bohrte, und dachte mit einer Spur Neid an das kleine Töpfchen der Kinder.

Als ich durch den dichten Flockenregen zum Laster zurückstolperte, hörte ich das Kratzen des Schneepfluges näherkommen, laut schlürfend und schabend donnerte er nur Minuten später über den Hügel und arbeitete sich, gefolgt von einer Autoschlange, weiter in die Berge des Köroglu Daglari-Gebirgszuges vor.

Die Straßen waren wieder frei, endlich konnten wir weiter. Nach Dogubayazit, der letzten türkischen Stadt vor der iranischen Grenze, lagen noch Hunderte Kilometer vor uns.

Als ich in den Koffer kletterte, waren die Kinder schon aus den Decken gekrochen, und Tom saß mit gerunzelter Stirn vor der Heizung.

Die Zündung knackte, ein leichter Geruch nach Gas verbreitete sich im Laster, fluchend drehte er am Regler.

»Verdammtes Mistding!«

Er schlug leicht auf den Deckel und versuchte es erneut.

Wieder ein Knacken, dann monotones Rauschen, und schließlich flackerte ein mickriges Flämmchen dünn hinter dem schmalen Guckloch, zuckte, bäumte sich auf, wurde größer und ruhiger, brannte schließlich gleichmäßig und still vor sich hin. Wir atmeten auf.

»Jetzt wird es gleich wärmer.« Ich pustete auf meine roten Finger.

»Vorausgesetzt, die Heizung läuft heute länger als zwanzig Minuten!«

Sie lief! Als wir eine halbe Stunde später am Frühstückstisch saßen, war es angenehm warm, der heiße Tee dampfte, und die Haferflocken waren zu einem süßen Brei gekocht, der auf der Zunge brannte und sich angenehm warm im Magen ausbreitete.

Tom hatte die Straßenkarte vor sich aufgefaltet und deutete auf einen hellbraunen Punkt, der sich etwa zwei Zentimeter entfernt von unserem Standpunkt befand.

»Heute kommen wir in ein Tal, das liegt nur knappe tausend Meter hoch, gleich nach dem Frühstück sollten wir aufbrechen!«

»Wird auch wirklich Zeit, dass wir aus der Kälte kommen.«

Ich zog meinen Schal enger um die Schultern und nippte an meinem Kräutertee, die eisigen Temperaturen hatten enorm an unseren Kräften gezehrt.

Während Tom aus dem Koffer kletterte, stritten die Kinder um eine kleine Schleichtier-Katze, bis ein Ruck durch die Karosserie fuhr und der Laster zu rollen begann.

Wie besoffen schlingerte er durch den tiefen Schnee, rutschte von einer zur anderen Seite, und ich krallte mich in die weichen Polster, während sich auf Emmas Wangen langsam ein Lächeln bildete.

»Papa fährt Schlittschuh!«, kicherte sie, und auch Paula begann zu grinsen und wackelte in ihrem Sitz hin und her.

»Oder Karussell!«

Die Anspannung war vergessen, und ich atmete erleichtert auf.

Erst zurück auf der geräumten Straße hatten die Reifen wieder genug Grip, und wir kamen einigermaßen voran, auch wenn der Weg, der uns ins Tal bringen sollte, stetig weiter bergauf führte.

Zu dritt saßen wir am Tisch und lauschten der hohlen Stimme Michels aus dem Suppentopf, während der Mercedes monoton vibrierte, vor den Fenstern tanzten die Schneeflocken ein lautloses weißes Ballett, das jedwedes Gespür für Fortbewegung dämpfte.

Erst nach mehreren Stunden erreichten wir das Tal. Die spitzen Türme der Moscheen leuchteten im Sonnenschein, und die blechernen Gesänge der Muezzins erfüllten die Landschaft. Hatte in den Bergen auch noch Schnee gelegen, so griff hier der Frühling schon mit ausholenden Gesten um sich, die Wiesen leuchteten in einem zarten, frischen Grün, und an den Bäumen sprangen die ersten Knospen auf. Wir bogen auf einen schmalen Feldweg, der sich rings um einen Hügel wand, folgten dem knirschenden Schotter, bis die Fahrspur so eng wurde, dass die tief hängenden Äste quietschend über den Lack fuhren, und parkten auf einer einsam gelegenen Waldwiese. Ich warf eine Wolldecke auf den Boden und ließ mich erschöpft in das zarte Grün fallen, schloss die Augen, roch den feuchten Waldboden, das frische Gras, hörte das Gelächter der Kinder, die mit Fred über die Wiese tollten. Ruhe ... Ich atmete tief ein und schloss die Augen, spürte, wie die sanften Strahlen der Frühlingssonne meine Nase kitzelten.

Plötzlich zerriss ein Geräusch die angenehme Stille, ein Motor röhrte, kam schnaufend näher, ich riss die Augen auf und sah die dazugehörige Schnauze aus dem Unterholz brechen.

Ein verbeulter weißer Kleinwagen kam mit ächzenden Federn quer über die Wiese gefahren, holperte über Bodenwellen, schmierte durch die weiche Erde und kam direkt vor unserer Decke zum Stehen. Wie auf Kommando sprangen alle Türen gleichzeitig auf. Vier junge Männer stiegen aus dem fahrenden Blechhaufen, weiße Zähne blinkten aus strahlenden Gesichtern, und ihre türkischen Stimmen brummten.

»*Nereden ... varmi ...*« Brocken tauchten aus einem Wust von unverständlichen Wörtern auf, Brocken, mit denen wir kaum etwas anfangen konnten. »Woher? ... Gibt es ...?«

Tom hatte sein Wörterbuch gezückt und drückte es einem der Türken in einem dunklen, abgetragenen Sakko in die Hand, der es ihm mit einem breiten Lächeln dankte. Der Mann blätterte und las, kratzte sich nachdenklich in seinem dichten schwarzen Haar, dann schien er etwas gefunden zu haben. Stolz zeigte er auf ein Wort und hielt das kleine Büchlein unter Toms Nase:

»Grillen« stand dort und »Feuer«. Tom zog seine Augenbrauen hoch und sah ihn fragend an, aber unser Dolmetscher hatte sich schon längst seinen Freunden zugewendet. Er rief einige kurze Worte, und sofort durchstreiften alle drei das Gebüsch, zogen an Zweigen, zerbrachen lange Äste. Nur zehn Minuten später war ein ansehnlicher Haufen Brennholz vor uns aufgeschlichtet, und die Mädchen beobachteten mit leuchtenden Augen, wie der Älteste der Gruppe ein brennendes Streichholz unter den Scheiterhaufen hielt. Die Flamme flackerte, züngelte nach oben und fraß sich knisternd in das dünne Holz. Ein dunkelhaariger Lockenkopf mit gemütlichem Bäuchlein hatte einen Schraubenzieher gezückt und eine Weile an der eingebauten Rücksitzbank gearbeitet, plötzlich balancierte er das durchgesessene Ding hoch auf seinen Schultern, warf es an den Rand der leuchtenden Glut, zog ein Bier aus dem Kofferraum und ließ sich auf die alten Schwungfedern fallen, die mit einem empörenden Ächzen in sich zusammensanken.

Tom und ich waren in die sackartigen Campingstühle gesunken, jeder ein Kind auf dem Schoß, Fred kauerte zu unseren Füßen, und immer wieder streckten wir unsere Hände in Richtung der heißen Flammen.

Die Wärme tat so gut!

Das Feuer prasselte, hoch und dunkelrot schlugen die Flammen zum Nachthimmel, leckten an dem feuchten Holz der stacheligen Büsche, und die vier jungen Türken grinsten durch den Schein der Flammen. Einer der Männer sah Tom fragend an, hob eine Bierflasche in meine Richtung

»*Tamam?*« In Ordnung?, fragte er.

»*Tamam.*« Tom nickte müde, und im selben Augenblick fühlte ich das kalte Glas der Flasche in meiner Hand. Bitter floss das Getränk durch meine ausgetrocknete Kehle, und ich streckte mich stöhnend in dem unbequemen Stuhl. Das Feuer knackte angenehm, und die Hitze schlich wie eine Katze um meinen Körper, schmiegte sich an meine Beine, wärmte meinen Schoß. Paulas Kopf war leicht zur Seite genickt und ruhte an meiner Schulter, ihre Augen waren geschlossen, und sie atmete ruhig und gleichmäßig, der soeben fertig gebratene Apfel, der auf ein Stöckchen gespießt war, lag unangetastet in ihrer kleinen Hand. Emma lehnte an Toms Brust, und ich konnte sehen, wie auch ihre Augen langsam zufielen.

Der Tag war lang gewesen, lang und anstrengend, und ich merkte, wie eine bleierne Müdigkeit von mir Besitz ergriff. Noch ein letztes Mal griff ich in die angebotene Tüte Sonnenblumenkerne, warf mir eine Handvoll in den Mund und spürte die harten Schalen unter meinen Zähnen.

Ich musste gähnen, streckte die Beine und wollte gerade aufstehen, als mich irgendetwas davon abhielt. Ein lautloses Knistern lag plötzlich in der Luft, so etwas wie schwingende Energie, eine Welle sich entladender Spannung, die zwischen uns fuhr wie ein zuckender Blitz aus dem Himmel.

Toms Blick war starr auf etwas gerichtet, langsam, wie in Zeitlupe drehte ich meinen Kopf in dieselbe Richtung, dann verharrte ich reglos. Wie gefroren saß ich in meinem Stuhl, starrte auf das, was ich in den Händen des Lockigen entdeckt hatte ... eine Schusswaffe!

Stumpf und schwer lag sie in seinen Händen, die schlanken Finger hatte er um den Griff gelegt, und der Lauf, der im Licht der Flammen leicht rötlich schimmerte, war auf das qualmende Lagerfeuer gerichtet.

Hilfe suchend sah ich zu Tom, doch er hatte ein Pokerface aufgesetzt und alle Regungen aus seinem Gesicht verbannt.

Meine Gedanken liefen Amok, leiernd hörte ich die Männer reden, wie von einer alten Kassette, ihre Silhouetten nahm ich nur noch zweidimensional wahr, und ich klammerte mich an das dünne Jäckchen der schlafenden Paula.

Ein Wort bohrte sich in mein Gedächtnis, ein Wort, das immer wieder aus dem Wust des Stimmenbreis zu mir drang und sich einbrannte wie ein Wundmal ... Hitler.

Warum Hitler? Waren das hier türkische Nazis, die den Deutschen mit ihren Waffen imponieren wollten? Wohl eher nicht, und ich fragte mich, was wir im gegenteiligen Fall wohl zu erwarten hätten ...

Der mit der Waffe stand auf, sein dicker Bauch wölbte sich über dem Gürtel seiner Hose, und er fuchtelte mit dem Revolver wild durch die Luft, der Vierte saß einfach nur da und starrte. Unablässig und stumm war sein Blick auf mich und Tom gerichtet, seine Backe von Sonnenblumenkernen ausgebeult wie die eines Hamsters, und sein langsames Kauen wirkte auf mich wie versuchte Hypnose.

Plötzlich Stille. Die Männer hatten die Köpfe gesenkt, fixierten für einen Moment die funkelnde Glut. Noch ein letztes Mal fuhr die Waffe in die Höhe, Funken sprühten aus dem Feuer und stoben in einer Explosion aus kleinen Lichtern in den dunklen Himmel, dann verschwand das harte Metall. Der Lockenkopf hatte die Pistole in seinen Hosenbund gesteckt und lächelte. Lächelte entrückt und selig, dann gab er das Zeichen zum Aufbruch.

Ein knappes Nicken, ein Griff nach der Rücksitzbank, Minuten später saßen alle im Auto, der Motor ratterte, und die Scheinwerfer entfernten sich über die Wiese, bis sie im nahe gelegenen Wald hinter den Bäumen verschwanden.

Immer noch konnte ich mich nicht bewegen, gleichsam erstarrt blickte ich dem Fahrzeug hinterher, bis ich Minuten später endlich die ersten Wörter hervorbrachte:

»Was war das denn jetzt?« Langsam drehte ich mich zu Tom, der sich ebenfalls wieder zu rühren begann.

»Ich habe überhaupt keine Ahnung.«

»Meinst du, die kommen wieder?«

»Zuzutrauen wäre es ihnen, vielleicht holen sie ja nur Bier!« Er warf einen Blick auf die überall herumliegenden Glasflaschen.

»Ich will sofort hier weg!«

»Okay.« Tom nickte. »Lass uns die Kinder ins Bett legen, dann fahren wir.«

Vorsichtig balancierte ich Paula über die kleine Treppe, legte sie auf das breite Bett neben Emma, während Tom das Feuer löschte und eilig die Flaschen auf einen Haufen sammelte.

»Sag mal, hast du unseren Kurbelstrahler weggeräumt?« Leise hörte ich Toms Stimme durch die halb offene Tür: »Nein, der stand vorhin noch da!«

»Jetzt nicht mehr! ... Verdammt, den haben die Kerle echt mitgehen lassen!«

»Komm, lass uns fahren, ist doch nur 'ne Lampe!«

»Verdammt!« Tom trat gegen ein Stück Holz, das vor ihm auf der Wiese lag, dann stolperte er zum Laster.

Der Motor röhrte durch die Nacht, mit butterweichen Knien und einem merkwürdigen Gefühl in der Magengegend rollten wir zurück auf den geschotterten Weg. Um uns herum war es stockdunkel, nur das fahle Mondlicht leuchtete schwach durch die Blätter, und durch den Lärm des Dieselmotors konnte ich den Schrei eines Käuzchens hören.

Hungrig fraß sich das grelle Licht der Scheinwerfer durch den finsteren Wald, ein Reh sprang über den Weg, verschwand im Unterholz, rumpelnd schossen wir durch die tiefen Schlaglöcher.

Emma und Paula wälzten sich im Schlaf hin und her, ängstlich saß ich neben ihnen und hoffte, wir würden bald die Teerstraße erreichen. Doch plötzlich hielt der Laster.

Als ich meinen Kopf aus dem Seitenfenster streckte, sah ich Tom suchend den Weg entlanglaufen. Kurz darauf wendete er den Laster und raste zurück in die Dunkelheit. Hatten wir uns etwa verfahren?

Schwarze Äste griffen nach den Fenstern, kratzten quietschend über den Lack, und hell leuchtete meine Stirnlampe in die Nacht, ein runder Lichtpunkt, der über Büsche und Bäume tanzte. Mit zusammengekniffenen Augen versuchte ich, etwas zu erkennen.

Wie besessen drückte Tom aufs Gaspedal, schneller und schneller raste er in einem halsbrecherischen Tempo durch die Nacht, voller Panik sah ich ihn einigen Felsbrocken ausweichen, die inmitten des Weges lagen. Die Ausfahrt rauschte auf uns zu, er bretterte um eine Kurve, riss plötzlich das Steuer nach links, mein Kopf knallte gegen den Fensterrahmen, und im selben Augenblick spürte ich die geteerte Fahrbahn unter den Reifen. Die Schotterpiste hatte uns ausgespuckt, wir waren zurück in der Zivilisation, und eine Welle der Erleichterung floss durch meinen Körper. Ich zog das enge Gummiband der Lampe von meiner Stirn, ließ mich zurück in die Polster fallen und atmete auf.

Unter dem grellen Licht einer Tankstelle schlugen wir unser Nachtlager auf. Draußen an der Kette riss ein Hund, und ich wusste, hier waren wir in Sicherheit!

Als Tom wenig später zu mir ins Bett kletterte, sah er ernst und geschafft aus.

»Mann, hab ich eine Panik gehabt ... hast du auch die Scheinwerfer gesehen?«

»Welche Scheinwerfer?« Mir wurde schlagartig wieder schlecht.

»Nachdem ich gewendet hab, war er plötzlich da, nur einer, wahrscheinlich war der andere kaputt.«

Geschockt kuschelte ich mich unter die Decke und konnte vor lauter Adrenalin nicht einschlafen.

Doch dann durchzuckte mich ein Gedanke, ich setzte mich auf und packte Tom am Ärmel:

»Tom, Tom, wach auf!«

Ich rüttelte an seinem Arm.

»Was ist denn?«

»Wir sind gar nicht verfolgt worden!«

»Was? Ich hab doch das Licht gesehen?«

»Weißt du, was das war?«

»Jetzt spann mich nicht auf die Folter!«

»Meine Stirnlampe!«

»O Mann!« Er stöhnte auf.

Plötzlich begannen wir beide zu kichern, eine Mischung aus Erleichterung, überwundener Panik, Angst und Zorn überkam uns, und wir ergaben uns einem fast schon hysterischen Lachanfall, bis wir uns endlich erschöpft in die Kissen fallen ließen.

Wahrscheinlich, so dachten wir im Nachhinein, war die Situation nicht ganz so gefährlich gewesen, wie wir zunächst angenommen hatten, und die Typen hatten uns schlicht imponieren wollen ... trotzdem irgendwie heikel und unheimlich.

Ich drückte Tom noch einen letzten Kuss auf die Backe, und Minuten später waren wir eingeschlafen, selbst das permanente Gekläffe von draußen konnte uns heute nicht mehr stören ... Was für ein Tag!

Dogubayazit

BUMM, BUMM, BUMM!

Lautes Wummern weckte mich, draußen war es noch immer stockdunkel, lange konnten wir nicht geschlafen haben.

BUMM, BUMM, BUMM!

Wieder ein dumpfes Schlagen gegen die Tür. Erschrocken zog ich meinen Pulli über den Kopf, Fred hatte seinen Schädel schief gelegt und lauschte.

Ein bläuliches Flackern drang durch die heruntergelassenen Vorhänge, und als ich durch einen Spalt spähte, konnte ich die verwischten Umrisse eines Polizeiwagens erkennen. Polis stand in dicken weißen Lettern auf dem Lack.

»Tom, Polizei!«

Ich rüttelte ihn an der Schulter.

»Wie, was?« Verschlafen rieb er sich die Augen, und auch Emma war aufgewacht.

»Was ist denn los?«

»Polizei, ich geh schon mal raus!«

»Is gut, ich komm sofort nach!« Er gähnte, während ich die Tür einen Spaltbreit öffnete und vorsichtig über die Treppe nach draußen stieg, Emma war über das Bett geklettert und linste aus dem Fenster.

Zwei Polizeibeamte standen mit grellen Taschenlampen vor mir und leuchteten mir ins Gesicht, empfingen mich mit einem vorwurfsvoll klingenden Schwall Türkisch.

»I'm sorry, I don't understand, do you speak english?«

In dem schummrigen Licht der Tankstelle warfen die Polizeimützen tiefe Schatten auf die Gesichter, und das Einzige, was ich erkennen konnte, waren zwei breite Münder, deren Lippen sich bewegten.

»Passport!« Fast gleichzeitig schleuderten mir beide das Wort entgegen, die eine Stimme heiser krächzend, die andere in einem angenehmen melodischen Tonfall.

Ich nickte, und noch während ich mich umdrehte, um die Treppe erneut zu erklimmen, öffnete sich unsere kleine Tür, und Tom sprang in einem Satz neben mich, in der Hand die kleine schwarze Umhängetasche, in der wir die Pässe aufbewahrten.

Die Scheibe über uns war beschlagen, verschwommen konnte ich dahinter die Umrisse von Emmas Gesicht erkennen, blaue Augen, die durch einen zarten Nebel zu uns nach draußen starrten.

Tom griff in die Tasche und reichte einem der Polizisten den kleinen Stapel unserer Pässe.

Der fuhr sich mit der Zunge über die spröden Lippen seines breiten Munds und blätterte wortlos in den Dokumenten, während der zweite im Auto verschwand, aus dem das laute Knistern eines Funkgerätes drang.

»Children?« Er starrte auf das Passfoto von Paula: große blaue Augen über den dicken Backen eines Wickelkindes.

»Yes«, nickte Tom. *»Two.«*

»*Where do you go, Greece?*«

»*No, Iran, Turkmenistan, Usbekistan, Kirgistan, Kasachstan, Sibiria and Mongolia!*«

»*Mongolia?*« Seine heisere Stimme hatte einen überraschten Ton angenommen, und er hob den Kopf so weit, dass wir seine dunklen Augen erkennen konnten, die uns erstmals interessiert musterten.

»*Long way!*« Ungläubig schüttelte er den Kopf, dann reichte er Tom die Pässe zurück.

»*Here, no camping, okay? Tomorrow, you go!*«

»*Okay, no problem!*«

»Mamaaa!« Emma hatte das kleine Schiebefenster geöffnet und den Kopf hinausgestreckt; um den Mund des Polizisten spielte ein Lächeln.

»Wann kommst du wieder?«

»Sofort.« Ich hob meinen Arm und streichelte über ihre Backe.

»Ich denke, wir sind fertig!«

Der Polizist nickte, und ein krächzendes »*Good night*« kam ihm über seine aufgesprungenen Lippen, dann machte er sich auf den Weg zurück zum Wagen.

Die Türen knallten wie Pistolenschüsse durch die Stille der Nacht, ein letztes Knirschen, dann rollte der Einsatzwagen langsam Richtung Straße. Hoch über uns, an einem Fenster der Tankstellenwohnung, wackelte eine Gardine, und für einen kurzen Augenblick konnte ich ein fahles Gesicht erkennen.

Der Polizeiwagen hielt ein letztes Mal, der Fahrer kurbelte das Fenster nach unten, und sein Abschiedsgruß hallte zu uns herüber:

»*Good luck!*«, rief er, dann quietschten die Reifen, und nach einem lauten Aufspritzen des Schotters verschwanden die Scheinwerfer in der Dunkelheit.

Arm in Arm standen wir vor dem Laster, winkten kurz dem Gesicht am Fenster zu. Dann kletterten wir zurück in unser Zuhause, dessen roter Lack in dem flackernden Tankstellenlicht sanft schimmerte.

Drinnen war das Chaos ausgebrochen.

Auch Paula war inzwischen aufgewacht, und zu zweit sprangen die Mädchen über das breite Bett, an Schlafen war gar nicht mehr zu denken.

Ich stellte die Espressokanne auf den Ofen, während Tom unter lautem Protest auf die Spielwiese kletterte, und begann, Frühstücksbrote zu schmieren, verteilte den letzten Rest Schokocreme auf einen Stapel Vollkornscheiben.

Noch während der Kaffee blubberte, erhob sich die Sonne hinter dem Horizont und tauchte alles in ein leuchtendes Rot. Hunde begannen zu jaulen, kurz darauf hörte ich das Knacken der Lautsprecher, und die Gesänge der Muezzins erfüllten das ganze Tal.

Mit den ersten Sonnenstrahlen machten wir uns auf den Weg nach Dogubayazit, der letzten türkischen Stadt vor der iranischen Grenze. Der Motor schnurrte über die Straßen, sanfte Vibrationen schaukelten den Koffer wie eine Wiege, schon nach fünfzehn Minuten waren Emma und Paula tief und fest eingeschlafen. Ich lehnte mich zurück, eine Zeit lang noch hielt ich angestrengt die Augen offen, dann packte auch mich ein tiefer Schlaf der Erschöpfung.

KABUMM ... Verwirrt riss ich die Augen auf, was ... Polizei? Waren die nicht schon weg? Klonk ... klonk! Ich setzte mich auf und schüttelte den Kopf, um den Schlaf zu vertreiben.

»Mama, da!« Emma und Paula starrten mit vor Schreck geweiteten Augen nach draußen. KABUMM! Ein erneuter Donnerschlag explodierte auf der Karosserie unseres Lasters, ich sah laufende Kinder, die Hände voller Steine und Teerbrocken, die Arme hocherhoben und zum Wurf bereit. Klonk, wieder ein Treffer, wie Gewehrsalven knallten jetzt die Steine auf den Lack, Staub tanzte um die Fenster, und jeder Schlag ließ die Mädchen erneut zusammenzucken.

Wir spürten, wie Tom leicht aufs Gaspedal tippte, der Mercedes machte einen Satz nach vorne, und Sekunden später hatten wir uns aus der Reichweite der Wurfgeschosse entfernt. Trotzdem hatte uns der unangenehme Empfang verunsichert.

Betreten starrten wir aus den Fenstern und ließen die Straßenzüge von Dogubayazit an uns vorüberrauschen. Das in den Bergen gelegene, einst als Räubernest verschriene Städtchen wirkte ärmlich und seltsam provisorisch, entlang der Hauptstraße blühte der Schwarzmarkt, und die Nähe zum Iran war unverkennbar, nicht nur wegen des iranischen Diesels, der überall und aus verschiedensten Gefäßen feilgeboten wurde, sondern auch wegen der veränderten Kleidung der Menschen, der zahlreichen Frauen mit Kopftuch, einer spürbar anderen Stimmung.

Wir hielten nur kurz, um uns in einem kleinen Laden mit einem Vorrat an Gemüse und frischem Fladenbrot einzudecken, und verließen dann Dogubayazit in Richtung Berge, in denen ein kleiner, aber weithin bekannter Campingplatz liegen sollte.

Steil führte die Straße zwischen die Gipfel hinauf, auf denen eindrucksvoll der burgähnliche, über dreihundert Jahre alte Ishak-Pascha-Palast thronte, als plötzlich ein unregelmäßiges Sprotzen die Karosserie durchrüttelte, als hätte sich unser Laster eine Bronchitis zugezogen, ein letztes Keuchen, dann Stille.

Circa fünfhundert Meter vor dem Ziel standen wir mitten auf der schmalen Straße und konnten nicht weiter, der Mercedes streikte.

Ich hörte das Quietschen der Fahrertür und sah Tom auf die Straße springen.

»So ein Mist!«

»Was ist denn los?« Ich öffnete das Fenster über der Küchenzeile und lehnte mich nach draußen.

»Der Berg ist zu steil, und wir haben zu wenig Diesel! Ist alles nach hinten geschwappt, jetzt erwischt die Ansaugung nichts mehr!«

»Wir haben doch Ersatzkanister, oder?«

»Schon, aber ich glaub kaum, dass hier vierzig Liter reichen, aber ich probier's mal!«

Ich hörte, wie Tom sich draußen an den festgezurrten Ersatzkanistern zu schaffen machte, dann das hohle Gluckern des Diesels in den leeren Tank.

Emma und Paula kauten jede an einem großen Stück Fladenbrot mit Honig, während ich unruhig hin und her lief – da, das hustende Geräusch der Zündung, dann wieder Stille. Ich sprang nach draußen und lief zur Fahrertür.

»Reicht nicht, du hattest recht, und jetzt?«

»Ich rolle rückwärts an den Straßenrand, dann fahr ich per Anhalter zurück nach Dogubayazit und hol noch mal vierzig Liter!«

Ich trat einen Schritt zur Seite und sah, wie sich unser roter Laster Stück für Stück von mir entfernte, bergab rollte bis zu einer etwas breiteren Stelle und dort am Rand parkte.

Ich folgte in einigem Abstand, in jeder Hand einen metallenen Reservekanister.

Die Luft war trocken und warm, meine Schritte knirschten in dem rötlichen Staub der Straße, und um uns herum reihten sich Felsen und spitze Gipfel. Königlich ragte die schneebedeckte Spitze des Ararat in den Himmel, gestrandet zwischen sagenumwobenen Hügeln mutete das rote Metall unserer Arche fast futuristisch an.

Als Tom kurz darauf in einen weißen Kleinbus stieg und Richtung Stadt verschwand, sah ich noch lange die blitzende Karosserie in die Tiefe rauschen, bis sie in ein Meer aus Felsen tauchte und uns allein zurückließ.

Eine Stunde später endlich gluckerte der neue Diesel vom Schwarzmarkt in unserem Tank, der Filter war entlüftet, mit neuer Kraft röhrte der Motor laut durch die Stille und beförderte uns mit einem Satz zurück auf die Straße. Galoppierend wie ein Streitross rüttelte er uns durch die Schlaglöcher, und in null Komma nichts standen wir vor dem unauffälligen Schild des Campingplatzes.

Schnaubend rollte unser Laster über die kleine, karge Wiese, an deren Rand einige Plastikstühle und Tische standen. Wir parkten etwas abseits und freuten uns, dass so wenig Betrieb herrschte. Nur eine Hündin schnupperte über den trockenen Boden, kaute an einigen strohigen Grashalmen, auf der Suche nach etwas Essbarem.

»Ich will mein Bobby-Car!«

»Mama, Papa, mein Laufrad!«

Tom hatte den Arm um meine Schultern gelegt, für einen kurzen Moment genossen wir die Stille, fühlten die Sicherheit und Geborgenheit des kleinen Platzes und gratulierten uns wortlos zu der geschafften Etappe.

»*Mama, Papa!*«

»Ist ja gut, sofort!« Lachend schüttelte ich den Kopf, Tom riss an den Spanngurten, und während Fred wie ein Gummiball um die fremde Hündin hüpfte, griffen die Mädchen nach den Lenkern und sausten Sekunden später über einen kleinen Hang auf die Wiese. Schmetterlinge flogen auf, Vögel zwitscherten, die Hündin bellte und Fred jaulte.

Morgen war der erste Gültigkeitstag unseres iranischen Visums.

Etappe 2: Iran, März und April 2010

Grenzgängig ... eine Nacht im Niemandsland

Ich saß im Laster und schwitzte. Die Sonne, auf die ich bisher so sehnsüchtig gewartet hatte, knallte unbarmherzig auf unser schlecht isoliertes Blechdach, und schon nach zwanzig Minuten Wartezeit zeigte das Thermometer achtundzwanzig Grad – immerhin dank der Isolierung nicht mehr.

Schweiß rann mir über die Stirn, das breite Tuch, das ich über dem Haarband um meinen Kopf gewickelt hatte, schien mein Hirn zum Kochen zu bringen, die langärmelige Tunika und die dunkle Hose waren durchgeschwitzt und nass.

Warum nur musste es gerade heute so heiß werden?

Seit eineinhalb Stunden standen wir nun an der iranischen Grenze, seit zwanzig Minuten in der prallen Sonne, und schon jetzt war ich mir gar nicht mehr sicher, ob ich die Bürde der Verschleierung ganze vier Wochen auf mich nehmen wollte. Kopftuch, Socken, lange Hosen und T-Shirts, die bis über den Hintern reichen, und das bei dreißig Grad im Schatten? Wie hielten das all die Frauen aus? Zweifelnd sah ich aus dem Fenster und betrachtete die vielen Menschen, die laut fuchtelnd und schreiend unseren Laster umringten. Aufdringliche Männer klopften an die Scheiben und boten ihre Schleuser- oder Geldwechslerdienste an, Tankkarten wechselten die Besitzer, und Tumanscheine verschwanden in ausgebeulten Taschen. Eine Gruppe verschleierter Frauen hatte sich in den Schatten gedrängt. Eines der dunklen Augenpaare verweilte auf meinem Gesicht, hielt meinen Blick gefangen, bis ich ihm all meine Aufmerksamkeit schenkte. Der Schleier rutschte beiseite, auf dem vollen Mund zeigte sich ein strahlendes Lächeln, und die kleinen Finger der zierlichen Frau winkten durch die staubige Luft. Dankbar grinste ich zurück, strich mir eine feuchte Strähne zurück unter das schwarze Tuch.

Tom kam auf den Laster zugestampft, die Pässe in den Händen drängte er sich durch die wogende Menge, zwei schwer bewaffnete iranische Grenzbeamten hatten sich an seine Fersen geheftet. Die Tür ging auf, und Fred, der unter dem Tisch geschlafen hatte, spitzte interessiert die Ohren.

Ich hörte die schweren Schritte auf der Leiter, das metallische Klirren der Waffen, dann schob sich der erste dunkle Stiefel durch den Eingang. Mit emotionslosem Gesicht klopfte der Zöllner mit der Faust suchend an die hölzerne Verkleidung unserer Decke.

»*Salam aleikum.*« Ich versuchte, freundlich zu grüßen, doch der Mann beachtete mich gar nicht, forsch öffnete er den Geschirrschrank, wühlte zwischen den Tassen der Kinder, als Fred sich von seiner Decke erhob. Langsam und geduckt schob sich sein schwarz-weißer Körper in den schmalen Gang, und ein leises Grollen drang aus seiner breiten Brust.

Erschrocken fuhr der Mann herum, während ich Fred am Halsband packte, und ohne uns aus den Augen zu lassen, stolperte er in Richtung Ausgang. Mit einem dumpfen Schlag knallte sein Kopf gegen die metallene Schiene der niedrigen Tür, die Dienstmütze rutschte zu Boden und mit einem gepressten »Allah« auf den Lippen polterte er über die Stufen zurück auf den heißen Teer.

Ein grinsendes Gesicht erschien an der Tür.

»Na, der hat's aber eilig gehabt!« Lobend tätschelte Tom Freds Kopf, der sich schwanzwedelnd vor die Tür gestellt hatte.

»Jetzt fehlt nur noch die Tankkarte, dann sind wir fertig!«

Langsam rollten wir durch die Menschentrauben, bis wir zu unserer letzten Anlaufstelle kamen, vor der schon eine Traube drängelnder Männer darauf wartete, an die Reihe zu kommen. Schubsend und schreiend quetschten sie sich über eine breite Treppe in das schmächtige Gebäude, das schon jetzt aus allen Nähten zu platzen drohte. Ein kleines hutzeliges Männchen hatte sich etwas abseits postiert, vor sich eine Thermoskanne und ein Glas voll Zucker, und verkaufte dampfend heißen Schwarztee.

Die Nachmittagssonne brannte, beständig wurde Staub von den scharrenden Füßen aufgewirbelt, es wurde geschimpft und diskutiert. Stöhnend kämpften wir uns durch die wogende Menge. Zwei Stunden dauerte unser Weg zum zuständigen Beamten, als wir uns endlich durch die dünne Glastür drängten, waren auch unsere Nerven kurz davor, zu glühen.

Die Pässe in den Händen musterte er uns abschätzig, und ich hätte ihn am liebsten angebrüllt, er solle sich endlich beeilen, doch ganz im Gegenteil zu all den wartenden Männern schien er in Zeit zu schwimmen. Immer wieder blätterte er durch die schmalen roten Heftchen, studierte ein Visum nach dem anderen und stellte dann in einem leicht näselnden Tonfall fest: »Ihr wollt nach Pakistan, tausend Dollar!«

Fassungslos blieb mir der Mund offen stehen, während die jammernden Kinder an meiner Hose nestelten.

»Tausend Dollar?« Tom starrte den Beamten an und tippte auf die Pässe.

»Da müssen Sie etwas verwechselt haben. Hier ...« Er deutete auf das Visum für Turkmenistan:

»Wir wollen nach Turkmenistan!«

»Tausend Dollar!«

»Ich zahle keine tausend Dollar.«

»Dann gehen Sie zurück nach Deutschland!« Die Genugtuung spiegelte sich in dem blasierten Gesicht. Tom griff wutschnaubend nach unseren Papieren, zornesrot stürmte er aus dem Büro. Irritiert folgte ich ihm, zog die Glastür, die wir uns in stundenlanger Arbeit so schwer erkämpft hatten, wieder hinter mir ins Schloss und drängelte mich durch einen Pulk Männer.

»Was ist denn los?« Emma stolperte erschrocken hinter mir durch die vielen Menschen, Paula saß jammernd auf meiner Hüfte.

»Der Mann wollte zu viel Geld.«

»Müssen wir jetzt wieder nach Hause fahren?« Sie starrte mich mit offenem Mund an

»Nein, ganz bestimmt nicht!« Ich ließ mich neben Tom, der draußen auf uns wartete, auf ein kleines Mäuerchen fallen.

Eine rote Ader pulsierte an seiner Schläfe, die Lippen waren zu einem dünnen Strich zusammengepresst.

»Und jetzt?« Fragend sah ich ihn an, während die Mädchen auf einer Treppe herumturnten.

»Abwarten – irgendwann ist Schichtwechsel!«

Lange saßen wir auf den kühlen Stufen, schlürften Tee und beobachteten die Menschen, dann verließ uns der Beamte und auch die Sonne, alle Türen wurden verrammelt, nur wir blieben zurück. Zurück im aufflammenden Scheinwerferlicht, zurück in der Einsamkeit des schmalen Streifens ohne Zugehörigkeit, allein im Niemandsland zwischen der Türkei und dem Iran. Rot flatterte der Sichelmond neben dem Stern, und mit stechendem Blick beobachtete der bärtige Ayatollah Khomeini, wie ich den Inhalt des kleinen Töpfchens hinter einen Busch kippte. Spitzer Stacheldraht, an dem schwer bewaffnete Wachleute patrouillierten, Verbotsschilder und helle Scheinwerfer flankierten meinen Weg zurück zum Laster, müde und enttäuscht kletterte ich ins Innere und kroch unter die Decken. Noch einmal hörte ich die Muezzins mit knarzenden Stimmen durch die Lautsprecher singen, dann schloss ich die Augen.

Wir waren die Ersten am nächsten Morgen. Lang vor dem großen Ansturm standen wir erneut hinter der Glaswand und blickten in die Augen des dortigen Beamten, und wir hatten Glück. Der Neue wirkte ausgeschlafen und zufrieden. Innerhalb kürzester Zeit hielten wir Tankkarte, Streckennachweis und unsere Pässe wieder in den Händen, zahlten zweihundertfünfzig Dollar und durften gehen.

Quietschend schwangen die Metalltore auseinander, und der Blick auf eine schmale Straße wurde frei. Ein leichter Wind wehte, blies durch den Staub, wirbelte eine alte Plastiktüte in einem graziösen Ballett über den abgefahrenen Teer. Der Dieselmotor tuckerte, und langsam rollten wir auf unbekanntes Terrain. Es war der 23. März.

Ein fürstlicher Empfang

Wir hatten an einer roten Ampel gehalten, und eine dunkle Hand klopfte fordernd an unser Fenster.

Dann sah ich eine hoch aufgetürmte Platte mit Kringeln an der Scheibe vorüberschweben, rundes Hefegebäck mit einem Loch in der Mitte und mit Sesam bestreut, in der Türkei Simit genannt. Mehrere junge Männer liefen über die Straßen und boten unter den haltenden Autos ihr Gebäck feil.

Toms Hand tauchte aus der Fahrertür auf, einen Tumanschein zwischen den Fingern, der strahlende Verkäufer reichte ihm vier Kringel, dann wechselte das Rot zu Grün, und mit einem Ruck rollte der Mercedes an.

Sand wehte über den ausgebleichten Belag der kleinen Straße und knirschte unter dem schwarzen Gummi, als wir schaukelnd durch die vielen Schlaglöcher rollten. Schon bald hatten wir die kleine Siedlung hinter uns gelassen und fuhren wieder durch eine einsame Steppe. Gleißend hell schien die Sonne auf den staubigen Boden, das zarte Grün, das hin und wieder in Büscheln aus der Trockenheit spross, wirkte wie aufgemalt, grünliche Punkte in verschiedensten Schattierungen von Gelb und Braun.

Ich hatte mein verschwitztes Kopftuch von den Haaren gezogen und mich neben die Kinder auf das sandige Polster fallen lassen, Staub wirbelte durch die Luft und tanzte in den hereinfallenden Sonnenstrahlen.

Auf dem Tisch stand eine kleine Schale mit aufgeschnittenen Äpfeln und Bananen, die mit einem leise schabenden Geräusch den Bewegungen des Lasters folgte, während die Mädchen mit Zahnstochern nach den kleinen Obststückchen fischten.

Gemeinsam spähten wir aus den schmutzigen Scheiben und spielten »Ich sehe was, was du nicht siehst«.

Paula hatte ihren hölzernen Zahnstocher, auf den mehrere kleine Äpfel gespießt waren, wie einen Speer erhoben und klopfte damit sacht gegen das Fenster.

Wir hatten gehalten, und ich sah nach draußen. Blökende Schafe überquerten die Straße, gefolgt von einem kleinen Jungen auf einem ausgemergelten Esel, um uns herum standen eine Handvoll Lehmhäuser, vor denen bedruckte Stoffe im Wind wehten. Leises Gelächter schwebte durch den lauen Wind. Unbekannte Verkehrsschilder staksten am Straßenrand wie kleine Gemälde auf metallenem Grund. Verschnörkelte arabische Zeichen hatten die lateinischen Buchstaben abgelöst, geschwungene Linien, von kleinen Punkten durchsetzt, bildeten eine künstlerische Schriftmelodie, fremdländisch und wunderschön.

Das letzte Schaf sprang vom Teer, langsam fuhren wir weiter, und schon bald tauchten die ersten Häuser einer großen Stadt vor uns auf. Menschen liefen durcheinander, Autofahrer hupten, langsame Pferdewagen fädelten sich zwischen klapprigen Lastwagen in den Verkehr ein.

Ein Schild bog sich am Straßenrand, und laut las ich den westlich geschriebenen Namen: Täbris. Wir hatten die erste große Stadt nach der Grenze erreicht.

Tom bog in eine kleine Seitengasse, und schaukelnd hielt der Laster am Straßenrand. Ich schlang mir ein Tuch um den Kopf, während die Kinder in ihre Schuhe schlüpften, Tom öffnete die Koffertür von außen und hob Paula auf seinen Arm.

»Ganz in der Nähe muss die Touristeninformation sein, ich hab im Vorbeifahren ein Schild gesehen!«

Ich raffte meinen Rock zusammen, sprang nach draußen,

dann stellte ich Emma auf den warmen Boden, während Tom meinte: »Da bekommen wir sicher einen guten Stadtplan oder eine Wegbeschreibung zum Campingplatz.«

Nickend drückte ich die Tür vor Freds enttäuschter Nase in das Schloss. Zum Glück wurde es nie zu heiß im Laster, zumal im Schatten, außerdem war Fred ein wichtiger Bewacher.

»Na, dann mal los!«

Wir zwängten uns in einen schmalen Durchgang zwischen den Häusern, und plötzlich waren wir umringt von einer wogenden Traube von Menschen.

Aneinandergereihte Stände versperrten uns den Weg, ausgebreitete Waren lagen aufgetürmt auf den Wegen, und laut diskutierende Stimmen verhandelten Preise. Arme fuchtelten durch die Luft, immer wieder strich eine Hand wie zufällig über Emmas blonde Locken, die sich überwältigt an meine Hand klammerte, Handys wurden gezückt, Fotos gemacht, lachende Gesichter tauchten aus der Masse auf, hielten vor uns kurz inne wie Standbilder, bevor sie wieder vom pulsierenden Gewirr aus Farben und Geräuschen verschluckt wurden.

Langsam drängten wir uns durch die Menschenmenge, schoben uns vorbei an duftenden Säcken voller Gewürze, bunt ausgebreitetem Obst und Gemüse und knusprigen Broten, bis wir endlich das gesuchte Schild entdeckten: »Tourist information«.

Wir zogen eine gläserne Tür auf und erklommen die schmale Treppe, bis wir in einen Raum gelangten, in dem uns eine junge Frau lächelnd begrüßte. Sie hatte ein helles Tuch um den Kopf gewickelt, das am Hals eng anlag, saß auf einem kleinen Stuhl hinter einem schmalen Schreibtisch und hatte mehrere Papierstapel vor sich liegen. In reinstem Englisch sagte sie: »*You are welcome! Come in and sit down!*« Mit einer ausholenden Geste zeigte sie auf einige Stühle und begann interessiert zu fragen:

»Wo kommen Sie her?«

»Aus Deutschland.«

»Ein langer Weg!« Sie lächelte, zog zwei bunt verpackte Schokoriegel aus einer Schublade und drückte sie den Mädchen in die Hände.

»Ich hoffe, es gefällt Ihnen in Täbris?«

»Wir sind gerade erst angekommen.«

In dem Moment hörten wir Stimmen im Nebenzimmer laut werden, und noch bevor wir unsere Bitte nach einem Stadtplan loswerden konnten, erhob sich unsere Gesprächspartnerin, bedeutete uns zu warten und verschwand durch eine hell lackierte Tür.

Gemurmel drang zu uns, dann öffnete sich die Tür erneut. Ihr strahlendes Gesicht tauchte auf, und mit einer wippenden Bewegung der Fingerspitzen winkte sie uns zu sich.

Der Raum war hell und modern eingerichtet, die ganze gegenüberliegende Wand bestand aus großen Panoramafenstern, die das Zimmer weitläufiger wirken ließen, als es in Wirklichkeit war. An einem großen ovalen Tisch in der Mitte saßen zwei Männer und eine Frau. Stühle wurden gerückt, mit einem freundlichen Nicken wurden wir zum Sitzen aufgefordert, und die Dame, die uns begrüßt hatte, brachte jedem von uns ein Glas Tee.

»*How do you like Iran?*«

Die Frage schwebte durch den Raum, während ich versuchte, die Kleiderberge, die inzwischen verschwitzt an mir klebten, in die richtige Form zu bringen.

»Sehr gut!« Tom verzog den Mund zu einem breiten Lächeln, und die Männer nickten zufrieden.

Wir waren direkt in ein Meeting geplatzt, uns gegenüber saßen der Leiter der Tourismusbehörde und der Bürgermeister persönlich, strahlend saubere Hemden steckten in gebügelten Hosen, und ich fühlte mich mehr als fehl am Platz.

Direkt neben mir hockte die schick gekleidete Frau in dunkler Hose, aufwendig besticktem Oberteil, das exakt über den Hintern reichte, und schmuckem kleinem Kopftuch, und ich wurde das Gefühl nicht los, es mit meiner Maskerade etwas übertrieben zu haben. Ganz in Schwarz, mit diesem pompösen Tuch über dem Kopf, musste ich wie eine Karikatur wirken. Unruhig rutschte ich auf meinem Stuhl hin und her und drehte das zierliche Glas, das vor mir auf dem Tisch stand, in meinen Händen.

Emma und Paula schlürften gerade lautstark, als Tom wieder zu sprechen ansetzte.

»Die netten Menschen und die Natur haben uns bisher sehr beeindruckt ... nur die Grenze war eine Katastrophe!«

»Katastrophe?« Beide Männer beugten sich neugierig ein Stückchen nach vorne.

»Wir mussten über vierundzwanzig Stunden warten, und das mit den Kindern, eine ganze Nacht haben wir im Niemandsland verbracht und konnten erst am nächsten Morgen einreisen, dann noch der hohe Streckenzoll ... Für große Firmen, die ihre Lastwägen aus kommerziellen Gründen durch den Iran schicken, mag das gerechtfertigt sein, aber für Touristen?«

Der Bürgermeister runzelte leicht die Stirn und strich sich über sein glatt rasiertes Kinn.

»Es tut uns leid, dass Sie so viele Unannehmlichkeiten bei der Einreise in unser schönes Land hatten!« Er lächelte entschuldigend und streckte seine Handflächen nach oben.

»Bürokratie, Sie müssen verstehen ...!«

Gemeinsam mit meiner Nachbarin erhob er sich aus seinem Stuhl, überlegte kurz, bevor er wieder zu sprechen begann: »Gehen Sie gerne ins Thermalbad? Das Bad von Täbris ist weit bekannt, wenn Sie es sich ansehen möchten, lasse ich Ihnen gerne einige Freikarten geben.«

»Das wäre sehr nett!« Tom erhob sich ebenfalls, und mit einem letzten knappen Nicken verschwand der Bürgermeister durch die Tür, durch die auch wir gekommen waren, die Dame und der zweite Mann folgten ihm, und wir waren für einen Moment uns selbst überlassen.

Ich rührte abwesend in meinem Tee, als der Leiter der Tourismusbehörde mit einem feierlichen Blick zurück ins Zimmer trat. Er zupfte an seinem hellen Hemd und räusperte sich, dann begann er zu säuseln und unterbreitete seine Worte mit ausholenden Gesten, als hätte er einen Bühnenauftritt:

»Natürlich hoffen wir, dass gerade Sie, als Touristen, unser Land in guter Erinnerung behalten, deshalb möchten wir Ihnen den Aufenthalt in unserer Stadt so angenehm wie möglich gestalten.« Er überreichte uns die Eintrittskarten für das Thermalbad »Außerdem ...«, er legte eine kurze Pause ein, »hat der Herr Bürgermeister mich soeben ermächtigt, Ihnen zusätzlich eine Tankfüllung Diesel zu besorgen, dazu erhalten sie anschließend die entsprechende Tankkarte, als kleine Entschädigung für den hohen Streckenzoll.«

Jetzt strahlte er über das ganze Gesicht, wirkte wie jemand, der soeben einem Werbeprospekt für den Iran entstiegen war. Die weißen Zähne blitzten, seine Arme waren weit geöffnet, wir bekamen jeder noch einen Stadtplan in die Hand gedrückt und stolperten, mit der nagelneuen Tankkarte gut ausgestattet, zurück in das Gewirr aus Menschen und Straßen. Unser Laster war schnell wiedergefunden, der auf dem Plan verzeichnete Campingplatz ebenso, eine halbe Stunde später parkten wir auf einer asphaltierten Fläche, auf der sich schon einige Zelte zwischen die Autos geschmuggelt hatten, den dünnen Boden ausgebreitet auf dem harten Teer.

Der umgebende Park war gefüllt mit Menschen; lachende Studenten, Familien mit Kindern und Spaziergänger flanierten über die Grünflächen, und um den nicht weit entfernten See flitzten die Elektroautos des männlichen Nachwuchses. Das Neujahrsfest – Nouruz –, das länger als eine Woche gefeiert wird, war in vollem Gange, der iranische Kalender zeigte das Jahr 1389, und während der zweiwöchigen Ferien zog es die Menschen in die Natur. Wir drehten eine Runde mit Fred, der wegen der Menschenmassen gestresst die Ohren anlegte, dann machten wir uns auf den Weg in das hochgelobte Thermalbad.

Autos und Busse drängten sich auf den engen Straßen, verschleierte Frauen huschten an uns vorbei, lange Mäntel,

Kopftücher und die schweren Stoffe der Röcke bauschten sich im kühlen Wind, und plötzlich durchzuckte mich ein Gedanke: Was trägt eine iranische Frau zum Schwimmen? Ich wackelte durch den fahrenden Laster und zog den Beutel mit den Schwimmsachen aus unserem Duschfach über dem Backofen, wankte zurück zum Sofa und begann zu wühlen. Bald hatte ich gefunden, was ich suchte: Skeptisch hielt ich meinen Bikini vor mir in die Luft und runzelte die Stirn ... das ging ja gar nicht!

Ein Rucken ging durch die Karosserie, Autos hupten, ein Schwung Menschen drängte sich an der metallenen Wand des Lasters vorbei, die spitzen Türme einer Moschee streckten sich vor uns in den Himmel.

Wir schwenkten nach rechts, rollten auf eine große Parkfläche, die sich um ein kantiges Gebäude erstreckte, ein voluminöser Bau, dessen Dach kleine Kuppeln und Türmchen schmückten, und parkten in einer abgelegenen Ecke.

Vielleicht gab es ja Badeanzüge zu kaufen, dachte ich, und griff nach der Tasche mit den Schwimmsachen der Kinder. Zu dritt sprangen wir nach draußen und sahen uns um. Ein großer Haupteingang mit gläsernen Türen lag in der Mitte des Gebäudes, doch bevor ich mich auf den Weg machen konnte, hielt mich Tom, der gerade um den Laster kam, zurück: »Ich glaube, der Eingang ist nur für die Männer!« Ich runzelte die Stirn und blickte mich um, dann zog mich Tom am Ärmel. »Da drüben, siehst du?«

Er zeigte zum anderen Ende des Gebäudes, an dem mehrere verschleierte Gestalten durch eine schmale Tür huschten, und gespannt machte ich mich mit den Kindern auf den Weg dorthin.

Der Boden war schlammig und aufgeweicht, schon nach den ersten Schritten klebte die feuchte Erde in schmierigen Brocken an unseren Schuhen, wir quetschten uns durch die schmale Tür und zogen die als Sichtschutz fungierenden Vorhänge auseinander.

Vor uns lag so etwas wie ein Warteraum. Mehrere Stuhlreihen waren in der Mitte aufgestellt, rechts und links an den Wänden befanden sich Tische und Getränkeauto-maten, an der Wand gegenüber der Tür erstreckte sich eine lange Theke. Ich sah Frauen ohne Kopftücher, lachende unverschleierte Gesichter, ein paar Mädchen lümmelten auf den Stühlen und knabberten Gebäck, andere standen an den Tischen und föhnten sich die Haare.

Die Frau an der Theke lächelte uns aufmunternd zu, ich kramte ein kleines Büchlein aus meiner Tasche und stapf-te mit den Kindern durch den großen Raum, dabei gaben unsere Schuhe ein leicht schmatzendes Geräusch von sich, und einige Erdkrümel verteilten sich auf dem Boden. Auf-geschlagen legte ich das Buch auf das polierte Holz, zückte einige Geldscheine und zeigte auf ein in einen Badeanzug gekleidetes Strichmännchen. Immer noch lächelnd drehte sich die Frau um, griff in ein vollgestopftes Regal, zog einen Karton zwischen mehreren Ordnern hervor und stellte ihn vor mich auf die Theke.

Gespannt beugte ich mich vor.

Schwarze knisternde Synthetikstoffe türmten sich über-einander, ich griff in den Berg und zog wahllos an einem Zipfel, bis ich den dazugehörigen Badeanzug in den Hän-den hielt. Er war monströs ... breite Träger über einem kaum ausgeschnittenen Brustteil mit halblangen Beinen, ein iranischer Körperverhüller für die modebewusste deut-sche Frau. Als i-Tüpfelchen gab es noch eine besondere Zu-gabe ... quer über Brust und Bauch stand in auffallendem Weiß groß und deutlich ein Schriftzug zu lesen: ADIDAS. Markenbewusstsein musste schließlich sein.

Sie zog die Geldscheine aus meiner Hand und zeigte auf einen neben der Theke gelegenen Durchgang, dahin-ter konnte ich hohe Schließfächer und hölzerne Bänke er-kennen, das musste der Umkleideraum sein. Schnell legte ich die Freikarte auf den Tisch, während Emma und Paula schon zwischen die Bänke sprangen, und folgte den Kin-dern in den kleinen, fensterlosen Raum.

Der Boden war nass und rutschig, und aus dem angren-zenden Duschraum drangen feuchtwarme Dampfwolken.

Ich stellte die Tasche auf die Bank vor einem leeren Schließ-
fach. Eine schlammige Spur zog sich durch den Raum, und
erst jetzt sah ich die Pantoffeln, die gestapelt am Eingang
lagen. Peinlich berührt zog ich die verschmierten Schuhe
von unseren Füßen und schob sie weit unter die hölzernen
Bretter.

Wahrend Emma und Paula an ihren Klamotten zerrten,
trat eine Handvoll Frauen aus dem Duschraum, in Schlappen schlurften sie über den Boden, kamen näher und näher und blieben direkt vor uns stehen. Ich blickte in dunkle
Augenpaare, die mich neugierig beobachteten. Fünf Frauen
mit tropfnassen Haaren standen im Halbkreis um uns herum, nur eine Armlänge entfernt, und starrten uns an.

»Was wollen die?«, fragte Emma.

»Ich weiß nicht.« Ich versuchte zu lachen. »Vielleicht wollen die sehen, was wir für schöne Badeanzüge haben?«

»*Salam!*« Freundlich nickte ich den Frauen zu.

»*Salam.*« Sie blieben stehen und schauten weiter, langsam
fühlte ich mich etwas unwohl.

»*American?*« Eine der Frauen trat noch einen Schritt näher, ihr tief ausgeschnittener Badeanzug war weiß und
wirkte durchsichtig, dunkel traten ihre Nippel durch
den dünnen Stoff. Anscheinend waren auch freizügigere
Modelle zugelassen.

Ich schüttelte den Kopf.

»*Alman*«, sagte ich und wickelte mich umständlich in ein
großes Handtuch.

Unberührt starrten sie weiter, Emma und Paula hatten
sich fertig umgezogen auf die Bank gesetzt und warteten.

Ich sah mich um, doch außer Schließfächern und der hölzernen Sitzfläche war der Umkleideraum leer, eine Kabine
gab es nicht, und beklommen zog ich meine Hose nach unten. Die fremden Augen beobachteten interessiert jede meiner Bewegungen.

Ich fummelte an meinem Pulli, am T-Shirt, öffnete den
BH und schlüpfte unter dem Handtuch in den iranischen
Badeanzug, dann ließ ich es nach unten rutschen und

stand unverhüllt in schwarzes Acryl gekleidet vor den gespannt Wartenden. ADIDAS hüpfte auf meiner Brust, darunter wölbte sich ein leichtes Bäuchlein, und endlich wendeten sich die Frauen ab.

Laute Stimmen hallten nun durch den Umkleideraum, die nassen Badeanzüge fielen mit einem Klatschen zu Boden, und Gelächter wurde laut. Nackte Haut umgab mich, wallendes Haar wurde geschüttelt, und kleine Tröpfchen flogen wie Regen umher, die freundschaftliche Intimität, die unter den Frauen herrschte, berührte mich. BHs wurden gegenseitig eingehakt, Haare gekämmt, die ganze Umkleide hatte plötzlich die Atmosphäre eines Mädchenzimmers angenommen ... Freundinnen unter sich, Scham schienen sie nicht zu kennen, und ich musste an meine lächerlichen Verrenkungen unter dem Handtuch denken.

»Mama, komm jetzt endlich!« Ungeduldig warteten Emma und Paula vor dem dampfenden Duschraum und rissen mich aus meiner Beobachtung.

»Ja, ja, bin ja schon da!« Und gemeinsam drängten wir uns durch die schmale Tür in den Dampf.

Heißes Wasser prasselte, es roch nach Seife und Shampoo, winzige Tropfen rannen über die kühlen Fliesen und auf den Boden. Wir duschten, bis unsere Haut rot und schrumpelig wurde, die hohen gekachelten Wände sorgten für einen angenehmen Sichtschutz. Nach dreißig Minuten waren wir sauber. Sauber, schrumpelig und rot gekocht, und nach einem letzten Sprung in das große Becken mit vierzig Grad heißem Wasser hatten wir genug. Schnell schlüpften wir wieder in unsere Klamotten und die schlammverkrusteten Schuhe und verließen das Schwimmbad in Richtung Laster. Tom wartete bereits auf uns. Er hatte seine nassen Haare unter die Kapuze seines Pullovers gesteckt, und seine tropfende Badehose baumelte an der kurzen Wäscheleine über unserem Ofen.

»Na, wie war's bei den Frauen?« Ich kramte die Badesachen aus meiner Tasche und verzog nachdenklich das Gesicht.

»Interessant!«

Emma und Paula hatten sich auf das Sofa gelegt, die roten Gesichter sahen müde und geschafft aus.

»Soso, interessant!« Er grinste.

Ich warf die nassen Sachen zum Trocknen über die Leine. Mit langen Fingern zog Tom an meinem modischen Badeanzug mit Bein, hielt das monströse Teil vor sich und grinste noch breiter.

Schwedische Wolfsgruben in der iranischen Steppe

Nach diesen ersten Tagen hatte ich meine europäische Angst vor dem Iran fast vollständig besiegt. Die so überschwänglich netten Menschen und die orientalische Welt mit ihren Lehmhäuser, Basaren und Moscheen hatte mich bezaubert wie in meiner Kindheit die Märchen aus Tausendundeiner Nacht. Immer wieder realisierte ich erstaunt, mit wie vielen Vorurteilen ich mich selbst unbewusst belastet hatte, und bewunderte die Kinder für ihre uneingeschränkte Offenheit. Die Schleier, die fremde Sprache und die vollen Basare, das alles zählte nach einigen Tagen der Faszination zur Normalität, lachend turnten sie um den Laster und sonnten sich in der ungewohnten Aufmerksamkeit.

Von Täbris aus machten wir uns im April auf den Weg nach Süden, wir wollten nach Isfahan, der Perle des alten Persiens.

Erst nach mehreren Stunden Fahrtzeit rollten wir über einen schmalen Feldweg in die Büsche, auf der Suche nach einem ruhigen Platz zum Schlafen.

Es war spät geworden.

Wir parkten am Rande einer kargen Wiese neben einigen knotigen Büschen. Inzwischen war es stockdunkel, selbst der Mond war für kurze Zeit hinter einer vorüberziehenden

Wolke verschwunden, und einsam umfing uns die Schwärze der Nacht.

Wir hatten uns unter die Decken gekuschelt, und ich sollte vorlesen.

Im immer schwächer werdenden Licht der Stirnlampe, die einen matten Kegel auf die weißen Seiten warf, versuchte ich, die kleinen Buchstaben, die sich vor meinen Augen eng aneinanderreihten, zu entziffern.

... Und da erzählte Krösa-Maja von Werwölfen, die die fürchterlichsten aller Wölfe wären und die nur im Mondschein herumschlichen ...

Paula nuckelte an ihrem Schnuller und hatte die Augen weit aufgerissen, gerade als ich wieder anhob zu lesen, tauchte der Mond aus der Wolke, und sein bleiches Licht warf stumme Schatten durch die knorpeligen Büsche.

... Die Werwölfe könnten sprechen, sagte Krösa-Maja, sie wären so etwas zwischen Wolf und Mensch und die schrecklichsten Ungeheuer. Träfe man einen Werwolf im Mondschein, dann könne man der Welt getrost Gute Nacht sagen, denn schlimmere Raubtiere gäbe es nicht. Und deshalb sollten die Menschen nachts drinnen bleiben, wenn Mondschein wäre, sagte Krösa-Maja und starrte Lina böse an ...

Ein hohes Jaulen durchriss die Stille, unheimlich und laut.

Ich zuckte zusammen, und Emma biss vor Aufregung in ihre Decke.

»Was war das?«, flüsterte sie

»Waaaauuuuuuuuuuuuuuuuuh!«

Wir hörten ein Kratzen draußen vor der Tür, ein Schaben und Hecheln, Fred hatte alle Nackenhaare aufgestellt und knurrte leise.

»Mamaa!« Ängstlich klammerte sich Emma an meine Hand, mit hämmerndem Puls schob ich vorsichtig den Zipfel eines Vorhanges beiseite und blickte nach draußen, Werwölfe ... was für ein Blödsinn ...

Der Mond hatte die Ebene in ein fahles, wächsernes Licht getaucht, und plötzlich sah ich sie.

Mehrere dunkle Silhouetten huschten geduckt um unseren Laster, die kantigen Schnauzen tief in den Boden gedrückt, als würden sie etwas suchen. Plötzlich hielten sie inne, rissen die Schädel nach oben, und ein schauriges Geheul erhob sich aus mindestens sieben Kehlen.

»Wauuuuuuuuuuh, wauuuuuuuuuuuuuuuuuh ...«

»Sind das Wölfe?« Emmas Blick hing an den dunklen Gestalten, doch Tom winkte ab.

»Nein, das sind wilde Hunde. Siehst du die unterschiedlichen Felle, die verschiedenen Größen?«

Emma nickte.

»Das sind eindeutig Hunde, aber heulen können sie mindestens ebenso gut wie Wölfe!«

Wieder nickte sie.

»Aber was suchen die hier?«

»Futter, aber bei uns finden sie nichts, die sind bestimmt gleich wieder weg!«

»Papa ...«

»Ja?«

»Ich glaub, ich habe die Kekse draußen vergessen!«

In dem Moment brach die Hölle los.

Ein Gejaule, Knurren und Bellen vermischte sich zu einem Tosen, direkt vor unserer Tür verbissen sich eine Handvoll Hunde ineinander, gelbe Zähne schlugen in zottiges Fell, und dunkle Körper wirbelten durch die mondhelle Nacht.

»Waauuuuuuuuuuuu.« Wieder ein Heulen, letzte Fellbüschel flogen aus den gefletschten Zähnen, und ich legte tröstend meinen Arm um Emmas schmale Schultern.

Dann war alles vorbei.

Triefende Nasen wurden auf den Boden gerammt, laut schnüffelnd und mit sabbernden Lefzen machte sich die Meute auf die Suche nach Nachschub, streunte ein letztes

Mal um den Mercedes, um dann endlich auf die kleine Wiese zu trotten.

Ein letztes Wimmern drang durch die metallenen Wände, erleichtert atmeten wir auf, konnten unseren Blick jedoch nicht von den struppigen Körpern wenden und mussten mit ansehen, wie sie sich nicht weit von uns entfernt auf der kahlen Wiese zusammenrollten. Sanft strich ihnen das Mondlicht über die ausgemergelten Rücken, und ein Seufzer schien durch die ganze Gruppe zu gehen, dann regte sich nichts mehr. Kein Wind wehte, kein Blatt raschelte, und kein Vogel schrie, es hatte den Anschein, als wäre alles um uns in einen märchenhaften Schlaf gesackt.

»Kannst du jetzt weiterlesen?«

Emma starrte erwartungsvoll auf das Buch, das ich noch immer in der Hand hielt.

»Nein, heute nicht mehr, von Wölfen hab ich erst mal genug!« Ich legte das Buch zur Seite, zog ihr die Decke bis an die Ohren und küsste sie auf die Nasenspitze. »Vielleicht morgen früh.«

»Aber gleich nach dem Aufwachen!«

»Na, von mir aus ...«

Zufrieden rollte sie sich auf die Seite, während Paula nach meinen Fingern griff. Sie klammerte sich mit ihrer kleinen Hand an meine, eine Zeit lang noch hielt sie mich ganz fest, dann war auch sie eingeschlafen.

Zusammen mit Tom saß ich zwischen den weichen Decken und sah unter dem hochgeknoteten Vorhang nach draußen, ließ meinen Blick immer wieder über die schlafenden Hunde gleiten.

»Bis morgen früh haben die sich hoffentlich verzogen.«

»Bestimmt!« Tom streckte die Arme zum Dach und gähnte. »Bin ich müde.« Er kroch unter seine Decke, legte einen Arm um Emma, die sich unruhig drehte, und schloss die Augen.

Ich sah auf die Umrisse der drei Schlafenden; tiefe Atemzüge gingen durch den Raum wie das sanfte Rauschen der Wellen an einem Südseestrand.

Und doch saß ich unschlüssig auf dem Polster und konnte nicht schlafen.

Ein leichter Druck hatte sich auf meiner Blase bemerkbar gemacht, der sich stetig steigerte, je öfter ich zu den schlafenden Hunden blickte, und sich gerade einem unangenehmen Höhepunkt näherte.

Vorsichtig kletterte ich aus dem Bett und öffnete leise die Tür. Sofort fuhren mehrere kantige Schädel in die Höhe, gelbe Augen musterten mich stechend, und erschrocken zog ich die Tür zurück ins Schloss.

»Was ist denn los?« Tom streckte verschlafen den Kopf aus den Kissen.

»Ich muss pinkeln!«

»Na, dann sag dem bösen Wolf 'nen schönen Gruß!«

»Ich geh da nicht raus!«

»Da bleibt nur das Töpfchen!« Er grinste und schien plötzlich wieder hellwach.

»Echt witzig!«

Wieder sah ich nach draußen, einige der Hunde waren aufgewacht und schnüffelten über das dürre Gras, während meine Blase schmerzhaft zwickte.

Lustlos streifte mein Blick den emaillierten Nachttopf aus längst vergangenen Zeiten, ein mehr aus Jux eingepacktes Utensil von Omas Dachboden, und Tom grinste noch immer.

»Ich schau auch weg!« Tiefe Grübchen zeichneten sich jetzt auf seinen Wangen ab.

»Mach dich nur lustig!« Ich packte den geschwungenen Griff, zog den Pott aus dem schmalen Spalt, und nur Sekunden später kroch ich erleichtert ins Bett.

Gerade als ich meine Augen schloss, wackelte es hinter mir, und Tom stieg aus den Federn.

»Was ist denn jetzt noch?«, nuschelte ich müde.

»Ich muss auch mal!«

Ein letztes Grinsen huschte über mein Gesicht, dann rollte ich mich auf die Seite und war im nächsten Moment eingeschlafen.

Mit den ersten Sonnenstrahlen hatte Emma die Augen aufgerissen und mir das Buch auf die Brust geknallt.

»Vorlesen, Mama, du hast es versprochen!«

Stöhnend rieb ich mir die Augen und schielte zu unserer kleinen Uhr.

»Es ist gerade mal fünf!«

»Nach dem Aufwachen hast du gesagt, ich bin wach!«

»Na, das hab ich gemerkt!«

Resignierend griff ich nach dem Buch von Astrid Lindgren und blätterte zwischen den Seiten. Laut gähnend blickte ich aus dem Fenster, die Hunde waren verschwunden, und müde begann ich zu lesen.

... Flink wie er war, begann er gleich am nächsten Morgen, sich zwischen Tischlerschuppen und der Vorratskammer eine Wolfsgrube zu graben. Es war die Stelle, wo im Sommer die vielen Brennnesseln wuchsen, die aber jetzt schwarz und verwelkt am Boden lagen. Es dauert eine ganze Zeit, bis eine Wolfsgrube gegraben ist. Tief musste sie sein, wenn der Wolf nicht wieder herauskommen sollte, nachdem er hineingefallen war ...

»Au ja, Mama!« Emmas Augen hatten sich vor Begeisterung geweitet.

»Wir können doch auch eine Wolfsgrube bauen!«

Mit einem Ruck zog sie an Paulas Decke, und eine halbe Stunde später, während wir noch Kaffee tranken und Lawash, iranisches Fladenbrot, mit Marmelade aßen, stiefelten die Mädels mit ihren kleinen Schaufeln um den Laster und suchten nach der geeigneten Stelle, bis sie unweit unserer Eingangstür zu graben begannen. Genau hier hatten die Hunde gekämpft, genau hier musste die Grube hin.

Plötzlich näherte sich eine Gruppe von Männern unserem Laster, ich zog mir mein Kopftuch übers Haar, Tom sprang auf und ging ihnen entgegen. Schnellen Schrittes kamen sie über die kleine Wiese marschiert. Ihre Kleidung wirkte alt und zerschlissen, braune Erdklumpen hingen hinter den Hosenaufschlägen und an den Schuhen, und jeder Einzelne trug eine Schaufel über der Schulter.

Emma und Paula hatten aufgehört zu graben.

»Schau mal, Mama. Die wollen alle Wolfsgruben bauen!« Begeistert blickten sie auf die vielen Schaufeln, und ich musste lächeln.

Kurz vor unserem Laster blieb der Trupp ruckartig stehen.

»*Salam aleikum!*« Einer der Männer rammte die Schaufel vor sich in den Boden. Auf seinen Kopf hatte er eine helle Kappe gestülpt, und seine Augen waren dunkel und unergründlich.

»*Aleikum salam*«, erwiderte Tom.

Der Mann sagte etwas auf Farsi, wir verstanden kein Wort und zuckten hilflos mit den Schultern.

»Wauuuuu!« Ein Heulen ertönte neben mir, und ich fuhr erschrocken zusammen. Emma hatte ihren Kopf zum Himmel gestreckt und heulte wie ein Rudel Wölfe, dann zupfte sie den Mann am Ärmel und zeigte auf das kleine ausgefranste Loch vor dem Laster.

Der Mann begann zu lachen, tief schallte seine volle Stimme über die kleine Wiese.

Er streichelte Emma über die blonden Locken, betrachtete die kleine Grube und das Häuflein Erde, dann zog er seine Schaufel aus der Grasnarbe und rief etwas auf Farsi. Noch einmal tippte er grüßend an den Schirm seiner Mütze, marschierte dann an uns vorbei und verschwand mit dem Rest der Gruppe zwischen den kleinen Büschen.

»Mama, glaubst du, hier gibt es so viele Wölfe?« Nachdenklich fuhr sich Emma durch die zerzausten Haare.

»Nein, eigentlich nicht!« Ich schüttelte den Kopf und griff gleichzeitig nach dem Tuch, das mir von den Haaren zu rutschen drohte. Sie lächelte, als sie weitersprach.

»Aber unsere Grube hat ihm gefallen, hast du gesehen?«

»Allerdings.« Emma und Paula machten sich weiter zu schaffen, und nur zehn Minuten später war die Grube fertig. Dünne Zweige lagen ausgebreitet über dem Loch, darüber Moos und Gras, in den darum aufgehäuften Halbkreis aus roter Erde versanken Toms große Schuhe. An jeder Hand ein Kind stand er vor dem kleinen Kunstwerk, als Emma ergriffen sagte:

»Heute Nacht, Papa, heute Nacht fangen wir einen Wolf!«

Good things need good time

Die Nacht war ruhig und ohne Zwischenfälle verlaufen, weder ein Wolf noch ein wilder Hund hatten sich in unsere Nähe verirrt. Nach einer enttäuschten Inspizierung der Falle, in die sich nur ein verletzter kleiner Käfer verirrt hatte, der inzwischen in einer mit Gras gefüllten Schüssel saß, machten wir uns auf den Weg nach Isfahan.

Weiß getünchte Ziegelmauern flankierten bald die Straße zu beiden Seiten, darin immer wieder farbige Tore und die kuppeligen Bauten der Moscheen, aus denen die unvergleichlichen spitzen Türme ragten. Statt des schwarzen Tschadors hatten die Frauen sich helle blumige Tücher, die von Kopf bis Fuß reichten, um ihre Körper gewickelt, die Männer bevorzugten weite sackartige Hosen und geknöpfte Hemden. Eine Tankstelle tauchte vor uns auf, und noch während wir auf den von Diesellachen überzogenen Tankplatz rollten, beugte sich Emma besorgt über den rundlichen Käfer.

»Können wir da nicht ein Pflaster drüberkleben, ich glaube, dem geht es nicht so gut.« Schon von klein auf hatte Emma sich um alle Tiere gesorgt und um jede von den Laufenten gefressene Schnecke bittere Tränen vergossen. Sie hatte Fliegen aus Spinnennetzen befreit, den Katzen die Mäuse abgeluchst und Regenwürmer von den Straßen gesammelt. Jetzt sah sie mich aus ihren großen Augen ängstlich an.

»Ein Pflaster hilft da nicht.« Ich schüttelte traurig den Kopf, während Paula sich neugierig über die Schüssel beugte und mit dem Zeigefinger auf den angeknacksten Panzer tippte.

»Der ist tot!« Sie machte eine abschätzige Miene und schubste den Käfer Richtung Rand, vor dem er bewegungslos verharrte.

»Guck, der macht gar nichts, der ist tot.«

Emma riss die Schüssel an sich, und ein bitterböser Blick streifte ihre kleine Schwester, während draußen Stimmen laut wurden.

Vor dem Fenster sah ich Tom in Begleitung eines jungen Burschens zum Laster kommen, Schlüssel klimperten, und mit einem quietschenden Geräusch wurde die kleine Klappe über dem Tank geöffnet, anscheinend hatte Tom einen LKW-Fahrer gefunden, der uns auf seine Karte tanken ließ.

Der Bursche strich sich über das glatte Kinn, zog den Tankstutzen aus der Halterung und rammte das gekrümmte Rohr breitbeinig in die Öffnung. Tom hatte sich amüsiert an eine Säule gelehnt und grinste.

»*How many wifes?*« Wie viele Ehefrauen?

Endlich konnte ich die genuschelten Worte des Halbwüchsigen verstehen, der in stümperhaftem Englisch auf meinen Mann einredete und sich dabei mit einer herausfordernden Geste über das leicht gelockte Haar strich.

»Ehefrauen? Da hab ich nur eine!«

Ein überlegenes Grinsen breitete sich über das dunkle Gesicht.

»Ich hab drei!«

»Drei Ehefrauen? Wow…« Tom nickte anerkennend. »Und wie viele Kinder?«

Er zuckte mit den Schultern, suchte nach dem richtigen Wort.

»Null«, sagte er dann, und sein Grinsen war eine Spur schmaler geworden.

»Keine Kinder … und drei Frauen. Hm … ich hab eine Frau und drei Kinder!« Jetzt lachte Tom leise, und selbst der Iraner konnte sich ein knappes, wenn auch etwas betretenes Lächeln nicht verkneifen. Dann zog er vorsichtig den Stutzen aus der Öffnung, ließ den Tank randvoll laufen, und während er den Deckel zuschraubte, schwappte eine kleine Pfütze Diesel in die schillernde Lache auf dem Boden.

Wieder quietschte die Klappe, Tom zog den Schlüssel aus dem Schloss und kramte in seiner Hosentasche. Er zog einen Stapel Tumanscheine heraus, zahlte umgerechnet acht Euro für vierhundert Liter und erklomm das Trittbrett zur Fahrerkabine.

»Na dann, viel Glück!« Ein letztes Grinsen galt dem jungen Mann, dann drückte Tom den Startknopf, und das laute Tuckern des Dieselmotors verschluckte die erwiderten Worte. Die großen Reifen rollten schmatzend durch die dickflüssigen Pfützen; der Geruch von Diesel schwappte zu uns ins Innere.

Emma hatte sich in der Ecke des Sofas zusammengekauert, die Käfer-Schüssel balancierte sie auf ihrem Schoß, und ihr besorgter Blick hing an dem Insekt, während Paula gelangweilt aus dem Fenster sah.

Garagen säumten die Straße, Werkstätten und Ersatzteilhändler prägten das Stadtbild des Mechanikerviertels, hohe Berge von Reifen in jeder erdenklichen Größe standen im staubigen Dreck des Straßenrandes. Das blitzende Licht eines Schweißapparates flammte vor einer Werkstatt auf, von einer Flex sprühte ein Funkenregen, und für einen kurzen Moment regte sich Interesse in Paulas Augen, dann bog der Laster scharf nach rechts, und wir rollten in die asphaltierte Einfahrt einer kleinen Schweißerei.

Reihen von Tanks flankierten den schmalen Weg, lagen gestapelt auf dem angrenzenden Schotterplatz, das unlackierte Metall glänzte matt in der warmen Sonne.

Tom sprang aus dem Laster, wanderte durch die quaderförmigen Stapel, zückte seinen Meterstab und studierte eine Zeichnung, die er auf einem ausgefransten Zettel bei sich trug. Wir suchten einen Tank, zusätzliche vierhundert Liter würden uns zweitausend Kilometer Fahrtstrecke zu einem gleichbleibenden Dieselpreis ermöglichen.

Gleich in der ersten Reihe wurde er fündig, ein silbernes

Monstrum mit den Ausmaßen eines Kinderbettes hatte es ihm angetan, nach kurzem Verhandeln zahlten wir hundertfünfzig Dollar und fuhren unseren etwas groß geratenen Ersatzkanister auf einem kleinen Handkarren in eine Lackiererei auf die andere Straßenseite.

Vor einem halb aufgeschobenen Garagentor erwarteten uns vier Männer, die uns interessiert musterten und nicht so aussahen, als würden sie in Arbeit ertrinken. Der Ähnlichkeit der Gesichter und der Körperfülle nach zu urteilen, handelte es sich bei mindestens zwei davon um Brüder. Ächzend luden wir den Tank vor ihnen auf den Boden. Der Älteste, der als Einziger einen Schnurrbart trug, kam uns entgegen und lächelte, während er mit der Handfläche sacht auf das Metall klopfte.

»*Salam aleikum.*«

»*Aleikum salam.*« Tom nickte freundlich und blätterte dann in unserem Wörterbuch, bevor er es kopfschüttelnd wieder in seiner Hosentasche verstaute; für das Werkstattviertel war das kleine Büchlein einfach nicht ausgelegt, und so versuchte er sein Glück auf Englisch.

»*We need some colour.*«

»Okay.« Der Mann hatte ihn anscheinend verstanden. »*Which?*«

»*Black.*« Er nickte und winkte in Richtung Werkstatt.

Ein großer LKW-Reifen wurde vor das Tor geschoben, und zu viert wuchteten die Männer unseren Tank auf das harte Gummi, dann schnappte sich der Jüngste ein altes Fahrrad. Rostig drehte sich die Kette um die Zahnräder, und eine gefährliche Kurve kratzend verschwand das »Nesthäkchen« zwischen den wild hupenden Autos einer kleinen Nebengasse.

»*Buying colour.*« Erklärend nickte einer der drei Verbliebenen in unsere Richtung.

»*You like some tea?*«

Während wir eine heiße Tasse Schwarztee schlürften, machten es sich die drei Lackierer auf dem vorbereiteten Tank gemütlich. Sie ließen die Beine baumeln, die in alten ausgelatschten Gummischlappen steckten, und kommentierten leise lachend den vorüberziehenden Verkehr.

»*How long will you need?*« Leicht besorgt runzelte Tom die Stirn.

»*Oh … until tomorrow evening.*« Und als er Toms ungläubigen Gesichtsausdruck sah, musste der Mann grinsen:

»*Good things need good time!*« Dann lachte er.

Als wir am nächsten Abend wiederkamen, war der Tank lackiert, jedoch nicht der Boden. Als wir uns bei den verdutzten Männern beschwerten, zogen sie Tom zu ihren Ausstellungsstücken, die entlang der Straße auf dem Schotter lagen, und zeigten ihm die durchgehend blanken Unterseiten.

»*You see, it is normal like this!*« Als wir uns partout nicht umstimmen lassen wollten, bedachten sie uns mit einem ungläubigen Kopfschütteln, und als wir am nächsten Morgen den rundum lackierten Tank aufs Dach wuchteten, betrachteten sie die schwarze Unterseite mit einem verschmitzten Lächeln, fasziniert wie Künstler von einem besonders innovativen Werk.

Ein beunruhigendes Zusammentreffen

Wir rumpelten über eine rissige Straße, um uns herum türmten sich die Sanddünen der iranischen Wüste Dascht-e Kawir, seit Tagen schon hatte ich kein Grün mehr gesehen. Von Yazd aus waren wir über Tabas in Richtung der turkmenischen Grenze unterwegs, morgen schon würden wir den Iran wieder verlassen.

Ich lehnte meine Stirn gegen das kühle Glas des Fensters und blickte in die karge Landschaft, Salzkrusten wechselten sich mit weichem Sand ab, flache Ebenen mit Hügelketten, Sonne mit Schatten.

Erst sieben Wochen waren wir nun »on the road«, obwohl es mir manchmal erschien wie eine Ewigkeit. Mein Leben zuvor konnte ich mir kaum noch vorstellen, und wäre der Kontakt zu Sarah nicht gewesen, ich hätte wohl vollends den Bezug zur »normalen« Welt verloren. Wochentage und Zeit waren kaum mehr von Bedeutung, das Einzige, was zählte, waren die Gültigkeitsdaten der Visa, die Straßenbeschaffenheit und die täglichen Bedürfnisse. Der Tagesrhythmus richtete sich nach der Sonne, die Essenszeiten nach dem Hunger, die Schlafplatzsuche nach den natürlichen Gegebenheiten. Früher hatte ich manchmal das Gefühl gehabt, mein Leben würde an mir vorüberziehen, jetzt stand ich mitten drin.

Die Federn ächzten, mit einem Ruck kämpfte sich der Laster über die kleine Böschung und kam hinter einer mittelhohen Erhebung zum Stehen, ich streckte gähnend meine Knochen und öffnete die Tür. Sand und Felsen bestimmten die Aussicht, einige halbhohe stachelige Büsche lehnten sich an ein steiles Felsmassiv, unter dem Spuren im Sand von menschlichem Besuch zeugten.

Tom kam mit der Karte in der Hand um den Laster gelaufen, klatschte das Papier gegen das warme Metall und fuhr mit dem Finger über eine gelb markierte Straße.

»Morgen sind es nur noch ein paar Kilometer, hier, das letzte Stückchen schaffen wir in höchstens einer Stunde.«

Er kletterte zu uns in den Koffer, und jeder kaute an einem trockenen Zwieback, während mein Blick an der auseinandergefalteten Karte hing. Es war Ende April, fünf Länder trennten uns noch von der Mongolei, und in drei Monaten würde Sarah dort auf uns warten.

»Für Turkmenistan haben wir fünf Tage, oder?«

Tom nickte. »Aber wenn wir die kürzeste Strecke über Mary nehmen, ist das gut zu schaffen.« Dabei klopfte er auf den markierten Städtenamen.

Ein leichtes Rumoren in meinem Magen riss mich aus der Betrachtung.

Die letzten Tage hatten wir mit einem unangenehmen Brechdurchfall zu kämpfen gehabt. Hatten wir bis dato geglaubt, all das Wasser trinken zu können, was auch die Einheimischen verwendeten, so waren wir nun eines Besseren belehrt, und seit heute Morgen thronte unübersehbar der bisher unbenutzte Katadyn-Wasserfilter auf einem frisch gezimmerten Regal. Stetig tröpfelte das Wasser durch die schmalen Keramikkerzen, die vollgespuckte Wäsche jedoch wartete in einer luftdichten Tonne noch immer auf den geeigneten Platz zum Waschen. In Turkmenistan, hoffte ich, hätte ich die Arbeit bald erledigt.

Noch etwas blass um die Nase kletterten Emma und Paula aus dem Laster, und zu viert machten wir uns auf den Weg durch die hügelige Landschaft. Auch hier war der Boden mal von weichem Sand bedeckt, mal mit Salz verkrustet, karge Bergkuppen reckten sich aus der Wüste, mittelgroße schwarze Käfer pflügten mit gesenktem Kopf durch den Boden wie Miniaturbulldozer und hinterließen lustige Spuren, die im Zickzack durch die Landschaft führten.

Während Emma und Paula sich an eine Käferspur geheftet hatten, ließen Tom und ich unsere Blicke schweifen. Ruhig war es hier; die in einiger Entfernung liegende Straße schlängelte sich verlassen durch die sandigen Hügel, kaum ein Laut drang durch die Stille der Wüste. Plötzlich blieb mein Blick an etwas hängen ... hatte ich dort nicht eine Bewegung gesehen?

Mit zusammengekniffenen Augen starrte ich auf die rauen Umrisse eines nahe gelegenen Berges, irgendetwas schien nicht ganz ins Bild zu passen.

Ich legte meine Hand auf Toms Arm.

»Ist da was, da, auf dem Hügel?«

»Ich weiß nicht, auf die Entfernung kann ich nichts erkennen!«

Wir liefen ein paar Schritte, als für den Moment einer Sekunde ein heller Blitz erschien, fast als hätte die Sonne auf einen Spiegel getroffen.

»Siehst du jetzt was?«

»Ich weiß nicht genau, sieht aber aus wie der Eingang zu einer Höhle.«

Ich riss ihn am Arm.

»Schau doch mal da!«

Auch auf einem anderen Hügel hatte ich jetzt zwischen zwei hervorstehenden Felsen eine Art Schlupfloch bemerkt. Ein höhlenartiger Spalt schien tiefer in den Berg zu führen, davor war aus mehreren Brettern ein kleiner Vorbau gezimmert.

Tom hatte sich zu mir umgedreht und kratzte sich nachdenklich im Bart.

»Meinst du, die sind verlassen?« Ich schaute ihn fragend an, dachte an die Bewegung, die ich vorhin gesehen zu haben glaubte, und erinnerte mich an die besorgten Stimmen eines iranischen Pärchens aus Isfahan: die Grenzgebiete seien gefährlich, vor allem zum Irak und nach Afghanistan.

»Das will ich gar nicht wissen, besser, wir kehren um.«

Ein leicht unwohles Gefühl machte sich in meinem Magen breit, während ich die Mädchen auf uns zu rennen sah. Die Berge lagen östlich von uns, führten über die nahe gelegene afghanische Grenze, nördlich von uns wartete Turkmenistan, ein grenznaher Bereich also, der jetzt ein Unbehagen in mir auslöste, gerade wegen der noch immer herrschenden Unruhen.

»Meinst du, wir sollten noch weiter?«

»Nein.« Tom schüttelte den Kopf. »Dafür ist es jetzt schon zu spät.«

Die Sonne war flach und rot geworden, der heiße Sand wurde langsam kühler.

»Am besten, wir gehen bald ins Bett und fahren morgen so früh wie möglich!«

Ein Geräusch drang langsam in mein Unterbewusstsein, verschlafen rieb ich mir die brennenden Augen, draußen war es noch dunkel, und Tom und die Kinder schliefen. Klapp, klapp, klapp ... Ein gleichmäßig rhythmisches Geklapper erklang aus Richtung der Hügel, wie der hohle Tritt eines unbeschlagenen Pferdes. Ich kniete mich vors Fenster und versuchte, etwas zu erkennen. Der Mond stand hoch am Himmel, tauchte die Hügel in weißliches Licht, da plötzlich sah ich sie. Zwei Reiter aus entgegengesetzten Richtungen, die weite Kleidung flatternd im Wind, umweht von den langen Mähnen der galoppierenden Pferde, die Gesichter schwarz verhüllt und starr nach vorne gerichtet. In einer einzigen fließenden Bewegung schossen sie aufeinander zu, donnernd preschten die Hufe über den schmalen Bergrücken, die dunklen Stoffe flatterten über den glänzenden Muskeln der Tiere. Eine an Raserei grenzende Jagd durch den losen Sand, der vom harten Fels spritzte. Aufbäumend kamen die Pferde zum Stehen, tänzelten leise schnaubend unter dem runden Mond, während die Reiter die Köpfe zusammensteckten und wie wild zu gestikulieren begannen.

Nervös ruhte mein Blick auf den schmalen Hufen, die immer wieder in den weichen Boden stampften, bis mich plötzlich das unangenehme Gefühl beschlich, beobachtet zu werden. Vorsichtig hob ich den Kopf. Die Reiter hatten aufgehört, miteinander zu reden, und hatten ihre Gesichter in meine Richtung gedreht, der schmale Augenschlitz leuchtete hell aus dem schwarzen Tuch. Eine Hand deutete auf unseren Laster, und unwillkürlich rutschte ich tiefer in die weichen Decken. Ein Ruck am Zügel, und wie von der Tarantel gestochen, begannen die Pferde erneut zu rasen, kamen auf mich zu, immer näher, berührten fast den Lack des Lasters, bis sie plötzlich abrupt die Richtung wechselten und hinter einem nahen Hügel verschwanden.

Ich rüttelte Tom am Arm, riss ihn aus dem Schlaf, und nur zehn Minuten später röhrte der Motor durch die dunkle Nacht.

Mit den ersten Sonnenstrahlen erreichten wir die turkmenische Grenze und stolperten bleich und müde in das enge Zimmer der ärztlichen Kontrolle. Die ansteckende Schweinepest zog hier ihre Kreise, und jeder, der einreisen wollte, wurde auf Symptome untersucht.

Ein kritischer Blick musterte unsere blassen Gesichter, und die unumgängliche Frage kam:

»Sind Sie alle gesund?«

Ich zog mir das verschwitzte Tuch vom Kopf und wuschelte mir durch die Haare.

»Uns ging es noch nie besser!« Nach dem erlösenden Piepen des Fieberthermometers rollten wir durch den geöffneten Schlagbaum und ließen das Grenzgebiet und die beunruhigenden Reiter weit hinter uns zurück. Viel später kamen wir zu dem Schluss, dass es wohl einfach Hirten gewesen sein mussten, deren Gebaren mir in der Nacht allerdings mehr als unheimlich war.

Etappe 3: Usbekistan, Mai 2010

Einen Liter Milch bitte

Die Tage in Turkmenistan waren an mir vorübergeflogen wie im Traum, zwischen eingeweichter Wäsche, Halbschlaf und immer wieder aufkommender Übelkeit hatte ich nur verschwommen die vielen schönen Frauen in den reich bestickten Trachten, die sie auch im Alltag trugen, wahrgenommen. Frauen flanierten hier nun wieder unverhüllt und in voller Pracht durch die Straßen. Nach nur vier Tagen hatten wir Anfang Mai die nächsten Grenzformalitäten über uns ergehen lassen und waren nach Usbekistan eingereist.

Ich atmete tief durch und schmeckte die warme Luft. Am Straßenrand sah ich grasende Pferde, eine Gruppe Kinder rumpelte auf einem Eselskarren über einen schmalen Weg, lachende Gesichter sausten an unseren Fenstern vorbei, und bunte Kleider leuchteten in der grellen Sonne.

In einer kleinen Ortschaft auf dem Weg nach Buchara, nicht weit entfernt von der Grenze, hatten wir einen Laden entdeckt, in dem wir hofften, das Nötigste zu bekommen. »Magazin« stand in großen Buchstaben auf ein hölzernes Schild gepinselt, und im Schaufenster stapelte sich frisches Brot neben billigem Spielzeug. Knarzend öffnete sich die alte Tür, und über eine schmale Stiege traten wir in den nach gebohnertem Holz duftenden Raum.

Es herrschte dunkles Zwielicht, nur einzelne nackte Glühbirnen warfen helle Flecken über die abgetretenen Dielen, hohe Regale reichten vom Boden bis zur Decke, vollgestopft mit allem Notwendigen für die usbekische Familie. Plastikschüsseln neben Spülmittel und Shampoo, Zahnpasta, Schuhcreme und Haushaltsartikel, daneben trockene Lebensmittel und Konserven. Mehl reihte sich in

Großpackungen neben Nudeln und Reis, Linsen und Erbsen neben Schokoriegeln und jeder Menge Kekse.

An einer gläsernen Theke, in der Wurst, Käse und Eier auf ihren Käufer warteten, stand ein altes Muttchen mit Kopftuch und roten Backen hinter einer monströsen Kasse und strahlte. Ich trat zu der Alten und zog eine zusammengefaltete Pampers aus meiner Jackentasche, legte sie auf die vom vielen Gebrauch glänzend polierte Platte und klopfte mit dem Finger darauf, während ich fragend meine Augenbrauen nach oben zog.

»Haben Sie Windeln?«, fragte ich einfach auf Deutsch, Englisch konnte hier sowieso kaum einer.

Sie strahlte mich an und griff hinter sich ins Regal, zog eine einzelne Windel hervor und legte sie vor mich auf die Theke.

Verdattert starrte ich auf die Platte, mit einer Windel würde ich nicht weit kommen, dann versuchte ich es auf Russisch.

»Bolsche«, sagte ich ... mehr. Und obwohl hier angeblich kein Russisch mehr gesprochen wurde, hatte ich Glück. Die Alte drehte sich erneut um und zog eine Handvoll Pampers aus einer aufgerissenen Packung, legte sie vor mir auf den Tisch, jetzt blätterte ich in meinem kleinen Wörterbuch und zeigte auf ein Wort, das ich nicht aussprechen konnte.

»Fßje«, las die Alte vor ... alle.

In kleinen Stößen zu je fünf Stück stapelten sich die Windeln vor mir auf der glatten Theke, die rauen Finger der alten Frau fuhren geübt durch die weißen Saugpakete, abgezählt landeten sie in einer großen Plastiktüte, die schon bald vor mir auf dem Boden stand. Jetzt brauchte ich nur noch Milch. Während die Kinder mit Tom durch den Laden stromerten und nach und nach Kekse, eingemachte Birnen und eine Packung Nudeln auf den Tresen legten, suchte ich in dem kleinen Sprachführer nach dem richtigen Wort.

»Essen und Trinken«, las ich ... Marmelade – *pawidla*, Messer – *nosch*, Milch – *malakò* ... na also. Ich räusperte mich leise, um die Frau auf mich aufmerksam zu machen, deren

Blick auf den hellen Locken der Mädchen ruhte, und legte einen fragenden Unterton in mein neu gelerntes Wort: »*Malakò?*«

»*Da, da, malakò.*« Sie nickte kräftig und zog eine verstaubte Dose aus einer Ecke, hielt kurz inne, lächelte, stellte die Dose zurück und wuchtete dann einen ganzen Karton auf die Ablage. Dose an Dose, Frau an Frau, reihte sich auf blau-weißen Etiketten eine blonde Schönheit an die nächste, in der Hand einen Schöpfer voll sahniger weißer Flüssigkeit ... Dosenmilch.

»*Malakò.*« Ihre Hand lag auf Emmas blondem Kopf, abwartend sah sie mich an.

»*Njet!*« Ich schüttelte den Kopf und überlegte. Wie sollte ich erklären, dass ich Frischmilch brauchte?

»Muuuuuh!« Verlegen versuchte ich mich an Melkbewegungen in der Luft, die Frau begann zu lachen.

»*Da, da,* muuuuh!« Dabei nickte sie kräftig, rührte sich aber nicht von der Stelle.

»*Malakò, dieti malinki*«, versuchte ich es noch einmal ... Milch, kleine Kinder. Dabei schaukelte ich ein Baby in der Luft, und plötzlich begann sie zu strahlen.

»*Dieti malinki,* ahhhh!« Sie blickte auf Emma und Paula, dann packte sie mich plötzlich am Ärmel und zog mich hinter sich her: »*Nikakój prabljéma.*«

Sie zog mich durch eine kleine hölzerne Seitentür, die in einen engen Garten führte. Zu meiner Linken befand sich ein einstöckiges Häuschen, in dessen offener Tür eine junge Frau stand, die überrascht aufblickte, davor ein hölzerner Tisch und ein Bänkchen.

Rechts von mir lag ein Stall, in dem ich zwei braun-weiß gefleckte Hinterteile erkennen konnte, zwischen den Beinen die rosafarbenen Euter, prall gefüllt mit frischer Milch. Nach einem kurzen Wortwechsel griff die Jüngere nach einem gelben Eimerchen, quetschte sich zwischen die zwei massigen Kuhkörper und begann zu melken, Strahl für Strahl spritzten weiße Fontänen in den Kübel, und die Alte zupfte mich erneut am Ärmel und deutete auf eine Flasche.

»*Butýlka.*« Ich nickte und machte mich auf den Weg in den verlassenen Laden, in dem Tom und die Kinder schon auf mich warteten.

»Jetzt gibt's Milch, frisch aus dem Euter!« Ich spurtete in den Laster und kam mit unserer großen Thermoskanne zurück, etwas anderes hatte ich auf die Schnelle nicht gefunden. Dann folgten mir die drei durch die Seitentür in den kleinen Garten.

Dampfend stand der Eimer auf dem Tisch, und ein kleines rotes Kätzchen strich um seine hölzernen Beine, als ich der Alten die Kanne in die Hand drückte. Weiß und sahnig schwappte die Milch in das kühle Metall, der Duft nach frischer Kuhmilch erinnerte mich an meine Kindheit.

Dankbar griff ich nach dem Behälter.

»*Skolko stoit?*« – wie viel kostet das?, fragte ich.

»*Nischto.*« Sie winkten ab.

»*Spasiba.*« Danke ...

»*Pashalsta nje-za-schto.*« Gern geschehen, bedeuteten sie mir, und beide lächelten, dann griff die Ältere in die Luft und begann zu melken.

»Muuh«, sagte sie grinsend, und ich musste lachen.

Kurz darauf parkten wir auf einem Dorfplatz, auf zwei Seiten von Mauern umgeben lag er direkt an der schmalen Straße, nicht weit entfernt von dem kleinen Laden. Begeistert sprangen die Mädchen um einen mit Sträuchern und Bäumen bewachsenen Tümpel, der inmitten des geschotterten Platzes lag, eine dunkle Pfütze mit unergründlicher Bodentiefe und jeder Menge kleiner Krabbel- und Schwimmtierchen. Ich hatte die frische Milch abgekocht und in den Kühlschrank gestellt, Emma und Paula hatten sich mit Käschern und Kübeln bewaffnet, und zusammen mit einer Handvoll Kinder, die aus dem Dorf gekommen waren, angelten sie in der dunklen Brühe, während Tom draußen die Karte studierte. Matsch tropfte von den Kinderhosen; die Hände dunkel verschmiert, strich sich Emma über die blonden Locken und strahlte in meine Richtung, dann stieß sie einen Stock in das blubbernde Wasser. Skeptisch musterte ich den Tümpel.

»Hast du eine Ahnung, wie tief das Wasser ist?«

»Am Rand nicht sehr tief, ich hab es mit einem Stock abgetastet, aber in der Mitte ...«

Ich stellte unsere Stühle nach draußen und sank in die tiefe Sitzfläche, meinen Blick auf die Kinder gerichtet. Jetzt schienen sie etwas gefangen zu haben: Fünf Köpfe drängten sich über einen mit Wasser gefüllten Kübel, Emma packte den Griff, und mit einer Schar Kinder auf den Fersen kam sie zum Laster gelaufen.

»Mama, Papa, wir haben was gefangen, was ganz Komisches, guckt doch mal!« Aufgeregt stellte sie den Eimer vor meine Füße, und ein bisschen schwarzes Wasser schwappte auf den Boden.

»Das Wasser ist zu trüb, wir müssen warten, bis sich die Erde abgesetzt hat.«

»Ist gut, wir nehmen so lange das Bobby-Car.« Laut ratternd drehten sich die kleinen Reifen über den Schotter, zwei Frauen, die schüchtern in der Nähe standen, sprangen lachend zur Seite, und ich winkte ihnen aufmunternd zu, als sie mit einem scheuen Blick unseren Laster streiften.

Langsam begann sich der Platz zu füllen, immer mehr Frauen kamen, Blumen leuchteten in allen Farben auf ihren Kleidern, und gemusterte Kopftücher waren über ihre dunklen Haare gebunden. Nur fünfzehn Minuten später befanden wir uns in einer bunten Traube von Menschen. Stimmen wurden laut, alle redeten durcheinander, lachten, gestikulierten und erzählten, doch »*atkuda ... kuda*« war das Einzige, was wir verstanden ... woher, wohin ...

»*Germania.*« Tom zeigte in die Richtung, aus der wir gekommen waren, dann in die, in die wir weiter wollten. »*Kirgistan, Kasachstan, Sibiria, Mongolia.*«

Plötzlich schälte sich eine kleine Frau aus der Menge. »Guten Tag, Sie kommen aus Deutschland?«

Verdattert sah ich mich um, die deutschen Worte hatten mich völlig aus dem Konzept gebracht.

»Äääh … ja.«

Die zierliche Frau, die in einem roten Kleid vor mir stand, strahlte über das ganze Gesicht.

»Ich bin die Deutschlehrerin hier an der Schule, herzlich willkommen!«

Die nächste Stunde unterhielten wir uns ausgiebig, begeistert erzählte Mara uns von ihrer Schule, vom Dorfleben und von ihrer Familie. Wir berichteten von unserer Reise, den anderen Ländern und unseren Erlebnissen. Erst nachdem wir versprochen hatten, noch ein paar Tage zu bleiben, verließ sie uns spät am Abend, allerdings nicht, ohne noch eine Einladung auszusprechen:

»Morgen, nach dem Wochenmarkt, kommt ihr zu mir, mein Mann wird vierzig, da wird gefeiert!«

»Sehr gerne, aber sag doch mal, wo ist denn der Wochenmarkt?«

Mara sah mich mit strahlenden Augen an.

»Na hier!« Dann drehte sie sich um und marschierte forschen Schrittes über den knirschenden Schotter.

Spät am Abend packte ich den Eimer mit dem inzwischen klareren Wasser. Ein kleines Krebstier paddelte suchend über den abgesunkenen Schlamm. Vorsichtig schüttete ich es zurück in den Tümpel.

Lautes Geschrei riss mich aus dem Schlaf.

Vorsichtig hob ich den Vorhang und fuhr erschrocken zurück, der Platz war voller Menschen, Esel und Autos. Stoffe flatterten in der Luft, Geschirr stapelte sich, und Säcke mit Gemüse wurden vor hölzerne Stände drapiert, der Wochenmarkt war bereits in vollem Gange.

Verschlafen sah ich auf die Uhr … sechs Uhr morgens … oh mein Gott. Mit geschlossenen Fäusten rieb ich mir die brennenden Augen, dann schlüpfte ich in meine Leinenhose und ein T-Shirt, wickelte einen Haargummi um meine blonden Locken und griff nach der Leine.

»Wir gehen ja schon!« Winselnd tänzelte Fred vor der Tür hin und her. Ich machte ihn am Halsband fest, öffnete die

Tür und sah mich einer Reihe gespannter Kinderaugen gegenüber, die wie gebannt auf den schlanken Körper unseres Hundes starrten. Fred sprang mit einem Satz nach draußen, und ein Raunen ging durch die Kindermenge.

»*Sabacca, sabacca.*« Hund, Hund.

Unbeeindruckt von der ganzen Aufregung trabte Fred zum nächsten Busch und hob sein Bein. Einige Burschen kicherten und hefteten sich an unsere Fersen, einen blauäugigen Husky hatten sie anscheinend noch nie zu Gesicht bekommen, und erst, als wir zurück in den Laster kletterten, trollten sie sich in das wogende Meer aus Menschen, das bunt und laut über den Marktplatz strömte.

Auch Tom und die Kinder waren schon wach, hatten das Bett abgebaut und die Vorhänge hochgerollt, auf dem Herd blubberte der erste Espresso, und auf dem Tisch lagen Marmeladenbrote.

Tom reichte mir eine dampfende Tasse Kaffee, und ich schlürfte ihn genüsslich, als es plötzlich an unsere Tür klopfte. Zwei der Burschen waren wieder da, zwischen ihnen, an einen Strick gebunden, lief ein kleines graues Eselfohlen. Die langen Ohren interessiert nach vorne gerichtet und die Nüstern gebläht, stakste es mit seinen dünnen Beinen über den harten Schotter, und ein auf der Wiese angeleinter Esel begann laut zu schreien.

»Ein Eselfohlen!« Emmas Gesicht wurde vor Verzückung ganz rot. Zusammen mit Paula sprang sie über die Stufen nach draußen und streckte ihre kleinen Finger der weichen Nase entgegen. Neugierig machte das Fohlen einen Schritt nach vorne, und einer der Jungen drückte das Seil in Emmas Hand.

»*Paminját*«, sagte er und schaute uns erwartungsvoll an.

»*Kak?*« Tom zuckte die Schultern. Wie bitte? Er suchte nach den richtigen Worten: »*Ja nitschèwo nje ponjal* ...« Ich habe nichts verstanden.

Der ältere der Buben zeigte auf Fred, der sich in die Eingangstür gelegt hatte, dann auf sich, den Esel drückte er dabei noch näher zu den begeisterten Mädchen.

»Du willst tauschen?« Tom machte große Augen und musterte verwundert den kleinen Esel.

»Na, hübsch ist er ja.«

»Ja, Papa, wir wollen tauschen, gell, Paula?«

Paula nickte kräftig, doch Tom und ich schüttelten gleichzeitig den Kopf.

»Nein, das geht nicht. Wir können doch den armen Fred nicht einfach hierlassen.«

»Aber dafür haben wir doch dann einen Esel!« Emma sah ihn begeistert an, Paula hatte die Arme vor der Brust verschränkt und stampfte mit dem Fuß.

»Ich will aber!«

»Nichts da, getauscht wird nicht!« Mit angelegten Ohren starrte Fred nach draußen.

»Fred bleibt, der gehört zur Familie.« Jetzt wedelte er mit dem Schwanz und ließ einen seiner seltenen Beller hören. Diesmal waren wir eindeutig einer Meinung.

Auf einem Geburtstagsfest bei Mara

Ein staubiger Pfad führte zwischen die Häuser. Aufatmend genossen wir den Schatten, bevor wir wieder in die flirrende Luft traten, die sich unbeweglich über dem Boden staute. Es war schon später Nachmittag, als wir uns auf den Weg zu der Geburtstagsparty bei Mara machten, aber trotz der vorgerückten Stunde war es brütend heiß. Die hellen Lehmmauern reflektierten die Strahlen der tief stehenden Sonne, und schon nach dem halben Weg hatte ich das Gefühl, bei lebendigem Leib zu vertrocknen.

Maras Innenhof jedoch bot kühlen Schatten; zwischen einer orientalischen Sitzecke – einer Art Futonbett mit Lehne – und dem gemauerten Ofen erwartete uns unsere Gastgeberin mit einem strahlenden Lächeln.

Sanft schob sie uns in Richtung Polster, bevor sie selbst durch eine hölzerne Tür wieder im Inneren des Hauses verschwand. Ein kleiner Hund mit staubigem Fell drängte sich schwanzwedelnd zwischen unsere Beine. Während Emma und Paula über die blühende Maiwiese tollten, die eingeschlossen von halbhohen Mauern hinter dem Haus lag, ließen wir uns zwischen die weichen Kissen fallen und sahen uns neugierig um. Hinter der gemauerten Kochstelle, einem Lehmofen mit zwei runden Öffnungen für große Töpfe, befand sich ein offener Stall, in dem zwei Kühe angebunden waren. Von dort aus führte eine genagelte Holztür zur Toilette der Familie, zwei nebeneinander liegende kreisrunde Öffnungen im Boden, die genau auf dem Misthaufen endeten.

Ein leichtes Lüftchen wehte um die trockenen Mauern, sanft nickten die verstreut wachsenden Blümchen mit ihren Köpfen, eine der zwei hageren Kühe wendete ihren Schädel und musterte uns prüfend aus ihren großen braunen Augen. Ich sah einen Klumpen in ihrem Hals nach oben rutschen, das Futter verteilte sich erneut in ihrem Maul, und gemächlich begann sie wiederzukäuen.

Mara kam wieder aus dem Haus gelaufen, eine junge Frau im Schlepptau, die einen großen Topf auf den Lehmofen wuchtete und sanft in die fast verloschene Glut pustete.

»Meine Schwester Usmai.« Sie zeigte auf die junge Frau, Flammen schlugen aus der kreisrunden Öffnung, und eine Rauchwolke waberte durch den engen Hof.

»Sie ist sehr tüchtig!« Sie lächelte, dann winkte sie uns in ein kleines Zimmer.

Der Boden war mit Teppich ausgelegt, die einzigen Möbelstücke waren ein halbhoher Tisch und eine Schrankwand voller Geschirr, das Herzstück jedoch, das direkt neben dem Eingang auf einem kleinen Schemel thronte, war ein wuchtiger alter Fernseher, in dem lautstark ein Musiksender lief. Ein in Glitzer gekleideter Mann hauchte gerade ins Mikrofon, als wir uns zusammen mit den Frauen um den Tisch platzierten, das Flimmern des Bildschirms spiegelte sich in den begeisterten Augen unserer Mädchen.

Immer mehr Menschen drängten sich nun in das Zimmer, Seite an Seite drückten wir uns um den halbhohen

Tisch, während Usmai dampfende Töpfe und selbst gebackenes Fladenbrot zwischen uns aufhäufte. Maras Mann, das Geburtstagskind, hatte an der Stirnseite Platz genommen. Neben der Limo für die Kinder stapelten sich Wodkaflaschen. Verteilt in kleine Becher, war der erste Liter bald geleert.

»Habt ihr keinen ledigen Freund?« Mara warf uns zwischen zwei Schlucken einen fragenden Blick zu, während ihre kleine Schwester sich lachend durch eine Traube Männer drückte, die sich vor der Tür gebildet hatte.

»Usmai ist eine gute Frau.«

Eine Welle Musik schwappte durch den Raum, einige der Frauen sprangen auf und begannen, vor dem Fernseher zu tanzen, inmitten der wiegenden Hüften drängten sich die hellen Schöpfe von Emma und Paula. Wild sprangen sie durch das Zimmer, drehten sich um ihre eigene Achse und genossen die Aufmerksamkeit. Unterdessen rollte der Verschluss der zweiten Wodkaflasche zu Boden.

Maras Mann ergriff nun das Wort, über seinen Augen lag bereits ein sanfter Schleier.

»Vielleicht nehmt ihr sie mit«, übersetzte uns seine Frau. »In Deutschland kann sie einen Mann finden und etwas Anständiges lernen.«

Tom zuckte mit den Schultern und grinste.

»Leider fahren wir gerade in die falsche Richtung, aber bis in die Mongolei hätten wir noch einen Platz frei!«

Der Hausherr runzelte nachdenklich die Stirn, dann schüttelte er den Kopf.

»Nein, in der Mongolei gibt's ja doch nicht genug Männer.« Er griff erneut nach der Flasche und nahm einen tiefen Schluck, dann wanderte sein Blick zu Mara, und er lächelte entschuldigend.

Als wir uns kurz darauf auf den Heimweg machten, war es bereits dunkel. Hand in Hand schlenderten wir über den schmalen Weg, die Mädels auf unseren Schultern. Leise Musik folgte uns aus dem Lehrerhaus, begleitet von dem gleichmäßigen Zirpen einiger Grillen, die sich in dem üppigen Grünstreifen neben der Straße versteckt hielten. Eine Katze huschte vor uns über die Straße, als wir aus einem der Hauseingänge leises Lachen vernahmen. Im schummrigen Licht einer alten Laterne leuchtete der bunte Zipfel eines langen Rockes, tiefes Rot zu dunklem Grün, wie die üppige Blüte einer Rose. Ich kannte das Muster, hatte es heute schon viele Male gesehen und lächelte still vor mich hin, als ich das tiefe Säuseln einer männlichen Stimme vernahm. Um Usmai musste sich Mara wohl keine Sorgen machen.

Schlechte Nachrichten

Die letzten Tage, Anfang Juni, hatten wir uns durch die Wüste Kizilkum gearbeitet, die sich mit ihren knapp dreihunderttausend Quadratkilometern über den Großteil von Usbekistan erstreckte, und waren über Buchara und Samarkand in Richtung Taschkent gereist.

Es war kurz vor sechs Uhr abends, und Tom drehte am Weltempfänger, der allerdings außer monotones Rauschen nichts von sich gab, als plötzlich eine englische Stimme aus dem Lautsprecher knarrte:

»*And now the news: Kirgistan: The civil war …*«

»Was?« Entsetzt stieß ich an das Radio, und die knarrende Stimme verschwand hinter einem hohen Fiepton, der von erneutem Rauschen abgelöst wurde.

»Bürgerkrieg, hast du das gehört?«

Tom hatte die Stirn in Falten gelegt und nickte besorgt, während er erneut versuchte, dem Gerät eine Stimme zu entlocken. Mit angehaltener Luft erhaschten wir die letzten Worte der Meldung »… das ausländische Amt rät von einer Einreise nach Kirgistan bis auf Weiteres dringend ab …«

Gerade hatten wir in Taschkent unser Lager aufgeschlagen, und von der kirgisischen Grenze trennten uns nur noch wenige Kilometer. Morgen hatten wir über das Ferghanatal an die Grenze gewollt, morgen war der letzte Gültigkeitstag unseres usbekischen Visums.

Nachdenklich kratzte ich mich an der Stirn.

»Was sollen wir jetzt machen?«

»Ich geh zur kasachischen Botschaft, vielleicht bekommen wir ja Express-Visa.«

Ich nickte – wir hatten erwogen, wegen der beunruhigenden Nachrichten gleich nach Kasachstan einzureisen. »Einen Versuch ist es sicher wert.«

Früh am nächsten Morgen machte sich Tom auf den Weg zur Botschaft. Als er mittags zurückkam, konnte ich schon an seinem Gesichtsausdruck erkennen, dass er nichts erreicht hatte.

»Das dauert mindestens drei Tage, hat man mir gesagt.«

»Sollen wir unser usbekisches Visum verlängern?«

»Ich weiß nicht.« Er zuckte mit den Schultern. Eigentlich hatten wir uns auf das Hochland gefreut, hatten die »Himmelsberge« des Tian Shan mit eigenen Augen sehen wollen, noch drei oder vier weitere Tage in Taschkent zu verbringen, erschien uns weit weniger reizvoll.

»Laut den Nachrichten begrenzen sich die Unruhen hauptsächlich auf Osh, wenn wir vielleicht einen kleineren Grenzübergang nehmen und auf dem kürzesten Weg zur kasachischen Botschaft nach Bischkek fahren?«

»Ja, das ist vielleicht die beste Möglichkeit.«

Sofort begannen wir zu packen. Emma und Paula, die von den »Nachbarskindern« eine Tüte voller Eis geschenkt bekommen hatten, kletterten mit verschmierten Gesichtern in den Koffer, und ich hoffte inständig, dass ihr Magen die ungewöhnliche Kost vertragen würde. Um ein Uhr mittags brachen wir auf in Richtung Kirgistan.

Vor der Abfahrt hatten wir noch ein letztes Mal unsere E-Mails gecheckt, und zu meinem Erschrecken hatten selbst zwei portugiesische Radfahrer, die wir unterwegs kennengelernt hatten, ihre Reise kurz vor ihrem Ziel Kirgistan abgebrochen ... die Einreise war ihnen zu riskant gewesen. Mit einem dicken Kloß im Hals begann ich mich immer wieder zu fragen, ob wir die richtige Entscheidung getroffen hatten, bis plötzlich die kleine ländliche Grenze vor uns auftauchte. Alles wirkte friedlich. Frauen mit bunten Kopftüchern bestellten die Felder, und ein Eselskarren rumpelte gemächlich über einen schlammigen Pfad neben der Straße.

Während die Usbeken einen hohen Metallzaun um den kompletten Gebäudekomplex gezogen hatten, fanden wir auf kirgisischer Seite nur zwei kleine Häuschen inmitten von Gestrüpp und grünen Büschen, und zwei Grenzbeamte, die wir anscheinend aus ihrer Mittagssiesta gerissen hatten, stolperten verschlafen aus einer der Hütten.

Tom sprang aus dem Laster, zückte seine Karte und fuhr mit dem Finger über unsere geplante Route nach Bischkek.

»Ist es hier sicher?«, fragte er auf Englisch.

»Ja, ja, kein Problem!« Der Ältere der beiden winkte träge durch die Luft und fächelte unsere Sorgen davon.

»Angst hat nur der Präsident!«

Seit zwei Tagen war die Regierung gestürzt, der Präsident ausgeflogen, soviel hatten wir von ausreisenden Kirgisen erfahren.

Ein Lächeln zog über das Gesicht des Kirgisen, als er meinen angespannten Gesichtsausdruck entdeckte.

»Nur keine Panik, wir haben noch keinen gefressen!« Und mit diesen Worten hob er den Schlagbaum, und wir durften fahren.

Ich sah die Berge vor mir, deren Gipfel bis in die weißen Wolken reichten, und mit zusammengepressten Fingern schickte ich noch ein letztes Stoßgebet zum Himmel: Bitte, wer immer du auch bist, pass auf uns auf!

Etappe 4: Kirgistan, Juni 2010

In den Bergen

Bald würde die Sonne untergehen.

Die schneebedeckten Gipfel waren ihr schon bedenklich nahe und drohten sie jeden Augenblick zu verschlucken.

Ohne Tageslicht hatten wir jedoch kaum eine Chance!

Ich schaufelte wie besessen, der Motor jaulte auf, noch bevor ich einen Sprung zur Seite machen konnte, begannen sich die Reifen direkt vor mir ruckartig zu drehen, und eine Schlammfontäne ging über mir nieder.

»Verdammt noch mal!«

Fluchend watete ich aus dem Dreck, fingerte mir einige klebrige Batzen aus den Haaren und knallte die Schaufel vor mir auf den Boden, während der Laster einen kleinen Satz nach vorne machte.

Emma sah mich erschrocken an.

»Was ist denn, Mama, hast du dir wehgetan?«

»Nein, schon gut!«

Aufseufzend ließ ich mich neben ihr und Paula, die gerade versuchte, Fred ein Büschel Gras in den Mund zu schieben, auf den Boden fallen. Ich war erledigt. Vor Stunden waren wir zu einer Farm in den Bergen aufgebrochen und waren schon nach den ersten Kilometern jämmerlich versumpft. Der Schotterweg, der uns ins Gebirge führen sollte, hatte sich bald in einen schmalen Karrenpfad verwandelt, kaum breiter als unser Mercedes, und der anfangs noch trockene rotbraune Lehmboden war zu einem nicht mehr enden wollenden Meer aus Schlamm mutiert.

Jetzt saßen wir fest, das letzte Stückchen vor einer kleinen Anhöhe hatte unser treues Gefährt einfach nicht mehr geschafft, und während Tom noch im Laster saß und das Unmögliche versuchte, hatte ich schon längst aufgegeben.

Eingekeilt zwischen Felsen und Abgrund drehten sich die Reifen in einer nicht endenden Schleife, immer näher rutschte der LKW an die bröckelnde Kante.

Mit zitternden Fingern strich ich mir die verklebten Haare aus der Stirn, schloss einen Moment die Augen und erinnerte mich, wie wir überhaupt in diese missliche Lage gekommen waren.

Viele Pässe hatten wir inzwischen überquert, alleine auf dem Weg nach Bischkek hatten wir mehrere Dreitausender hinter uns gelassen. Als wir Sabine, eine deutsche Lehrerin aus dem SOS-Kinderdorf, in der Nähe der kasachischen Botschaft trafen, stand uns die Begeisterung wohl noch ins Gesicht geschrieben. In dem zugewachsenen Garten hinter ihrem Haus hatte sie uns hinter vorgehaltener Hand einen Tipp gegeben, eine Farm in den Bergen, frei laufende Pferde, Stutenmilch und Ruhe.

»Das ist genau das Richtige für euch«, hatte sie gemeint. »Blühende Almwiesen in knapp dreitausend Meter Höhe!«

Einige Tage später, nur mit dem Namen einer kleinen Ortschaft am Fuße des Tian Shan und mit dem kasachischen Visum im Pass, machten wir uns frühmorgens erneut auf den Weg in die Berge.

Den dampfenden Kaffee noch in der Tasse, rumpelten wir über ein kleines Sträßchen, das sich durch ein karges Flusstal schlängelte.

Schroffer Fels bestimmte die Landschaft, hin und wieder unterbrochen von kleinen, mit Gras bedeckten Fleckchen. Genau zur Mittagszeit erblickten wir die ersten Häuser. Einfache Holzhütten aus verwitterten Brettern, die sich auf eine kleine bewaldete Ebene verteilten; bunte, auf die Hauswände gezeichnete Muster leuchteten über dem dreckigen Braun der Straße.

Ein einsamer Esel zupfte an vereinzelt wachsenden Grasbüscheln, mehrere Hühner flatterten gackernd aus einer Hofeinfahrt, und ein mit Heu beladener Anhänger verbreitete den Geruch von Sommer.

In leuchtenden roten und blauen Buchstaben war auf einer rostigen Metallskulptur der Name zu lesen: ROT-FRONT, eckige kyrillische Buchstaben, die sich scharf gegen den Hintergrund abhoben.

Ich runzelte die Stirn, im Reiseführer hatte ich darüber gelesen. Eine Ende der Zwanzigerjahre von über zwanzig landlosen Familien gegründete Siedlung der Russlandmennoniten namens »Bergtal«, die erst von Stalin einige Jahre später auf den bis heute aktuellen Namen Rot-Front umbenannt wurde. Es ist die größte Gemeinschaft mit deutschen Wurzeln in Mittelasien.

Unbarmherzig knallte die steil stehende Sonne auf unsere Frontscheibe, Paula war in meinem Arm eingeschlafen, Emma kniff die Augen zusammen und musterte die verschiedenen Hütten.

Bis jetzt hatten wir nur einen Namen – Koop stand in krakeligen Buchstaben auf einem kleinen Zettel. Wollten wir den Mann finden, mussten wir wohl oder übel die Initiative ergreifen. Tom ließ unseren Laster auf den schmalen Grasstreifen neben der Straße rollen und stellte den Motor ab. Wir kletterten aus der Fahrerkabine, und mit der schlafenden Paula auf meinem Arm standen wir unschlüssig im Staub der Straße.

Die Ortschaft lag wie ausgestorben vor uns, nur der Esel hob den Kopf, betrachtete uns eine geraume Zeit und schien dann beschlossen zu haben, uns links liegen zu lassen. Gelassen trabte er mit einem gleichmäßigem klack, klack, klack der kleinen Hufe um die nächste Kurve und war nicht mehr zu sehen.

In diesem Augenblick sah ich eine bunt gekleidete, ältere Frau mit einem rundlichen Gesicht auf uns zu kommen, sie lächelte uns an und grüßte mit der rechten Hand. Ihre Füße steckten in hohen Lederstiefeln, und sie hatte einen forschen Schritt. Die Hühner, die eben noch auf dem Weg nach Leckerbissen gesucht hatten, flatterten erschrocken zur Seite. Erwartungsvoll und mit dem Namenszettel in der Hand gingen wir der Frau entgegen.

»*Dobryj den!*«, begrüßte sie uns freundlich auf Russisch.

»*Dobryj den!*« Tom hielt ihr den Zettel entgegen, deutete auf den Namen und fragte:

»Koop?«

»Ah, Koop.« Nickend deutete sie in Richtung eines der größeren Häuser und winkte uns, mitzukommen.

Hunde bellten, aus einiger Entfernung hörten wir den Esel schreien, dann standen wir vor einem Tor aus mannshohen Brettern, mit aufgemaltem blau-weißen Muster und einem geschnitzten Holzgriff in Form eines Pferdes.

Laut hallte unser Klopfen durch den Innenhof, aber niemand öffnete, selbst der russische Wortschwall, den unsere Begleiterin in Richtung Haus schickte, schien daran nichts zu ändern.

Stolz präsentierte Emma währenddessen einen Käfer, den sie mit seinen haarigen Füßchen bis an die Spitze ihres ausgestreckten Zeigefingers klettern ließ, wo er eine Zeit lang verlegen mit den Beinchen auf und nieder trampelte, bevor er plötzlich die Flügel ausbreitete und davonflog. Lachend lief ihm Emma hinterher, pflückte ihn behutsam von seinem Landeplatz, setzte ihn wieder auf ihre Hand, und das Spiel begann von Neuem.

Die Frau lächelte. Interessiert studierte ich dabei ihr Gesicht. Das Alter hatte seine Spuren hinterlassen, Hunderte von Fältchen hatten sich um Augen und Mund gebildet, die schmalen Augen blickten gütig und weise. In dem Moment hörten wir ein immer lauter werdendes Motorengeräusch, und Sekunden später bog ein Fahrzeug um die Ecke, das aussah wie ein Wildschwein, das sich im Dreck gesuhlt hatte. Eine mehrere Schichten dicke Schlammkruste bedeckte den Lack, nur an der Frontscheibe hatte jemand ein kleines Fleckchen vom gröbsten Dreck befreit. Dahinter erkannten wir verschwommen den Kopf eines Mannes.

»Koop!«, erklärte unsere kirgisische Begleiterin mit Nachdruck und deutete auf den mobilen Schlammberg, dann folgte erneut ein Schwall Russisch, von dem wir nicht das Geringste verstanden.

Die Tür öffnete sich, und heraus stieg ein gepflegt wirkender Mittvierziger mit eindeutig europäischem Aussehen. Die braunen Haare waren leicht gelockt und kurz geschnitten. Sein sauberes Äußeres stand in einem merkwürdigen Kontrast zu dem verschmutzten Auto. Strahlend kam er uns entgegen, und nach einem kurzen Wortwechsel mit unserer Begleiterin begrüßte er uns in perfektem Deutsch:

»Guten Tag, mein Name ist Johannes Koop, wie kann ich Ihnen helfen?«

»Tom, Heike, Emma, Paula«, stellte Tom uns vor.

»Wir kommen von Sabine, der Lehrerin in Bischkek!«

Die Frau aus Rot-Front hatte sich seitlich an einen Baum gelehnt, streichelte eine Katze, die um ihre Beine schlich, und verfolgte aufmerksam unser Gespräch.

»Ach, von Sabine! Die hab ich ja schon ewig nicht mehr gesehen!« Dann strich er sich nachdenklich übers Kinn.

»Sie wollen sicher in die Berge?«

Tom nickte bestätigend und fügte als Erklärung hinzu: »Sie hat uns von der Farm erzählt! ›Wenn ihr Pferdemilch probieren wollt, der beste Ort auf Erden!‹ Das waren ihre Worte.« Abraham, der Bruder von Johannes, hielt dort in einer Höhe von über zweitausend Metern an die hundert Stuten, erst im Winter mussten sie über einen steinigen Pfad zurück ins Tal. Johannes Koop nickte, ohne ein Wort zu sagen, die alte Frau jedoch begann aufgeregt auf Russisch zu sprechen.

»Was hat sie gesagt?«, wendete ich mich interessiert an Johannes.

»Sie meint, es habe in den Bergen geregnet, der Weg sei zu schlecht, aber ich war erst vor ein paar Tagen oben, kein Problem!«

»Sind Sie sicher, dass wir da hochkommen? Unsere Reifen sind nicht gerade die besten!« Tom schien beunruhigt.

»Absolut kein Problem, wenn Sie wollen, fahre ich Ihnen das erste Stück voraus und zeige Ihnen den Weg!«

»Das wäre toll.« Erleichtert nickte Tom ihm zu.

Während Johannes zurück in seinen besudelten Wagen kletterte, machten auch wir uns wieder auf den Weg zum Laster.

Ich winkte der Frau und hörte sie noch etwas rufen: »Viel Glück«, mit starkem russischen Akzent.

Der Motor von Johannes' Auto heulte auf, und vorsichtig rollte er an mir vorbei aus der Einfahrt, während ich in den Koffer kletterte, er schien es wirklich eilig zu haben. Ein Ruckeln ging durch den ganzen Laster, dann spürte ich die gleichmäßigen Vibrationen des laufenden Motors, die Federn seufzten, wir hatten den Grasstreifen verlassen und folgten ihm weiter durch das enge Flusstal. Ein letztes Mal sah ich die bunten Häuser, einen letzten Busch, dann schwenkte der Weg nach rechts, und Rot-Front war endgültig hinter den Felsen verschwunden.

Nach etwa zehn Kilometern hielten wir erneut. Tom war ausgestiegen und unterhielt sich noch einmal mit Johannes, der auf einen rechts abzweigenden Schotterweg deutete, dann stiegen beide zurück in die Autos. Johannes hupte noch einmal laut zum Abschied, und nur Sekunden später verschwand der Lada im Staub der kirgisischen Straße.

Unser Laster schwenkte stattdessen nach rechts, schaukelte wie ein Schiff über die Bodenwellen der Ausfahrt und kroch über den knirschenden Schotter ins Gebirge. Zuckelnd, aber stetig arbeitete sich der Mercedes nach oben, die Wiesen schienen grüner und saftiger zu werden, und in einiger Entfernung konnte ich einen Bauwagen neben einer traditionellen Jurte erkennen, vor denen einige Schafe weideten.

Kurz danach wurde der Weg noch schmaler, führte zwischen kantigen Felsen und einer Geröllschlucht weiter in die Höhe, wickelte sich wie eine Schlange um den monströsen Berg.

Gedankenverloren betrachtete ich die majestätische Schönheit, bis ich plötzlich eine Veränderung bemerkte.

War der Laster bis jetzt gut vorangekommen, so hatte ich plötzlich das Gefühl, er würde schwimmen.

Schlingernd rutschte er von einer Seite zur anderen, verfehlte haarscharf die Kante in die Tiefe, nur um im nächsten Augenblick fast gegen den Felsen zu prallen. Ich krallte mich in die Polster, dann sah ich den Schlamm. Der ganze Weg schien sich aufgelöst zu haben, eine schmierige rotbraune Schicht überzog den Boden, der die Reifen bis über die Felgenkante schluckte. Unser Laster quälte sich durch das Sumpfmeer, tiefe Spuren hinter sich herziehend.

Ich hörte den Motor aufheulen, spürte, wie die Reifen durchrutschten, während die Schnauze nach rechts ausbrach. Ein letztes Keuchen, dann Stille. Unwillkürlich hielt ich die Luft an.

Der Laster stand, eingekeilt zwischen Felswand und Schlucht.

Wir müssen hier raus; dieser eine Gedanke beherrschte mich. Ich rutschte vom Sofa, griff nach den Händen der Kinder.

»Kommt, wir steigen aus!«

Missmutig nahm Emma ihren Käfer, den sie aus Rot-Front mitgenommen hatte, Paula steckte sich den Schnuller in den Mund, dann kletterten beide aus ihren Sitzen. Ich hörte Schritte, sah Tom um den Mercedes durch den Schlamm waten, auffallend blass stand er Sekunden später in der geöffneten Tür. Er sah mich an.

»Wir stecken fest!«

»Ich weiß.«

Fred war inzwischen aus dem Koffer gesprungen, und ich sah ihn in einiger Entfernung aufgeregt am Felsen schnuppern. Emma und Paula steckten in ihren Gummistiefeln, und gemeinsam kletterten wir nach draußen.

Der Laster stand fast quer, die runde Schnauze zeigte Richtung Felsen, aber es blieb noch ein wenig Platz, um zu rangieren.

Ich brachte die Mädels zu einem Felsen in einiger Entfernung, der zwischen ein paar trockenen Grasbüscheln aus dem Boden ragte, dann lief ich zurück zum LKW, bei dem Tom schon mit zwei Schaufeln wartete.

»Ich bin hinten in ein Loch gerutscht, am besten wir graben den Schlamm so weit weg, dass wir Steine unterlegen können.« Gemeinsam machten wir uns an die Arbeit.

Wie besessen rammten wir gleichzeitig die Schaufeln in den Morast, stachen Kuhlen in den weichen Boden, der sich an allem festzusaugen schien wie ein Blutegel. Er verklebte die Schaufelblätter, bald auch die Stiele, und umschloss unsere Füße wie Zement.

Als wir endlich genügend Steine vor die Reifen gelegt hatten, um aus dem einen Loch zu kommen, versanken wir nur drei Meter später im nächsten, und alles begann von vorne. Schaufeln, Steine sammeln, schaufeln, Steine sammeln, schaufeln ...

Mir ging die Kraft aus.

Da saß ich also mit meinen verklebten Haaren und geschlossenen Augen, hatte mich einige Momente in meinen Erinnerungen verloren, um mich nun wieder der Gegenwart zuzuwenden. Wir waren gestrandet, hingen irgendwo am Berg fest. Meine Hose war starr vor Dreck, aus meinen Schuhen tropfte Wasser. Zusammengekauert saß ich neben Paula und Emma auf dem Boden. Heute würde ich keinen einzigen Schritt mehr tun, davon war ich überzeugt. Fred hatte seine Nase in die Luft erhoben und witterte.

»Ich glaube, Rosi gefällt es hier!« Emma versuchte, mich aufzuheitern und deutete auf den schwarzen Käfer. »Schau doch mal!«

Sie setzte ihn auf den Boden, und mit einer merkwürdigen Bewegung wühlte er sein Köpfchen in den weichen Boden.

Auch die Lasterreifen wühlten noch immer im Boden. Wütend und schmatzend zogen sie tiefe Furchen in den Schlamm, zerteilten unermüdlich das braune Meer aus Matsch. Tom konnte nicht aufgeben. Niemals würde er hier stehen bleiben, soviel war mir klar.

Ich lehnte mich zurück, brauchte einfach einen Augenblick Ruhe.

Mehrere große Raubvögel kreisten über uns am Himmel, mit weit ausgebreiteten Schwingen segelten sie wieder und wieder über uns hinweg, ab und zu erklang ein spitzer Schrei.

Da geschah das Unmögliche.

Die Reifen hatten Grip, fast unmerklich langsam gruben sie sich weiter nach oben, Stückchen für Stückchen, Zentimeter um Zentimeter.

Ich hielt die Luft an, rechnete jeden Augenblick damit, dass sie erneut durchdrehen würden, aber nichts dergleichen geschah.

Meter um Meter schob sich der Laster nach vorne, grub sich wie ein Schaufelbagger durch die Schlammmassen. Er schaffte die nächste Kurve, die letzten zehn Meter, und mit einem Mal war er aus der Gefahrenzone.

Fred sprang auf und spurtete hinterher, fassungslos sah ich beide hinter der nächsten Kurve verschwinden, und mit einem Schlag spürte ich meine Kräfte zurückkehren.

»Der Papa hat's geschafft, der Papa hat's geschafft!« Emma tanzte begeistert um mich herum, während ich Paula auf meine Schultern setzte und so schnell ich konnte hinter unserem rollenden Zuhause den Berg hochstiefelte. Rosi saß wieder wohlbehalten auf Emmas Ärmel, und gemeinsam folgten wir den tiefen Spuren im Matsch.

Gleich nach der nächsten Kurve weitete sich der Weg zu einer mit Gras bewachsenen Ebene. Der Felsen hatte sich zurückgezogen, und zahllose bunte Blümchen standen zu unseren Füßen. Ein kleines Häuschen war mitten in die Wiese gebaut, davor, neben einer großen Koppel, parkte unser Mercedes. Tom kam uns mit langen Schritten entgegen, um seinen Mund spielte das Lächeln eines Siegers.

Fred sprang ihm um die Füße und leckte ihm die Hände, was für ein Held!

Er nahm mir Paula ab und setzte sie auf seine Schultern, langsam wanderten wir im aufziehenden Abendrot über die blühende Wiese. Die schneebedeckten Bergrücken in der Ferne schimmerten in der untergehenden Sonne, ein letzter schriller Schrei zerriss die Stille, noch einige kräftige Flügelschläge, und die Raubvögel verschwanden gen Horizont.

Wir verloren kein Wort, die Stille schwappte über uns wie eine lautlose Welle, spülte die ganze Anspannung mit einem Atemzug weit fort in die Ferne.

Plötzlich ein Schnauben, vor uns auf einer Anhöhe erschien der Körper eines Pferdes, dunkle Umrisse vor dem rötlichen Horizont.

Anmutig warf das Tier den Kopf in die Höhe, tänzelte unruhig hin und her, dann ein helles Wiehern. Ein Donnern, der Boden bebte, Körper an Körper kamen Pferde über die Kuppe galoppiert, fluteten die Weide, zogen an uns vorbei wie eine Traumerscheinung, die Rücken golden gefärbt von den Strahlen der untergehenden Sonne.

Mit dem Erlöschen des letzten Lichtes war alles vorbei, nur die Spuren im Boden, der aufgewirbelte Staub zeugten vom Erlebten, das so schnell vergangen war, wie es gekommen war. Regungslos standen wir auf der Anhöhe, hielten das Erlebte in unseren Gedanken fest und hofften, es für immer in unserer Erinnerung zu bewahren.

Ein Grenzmarathon

Zu, Ende, finito. Der Schlagbaum lag geschlossen in seiner Halterung, und der kirgisische Grenzbeamte, seine Finger fest um ein Gewehr gelegt, schüttelte den Kopf.

Keine Ausreise möglich!

Nachdem wir knappe vier Wochen in den Bergen und rund um den Issyk Kul, ein Hochgebirgssee, unterwegs gewesen waren, hatten uns erneut schlechte Nachrichten erwartet. Die Aufstände in Kirgistan hatten einen traurigen Höhepunkt erreicht, und die ersten Toten waren zu vermelden. Das Einzige, was wir jetzt wollten, war schnellstmöglich die Krisengebiete zu verlassen. Vier Stunden hatten wir uns zu einem kleinen Grenzübergang in die Berge gequält –

nur um feststellen zu müssen, dass die meisten Grenzen nach Kasachstan inzwischen geschlossen waren.

Ich schüttelte den Kopf, das durfte doch alles nicht wahr sein. Zusammen mit den Kindern ließ ich mich auf den Teer der leeren Straße gleiten. Der nächste geöffnete Übergang befand sich direkt bei Bischkek, auf der entgegengesetzten Seite des Landes. Etwa sechshundert Kilometer, bei einer Geschwindigkeit von maximal siebzig Stundenkilometern, das würde ein verdammt langer Tag werden.

Ein letztes Mal schlug sich Tom in die Büsche, und sehnsüchtig starrte ich auf die kaum fünfhundert Meter entfernten kasachischen Wiesen, als ein lauter Schrei mich aus meinen trüben Gedanken riss.

Panisch und mit schreckgeweiteten Augen kam Tom auf einem Bein in Richtung Straße gehüpft.

»Was ist denn los?« Ich sprang in die Höhe.

»Mein Fuß!« Helles Blut tropfte auf den Boden. Etwas Breites, Schwarzes hatte sich tief in die bloße Sohle gebohrt.

Wenige Minuten später balancierte ich die Werkzeugrolle auf meinen Knien, und nach kurzem Überlegen zog ich die lange Beißzange aus ihrer Schlaufe. Tom saß mir gegenüber, er hatte seinen Fuß auf mein Knie gelegt und die Augen fest zugepresst.

»Bitte sei vorsichtig.« Seine blassen Lippen bewegten sich kaum, als er die Worte sprach, und wie in Zeitlupe schloss ich die Zange um das, was aussah wie ein langer Dorn oder Splitter. Fingerdick ragte er schräg aus Toms Fußballen, und während ein Rinnsal Blut auf den Boden tropfte, beugten die Mädels neugierig ihre Köpfe nach vorne.

Ich begann zu ziehen, langsam, doch der Dorn bewegte sich keinen Millimeter. Wie festgenagelt steckte er in dem Ballen, der immer mehr anschwoll. Ich holte tief Luft, sah kurz auf Toms weiße Fingerknöchel, mit denen er sich ins Polster krallte, und riss mit kräftigem Ruck an der Zange. Ein lautes Stöhnen entfuhr Tom, und die Haut um seine Nase färbte sich merkwürdig grün, dann endlich hatte ich den Übeltäter vor mir auf dem Tisch liegen. Der Splitter war mindestens fünfzehn Zentimeter lang. Leicht gebogen krümmte er sich auf der hölzernen Platte. Ich griff nach dem Desinfektionsmittel, sprühte einen dicken Strahl in das ansehnliche Loch und presste einen Berg Mull auf die blutende Stelle. Dann trocknete ich mir die schweißnassen Hände. Noch immer hatte Tom die Augen geschlossen, doch seine Gesichtsfarbe schien sich langsam zu normalisieren.

»Tut's noch weh?« Emma tätschelte mitleidig den geschundenen Fuß und drehte den riesigen Splitter in ihren Händen, bevor sie die Stirn runzelte und ärgerlich die Fäuste in die Hüften stemmte.

»Warum läufst du auch barfuß, du hast doch selber gesagt, das ist gefährlich!«

Eine Stunde später war der Fuß dick geschwollen. Nachdenklich saßen wir auf der Straße und kamen nicht weiter. Ich hatte den Laster bis jetzt nicht gefahren, und mir war etwas unwohl bei dem Gedanken, gerade jetzt damit anzufangen.

Skeptisch blickte ich auf unser tonnenschweres Gefährt, doch Tom schüttelte den Kopf: »Ich fahre, das geht schon!« Dann humpelte er entschlossen zur Fahrertür. »Notfalls leg ich eine Pause ein.«

Der Motor röhrte, und gemeinsam mit den Kindern kletterte ich zurück in den Koffer. Noch immer stand der Grenzer hinter dem geschlossenen Schlagbaum, seine Hand lag auf der gestreiften Querstange, als er uns noch zurief:

»Beeilt euch, nur noch drei Grenzen sind geöffnet.« Das laute Rumpeln verschluckte den Großteil des letzten Satzes, aber drei Wörter verstand ich: »... über zehntausend Flüchtlinge ...«

Betreten starrte ich in die friedliche Landschaft, sah die saftigen Täler, die grasenden Pferde, dazwischen die Jurten und Bauwagen der stolzen Nomaden. Riesige Töpfe hingen über rauchenden Lagerfeuern, Frauen molken ihre Stuten, und mehrere kleine Kinder sprangen glücklich durch das hohe Gras. Ein Hirte ritt neben dem Fahrerfenster und plauderte mit Tom, der in Schrittgeschwindigkeit über die steilen Sträßchen rollte, die Ziegen sprangen meckernd neben unseren großen Reifen den Weg entlang, bis der Reiter sie wieder in die Berge trieb. Hier wollte und konnte ich mir die um sich greifende Gewalt nicht vorstellen, noch nie hatten mich die Menschen und die Schönheit eines Landes so tief berührt.

Das hölzerne Gestell einer halb fertigen Jurte tauchte auf, dann drückte Tom aufs Gaspedal. Schnell und immer schneller wechselten Berge und Schluchten, Städte und kleine Siedlungen schossen aus der Landschaft und verschwanden erneut hinter den grünen Kuppen, und erst als die Sonne schon wieder hinter dem Horizont verschwand, entdeckten wir das erste Hinweisschild zur Grenze. Noch zehn Kilometer!

Doch plötzlich trat Tom erschrocken auf die Bremse.

Stoßstange an Stoßstange hingen die Blechkarossen aneinander, Familien in ganzen Kolonnen, bepackte Dachträger und laut schreiende Kinder beherrschten die gesamte Zufahrt zur Grenze. Eine lange Autoschlange, die sich bis nach Kasachstan zog.

Erst gegen Mitternacht erreichten wir die ersten Zollhäuser. Toms Fuß pulsierte und war auf die doppelte Breite gewachsen, als er stöhnend hinter einem strammen Offizier im Zickzack durch die Schalter eilte, die Kinder waren erschöpft ins Bett gefallen, und ein Grenzsoldat belagerte den Laster.

»*Vodka?*«

Ich hatte die Tür zum Koffer einen Spaltbreit geöffnet.

»*Njiet!*« Keine Bestechung!

»*Vodka?*« Seine Stimme war um einiges lauter geworden.

Wieder sah ich ihn kopfschüttelnd an, während sich Emma unruhig im Schlaf drehte.

An der Zollstelle direkt vor uns zerlegten Polizisten mehrere Kleinwägen in ihre Einzelteile, ein drahtiger Bordercollie schnüffelte nach Drogen oder Sprengstoff. Aufgeregt bellend sprang er in einen geöffneten Kleinbus und verschwand unter einem eingebauten Bett. Als er kurz darauf wieder vor den Füßen seines Herrchens landete, klemmte etwas Gelbes zwischen seinen Zähnen. Gebannt starrten die Beamten auf das halb geöffnete Maul. Ein Kommando schallte durch die Nacht, mit einem trockenen Plopp landete ein alter Tennisball auf dem Teer, und der Hund wedelte begeistert mit dem Schwanz.

»*Vodka, cigarettes?*« Der Soldat schien etwas schwer von Begriff zu sein.

»*Vodka njiet*«, wiederholte ich zum dritten Mal, zog dafür eine kleine Dose Schnupftabak (bayerische Gletscherbrise) aus dem Regal und drückte sie in seine schweißnassen Hände.

»Tabak«, murmelte ich, zog die Tür ins Schloss und ließ mich in die weichen Decken plumpsen. Der Morgen graute schon, als die Schranke endlich hinter uns zurück in die Halterung plumpste. Einige goldene Strahlen schmuggelten sich über den flachen Horizont, und das Grün der Steppe begann zu leuchten. Ein Vogelschwarm flog auf, lautes Zwitschern erfüllte die Luft, als wir endlich weiter in Richtung Norden rollten.

Etappe 5: Kasachstan/Altai, Juli 2010

Tote Leitungen oder: Nützliches Recycling

Hohe Gräser flankierten die Straße zu beiden Seiten, grün, so weit das Auge reichte, und überall Vögel. Der löchrige Asphalt zog sich schlängelnd durch die Ebene, tiefe Risse wucherten wie Spinnweben, immer wieder waren Teile der Straße einfach weggebrochen. Und der eine oder andere Lastwagenfahrer hatte sich ganz offenbar schon bei der Breite der Fahrspur verschätzt – abgerutschte und gekippte Wracks säumten unseren Weg. Die Information, dass die Straßenbauer mittlerweile wegen Betrugs im Gefängnis saßen, machte die Fahrt für uns freilich nicht leichter. Als mich am dritten Tag noch dazu eine merkwürdige Allergie erwischte, die mir die Augen zuschwellen ließ und das Aussehen eines geprügelten Boxers verlieh, beschlossen wir, ohne Umwege und auf dem schnellsten Weg in die sibirischen Berge zu fahren, uns also auf dem Weg von Kasachstan in die Mongolei ein Stück über russischen Boden zu bewegen. Im Schritttempo krochen wir über die engen Serpentinen des Altais, dieses an manchen Stellen über viertausendfünfhundert Meter hohen Gebirges, als uns der immer lauter röhrende Auspuff zum Anhalten zwang.

Ein kleines Löchlein hatte sich in das Rohr gefressen, doch für solche Fälle hatten wir vorgesorgt: Eine Auspuffbandage würde hier fürs Erste reichen. Allerdings machten uns die Risse in der Halterung, die wir bei der Gelegenheit bemerkten, die größeren Sorgen. Noch hielt die Schelle, doch ob sie die Fahrt durch die Mongolei überstehen würde, war mehr als fraglich.

Wir tüftelten am nächsten Morgen noch an einer provisorischen Zusatzhalterung, als Tom, dessen Fußverletzung zum Glück erstaunlich schnell wieder verheilt war, mit einer Rolle Kupferdraht aus dem Wald gelaufen kam. Während ich ihn skeptisch musterte, grinste er wie ein Honigkuchenpferd.

»Wo hast du den denn her?«

»Gefunden.« Er machte ein unschuldiges Gesicht.

»Wo denn, bei OBI, oder was?«

»Die alte Telefonleitung war umgestürzt und der Draht schon in mehrere Büsche eingewachsen, den braucht ganz bestimmt keiner mehr!«

Ich starrte ihn an und schüttelte ungläubig den Kopf. »Das ist nicht wahr, oder? Das ist nicht wirklich eine Telefonleitung?«

»Doch, aber die alte ... die neue wird schon gebaut!«

Stolz zwickte Tom ein Stück von der Rolle und wickelte es um den angeschlagenen Auspuff.

»Der hält fürs Erste!« Mit einem gezielten Wurf landete der Rest auf dem Dach, und Tom kletterte höchst zufrieden hinter das Lenkrad, während ich noch immer den Kopf schüttelte.

Immer wieder war Tom in den letzten Tagen am Straßenrand auf Erkundungstour gegangen, hatte mit Emma Schrauben aufgelesen, rostige Vorhängeschlösser und einen Berg Schlüssel auf einem zerfallenen Fabrikgelände gesammelt, einen Seitenspiegel ohne Halterung aus dem Straßengraben gezogen. Bis jetzt hatte ich nur gelacht, doch die kupferne Leitung lag mir schwer im Magen, und seufzend rieb ich mir die juckenden Augen, als wir zurück auf die Straße rollten.

Nur wenige Kilometer weiter erreichten wir das kleine Dorf Chibit, parkten vor einem »Magazin« und drückten uns durch die mit Angeboten über und über beklebte gläserne Tür. Auf kleinen Tischchen und Regalen stapelte sich die »Trockenware«, Mehl, Nudeln, Reis, Hülsenfrüchte, dahinter Büchsen mit Obst und Gemüse. Frisches Fleisch, Wurst und Käse gab es in großen Stücken an der Theke. In der hintersten Ecke hing glänzend und riesengroß ein metallenes Münztelefon, das soeben unter den wütenden Schlägen eines alten Mannes zu vibrieren begonnen hatte. Er sah zum Ladenbesitzer hinüber und fuhr sich mit dem ausgestreckten Zeigefinger über die Kehle. Tot, so viel hatte auch ich verstanden, und mit einem etwas mulmigen Gefühl blickte ich zu Tom, dessen Gesicht hinter dem dunklen Vollbart auch ein wenig blass geworden war. Einige dicke Fliegen, die sich mit uns durch die Tür gedrückt hatten, flogen surrend gegen das Fenster. Über uns baumelte eine nackte Glühbirne von der Decke und summte leise.

Die Glastür öffnete sich erneut, und ein Hüne schob sich unter dem wild läutenden Glöckchen ins Innere. Zunächst lehnte er sich mit beinahe schon grotesk breiten Schultern an die Wand und ließ prüfend seinen Blick auf den immer wieder zuschlagenden Fäusten des alten Mannes ruhen, bevor er ihn sanft an den Armen griff und ohne Kommentar aus dem Laden schob.

»*You need help?*«

Der Ladenbesitzer hinter der Theke musterte uns fragend, während Tom zu dem verlassenen Telefon stolperte und nach dem Hörer griff. Schnell schüttelte ich den Kopf.

»*No, thank you!*« Dann drückte ich mein Ohr mit an den dunklen Hörer. Stumm und leise blieb der Lautsprecher ... die Leitung war tot, da war nichts zu machen.

Entsetzt starrten wir uns an ... was, wenn der Kupferdraht keineswegs so funktionslos gewesen ist, wie wir das gern hatten sehen wollen, und wir nun das gesamte Telefonnetz des Altai lahmgelegt hatten, um unseren Auspuff zu befestigen?

Ein klackendes Geräusch riss uns aus unseren Gedanken, der Besitzer hatte ein Geldstück in der Hand und klopfte damit auf die Theke, dann hielt er es in die Luft und deutete auf das Telefon.

Tom runzelte die Stirn, schnell kramte er einige Münzen aus seiner Hosentasche und ließ sie klappernd in den schmalen Schlitz gleiten. Ein Knacken, dann ein Tuten.

Das Freizeichen tönte aus dem Hörer, und ich begann erleichtert zu wählen.

Die mongolische Grenze war nicht mehr weit, noch am selben Abend erreichten wir spät das letzte russische Dörfchen, Tashanta, und schlugen ganz in der Nähe unser Nachtlager auf. Der Mond schien rund und voll und warf düstere Schatten auf zwei kaputte Jeeps, die zerknautscht neben der Straße ihr Grab gefunden hatten. Ganz in der Nähe hörte ich den Schrei eines Käuzchens. Einige Jurten hatten sich hinter die typisch russischen Holzhütten geschmiegt, dahinter zogen sich die ersten Grenzzäune durch die bergige Landschaft, glänzendes Metall bis in die Tiefen des Horizontes.

Das Häuschen der ersten Kontrolle, der wir uns am nächsten Morgen näherten, war klein und unscheinbar. Ein schmächtiger Junge mit einer auf den Rücken geschnallten Unkrautspritze für die an manchen Grenzen obligatorische Reinigungsmaßnahme, damit keine gefährlichen Erreger, Schädlinge oder Keime eingeschleppt werden, nahm uns in Empfang und richtete den scharfen Strahl eines Desinfektionsmittels auf die ihm fast bis zur Brust reichenden großen Reifen. Dreck spritzte, und ein glückliches Lächeln zog sich über das Gesicht des Burschens, als die großen Schlammklumpen auf den Boden purzelten und eine braune Brühe aus dem Profil tröpfelte. Offenbar betrachtete er jede Gefahr nun als gebannt.

Nachdem wir die Genehmigung für die Durchfahrt erhalten hatten, drehte Tom ein letztes Mal am Ventil der Reifen, zischend entwich die Luft, bis der Druck auf Sandtauglichkeit gesunken war, dann endlich rollten wir vom letzten Stück Schotter auf weicheren Grund. Eine ausgefahrene Fahrspur zog sich vor uns in die Einsamkeit, und ein Murmeltier streckte neugierig sein breites Köpfchen aus dem Boden. Weit entfernt, auf der Spitze eines kleinen Hügels, leuchteten blau umwickelt die ersten Stangen eines Obos,

eines der für die Mongolei und Tibet so typischen Steinhaufen, die uns später noch öfter begegnen sollten. Leichter Wind ließ die Tuchstreifen, mit denen der zu kultischen
Zwecken des Lamaismus und Buddhismus aufgeschichtete
Haufen geschmückt war, durch die klare Luft tanzen, und
mit einem leichten Summen auf den Lippen machten wir
uns auf den Weg.

Etappe 6: Mongolei, August 2010

Auf dem Weg nach Ölgii

Müde schüttelte ich den Kopf, das konnte doch nicht wahr sein. Direkt vor mir verschwand die ausgefahrene Spur, der wir seit über fünf Stunden folgten, im Wasser eines breiten Flusses. Meine Nerven waren inzwischen gespannt wie Drahtseile, fünf Stunden Fahrt, und wir hatten gerade mal fünfundvierzig Kilometer hinter uns gebracht, noch nicht einmal die Hälfte der Strecke, und jetzt das! Am Ende hatten wir uns gar verfahren? Tom war mit dem GPS aus dem Laster gesprungen und starrte auf die rote Linie, die sich über den Bildschirm zog, dann tippte er mit dem Finger auf einen quer verlaufenden Fluss.

»Wir sind auf jeden Fall richtig hier, der Fluss ist eingezeichnet.«

Angespannt starrte ich auf die träge dahinwalzenden Fluten, beobachtete einen Vogel, der schaukelnd auf den Wellen schwamm, während ich gedankenverloren an meiner Unterlippe kaute. Es war so still. Keine Straße, kein Auto, keine Menschen, sanft strich der Wind über den kahlen Boden, fuhr mir in die langen Haare. Neben mir schlüpfte Tom aus seinen Schuhen, krempelte die langen Hosenbeine ein Stück nach oben.

»Das Wasser sieht gar nicht so tief aus, vielleicht können wir ja durchfahren.« Prüfend streckte er ein Bein in die Strömung.

Eigentlich hatte ich mir das alles ganz anders vorgestellt. Während Tom immer weiter in den Fluss stapfte, lehnte ich mich an die Schnauze des Mercedes und schloss die Augen.

Ich hatte Jurten gesehen, weidende Pferde, Yaks und mongolische Hirten, eine einsame Landschaft ohne Stress und Verkehr, eine Postkartenidylle für den Individualurlauber. Über die Berichte von den fehlenden Straßen und den schlechten Pisten hatte ich bisher nur müde gelächelt – nach Kasachstan, da war ich überzeugt, konnte mich nichts mehr erschüttern. Doch da hatte ich mich wohl gründlich getäuscht. Die letzten Stunden waren eine Katastrophe gewesen. Die harten Waschbrettwellen, die der Wind entgegen der Fahrtrichtung gebildet hatte, rüttelten heftig am Laster und unseren Knochen, Schieflagen und rutschige Steigungen an unseren Nerven. Bis zu welchem Neigungswinkel konnte man überhaupt noch fahren? Wann würde der Laster umkippen? Gingen wir längst ein zu großes Risiko ein? Wir hatten keine Ahnung. Das Einzige, was ich wusste, war: Morgen um 10.20 Uhr würde Sarah am Flughafen von Öl-gii auf uns warten, allein in einem fernen, fremden Land. Wir mussten einfach rechtzeitig da sein, etwas anderes wollte ich mir gar nicht vorstellen! Das Wasser klatschte an Toms gerötete Beine, Schritt für Schritt näherte er sich dem gegenüberliegenden Ufer, kaum höher als bis zum Knie war ihm das Wasser gestiegen. Er drehte sich um, blickte über den Fluss zurück, und ich konnte in seinen Augen dieselbe Unsicherheit lesen, die auch von mir Besitz ergriffen hatte. Er zuckte die Schultern.

»Wird schon gehen!«, rief er, dann watete er erneut ins kalte Wasser.

Da näherte sich plötzlich ein Geräusch. Ein Brummen. Monoton und gleichmäßig kam es in unsere Richtung, wurde lauter und deutlicher, bis ich in einiger Entfernung eine wachsende Staubwolke erkennen konnte ... und schließlich das kleine Auto, dessen Reifen sich durch den trockenen Sand wühlten. Minuten später rauschte es an mir vorbei in die Fluten. Wasser klatschte, eine kleine Welle schwappte über meine Füße, und hohe Fontänen spritzten von den sich drehenden Reifen auf, hinter den nassen Fenstern erkannte ich verschwommen mehrere lachende Gesichter.

Verdattert starrte ich auf das schäumende Wasser, sah Toms triefende Hose, als der Wagen stotternd auf der anderen Seite wieder aus den Fluten kroch. Der Motor röhrte auf, und wenig später schon verschwand das Gefährt hinter den nächsten Hügeln. Wir standen noch wie versteinert vor unserem alten Mercedes, da streckten die Mädchen ungeduldig den Kopf aus den Fenstern, und Emma wollte wissen: »Wie lange dauert es denn noch?«

Wir zuckten die Schultern, dann kletterten wir zurück in den Laster, und noch während ich die Koffertür ins Schloss zog, rollten die Reifen in die trüben Fluten, und wir schaukelten über den wabbeligen Untergrund. Kurz darauf lag der Fluss hinter uns.

Noch ganze drei Stunden krochen wir über die sandigen Wege, bis wir völlig unerwartet geteerten Boden erreichten. Dunkler Asphalt zog sich über den hellen Untergrund, und als der erste Reifen auf die glatte Fahrbahn rollte, begann ich zu jubeln. In der Ferne konnte ich mehrere eng beieinander stehende Jurten erkennen, einige Häuser und die ebene Fläche des kleinen Rollfeldes.

Gerade als der Motor erstarb, verschwanden die letzten Strahlen der Sonne hinter dem Horizont, und die Lichter von Ölgii leuchteten wie helle Sterne durch die hereinbrechende Nacht. Meine kleine Zehe kitzelte, eine bräunliche Grille kletterte gemächlich mit ihrem lang herausragenden Legestachel über meine nackten Füße, verharrte eine Zeit lang auf meinem Rist, bevor sie auf der anderen Seite in einem kleinen Löchlein verschwand.

»Dauert es jetzt noch lange?« Emma war neben mir aufgetaucht und zupfte an meiner dünnen Hose.

»Nein, nur noch ein Mal schlafen.«

»Dann kommt schon Sarah?«

»Ja, morgen früh ist sie da!«

Pünktlich am nächsten Morgen standen wir vor dem »Niseh Ongotsnii Buudal«, was so viel wie Flughafen bedeutet, und betrachteten suchend das zweistöckige Gebäude, das eher wie ein Rathaus und weniger wie ein Ankunftsgebäude für Flugreisende wirkte.

Der Wartebereich war mit einer kleinen Bank im Gang eingerichtet, der kaum mehr als zwanzig Quadratmeter maß, und einzig eine gläserne Tür, beklebt mit blickdichter Folie, trennte uns vom Rollfeld, auf dem jeden Moment die Maschine aus Ulan Bator erwartet wurde.

Ein leichtes Drohnen naherte sich, und eine alte, in einen farbenfrohen Deel, den traditionellen Mantel der Mongolen, gekleidete Frau blickte erwartungsvoll nach oben, ganz so, als könnte sie den Flieger durch die Decke hindurch sehen. Dann wanderten ihre Augen zu der gläsernen Tür, hinter der sich schemenhaft die Umrisse der zweimotorigen Maschine näherten. Die Motoren verstummten, und nur Minuten später tanzten die Schatten der ersten Menschen aufgeregt hinter der verklebten Tür.

Emma knetete nervös meine Finger, immer wieder rannte sie an die Scheibe, versuchte, dort etwas zu erkennen.

Dann plötzlich begann sie zu rufen: »Hier ist ein Loch, ich seh was!« Etwa einen Meter über dem Boden hatte sie einen etwa pfenniggroßen Riss in der Folie entdeckt. Er gab die Sicht auf das Rollfeld frei, und atemlos drückte sie ihr Auge gegen die Scheibe.

»Da, da ist Sarah, ich sehe sie!« Wild hämmerten ihre kleinen Fäuste gegen die gläserne Tür, und ein Umriss näherte sich auf der anderen Seite, dann tat sich nichts mehr. Strahlend zog mich Emma an die kleine Öffnung, und ein leuchtend blaues Auge sah mir von der anderen Seite entgegen.

Plötzlich kam mir alles so unwirklich vor. Durch das Guckloch betrachtet, erschien die Situation komplett irreal. Waren wir wirklich fünf Monate durch Asien gefahren? Ich sah Sarahs Gesicht vor mir, als hätten wir uns erst gestern voneinander getrennt, die Abschiedstränen in den Augen, die vielen winkenden Hände, unser Haus ... Fast ein halbes Jahr ... Und wie würde jetzt alles weitergehen? Paula drehte sich unruhig in meinen Armen, und ich löste meinen festen Griff, blickte zu Tom, der sich neben mehreren Mongolen an die Wand gelehnt hatte, sah Emma durch den kleinen Riss in der Tür schielen. Immer wieder wechselten die Schatten hinter der Wand, leises Gelächter drang durch die dünnen Scheiben, als sich eine Frau neben Emma kniete. Auch sie drückte ihr Gesicht gegen das kalte Glas, machte dann Platz für einen Mann, einen kleinen Jungen und ein Mädchen, die ebenfalls kichernd und klopfend durch das Loch spähten.

Dann endlich war es so weit.

Ein Schlüssel drehte sich im Schloss, die Flügel der Tür öffneten sich weit, und eine Handvoll Menschen strömte ins Innere.

Sarahs blondes Haar strahlte im Licht der hellen Mittagssonne, als wir uns in die Arme flogen.

Die Weichei-Route oder:
Alle Wege führen nach Ulan Bator

Sarah saß mir gegenüber und lächelte. Sie hatte während der letzten Wochen und Monate eine Menge geleistet, ihren Schulabschluss gemacht und sich dann allein auf die Reise in die Mongolei begeben. Und ich wusste, dass nach dieser intensiven Phase in ihrem Leben ab nun noch einmal alles anders werden würde. All ihre Freunde, ihr ganzes bisheriges Leben hatte sie zurückgelassen, und ich hoffte, dass ihr die Umstellung nicht zu schwerfallen würde. Kein Klo, keine Dusche, kein eigenes Zimmer und wenig Platz, alles, was in den letzten fünf Monaten für uns zur Normalität geworden war, war für sie neu und ungewohnt.

Vom Flughafen aus waren wir durch eine bunte Mischung aus Jurten und Holzverschlägen gefahren, hatten an einem schmalen Grünstreifen in der Innenstadt geparkt. Ein Motorrad knatterte laut über die schmale Straße, und mehrere Kühe, die neben unserem Laster im Straßengraben warteten, hoben kurz die Köpfe, bevor sie begannen, das letzte Gras zu rupfen. Gemeinsam drängten wir uns in ein kleines Lokal, das wir auf der anderen Straßenseite entdeckt hatten. Sarah wirkte ziemlich übermüdet und neugierig zugleich.

Der Innenraum war düster, aber bequem, gepolsterte Stühle standen vor hölzernen Tischen, die gemusterten Decken und Bilder verbreiteten einen Charme, der mich entfernt an Bilder von China erinnerte. Wir ließen uns an einen kleinen Tisch in der Ecke fallen, studierten die Speisekarte, die tollerweise eine englische Übersetzung beinhaltete, und entschieden uns nach fünf Monaten Enthaltsamkeit ganz schnöde für Pommes mit Ketchup.

Während wir auf unser Essen warteten und die Mädchen gar nicht aufhören konnten zu reden, beobachtete ich eine Zeit lang die Männer am Nachbartisch, die müde und wortkarg in ihren Kaffeetassen rührten. Ich hatte einige Brocken Englisch aufgeschnappt und tippte Tom auf die Schulter.

»Unsere Nachbarn sind auch nicht von hier!« Ich zeigte auf die staubigen Gesellen, die wirkten, als müssten sie sich an die Tischplatte krallen, um nicht vor Erschöpfung umzukippen.

»Hab ich auch schon gemerkt.« Tom nickte.

»Vielleicht haben die einen Tipp für die beste Strecke.« Und während die Mädchen sich ausgehungert auf die Pommes stürzten, wandte sich Tom unseren Nachbarn zu.

»Hi, woher kommt ihr denn?« Erstaunt schreckten die Angesprochenen aus ihrer Apathie und musterten uns interessiert.

»Großbritannien, und ihr?«

»Deutschland ... habt ihr vielleicht einige Streckentipps Richtung Ulan Bator?«

»Könnt ihr vergessen!« Sie schüttelten die Köpfe und sanken gleich wieder in sich zusammen. »Da kommt keiner durch.«

Sie legten ihre roten Finger um die heißen Kaffeetassen, und stockend begann der Ältere der beiden zu erzählen.

Quer durch Russland waren sie gekommen, noch heute wollten sie dorthin zurück, von der Mongolei hatten sie fürs Erste genug. Brusthohe Flüsse hatten ihnen den Weg versperrt, knietiefer Schlamm auf den Pisten, Sturzbäche, Schnee und kalter Wind hatten an ihren Kräften gezehrt.

»An eurer Stelle würde ich die Finger davon lassen.« Der Mann verstaute seinen Geldbeutel in einer wasserfesten Tasche und zog dann eine grob gezeichnete Karte aus seiner Hosentasche, die er vor uns auf den Tisch legte.

»Hier, vielleicht hilft euch das weiter.«

Die Schnallen an ihren langen Motorradstiefeln klapperten, als sie durch die Tür verschwanden, Motoren röhrten kurz darauf auf und verhallten knatternd in Richtung russischer Grenze.

Neugierig griffen wir nach dem abgegriffenen Papier, drei rote Striche verbanden Ölgii mit Ulan Bator, dazwischen waren grob eingezeichnete Berge und einige Flüsse, und auf der Rückseite entdeckten wir mehrere klein gedruckte Zeilen, die wie eine schlechte Kopie aus einem Reiseführer wirkten:

»Route eins, etwas für Globetrotter mit Off road-Erfahrung.« Ich überflog den Text und fasste zusammen:

»Eine anspruchsvolle Strecke durch die Berge, Wasserdurchfahrten für Fortgeschrittene, unbefestigte Wege an Berghängen, nur für kleinere Geländewägen geeignet, befahrbar nur von Juli bis August.«

Ich las weiter: »Route zwei, etwas für landschaftlich Interessierte und Wasserliebhaber, landschaftlich am abwechslungsreichsten, wunderschöner Wechsel zwischen Berg und Tal, Wüste und Vegetation, sehr viele mittelanspruchsvolle Wasserdurchfahrten, empfohlen nur für Juli und August.«

Und dann noch: »Route drei, etwas für Weicheier: wohl am einfachsten zu fahren, es geht hauptsächlich durch flache Wüstengebiete, auch für Unerfahrene, ganzjährig befahrbar, aber recht langweilig.«

Na, das konnte ja noch lustig werden!

Etwas verwirrt machten wir uns nach dem Essen auf den Weg aus der Stadt, suchten den Punkt, an dem die möglichen Routen abzweigten, und kamen nur ein paar Kilometer später an einen recht schäbigen Kontrollpunkt, an dem bereits ein mongolischer Laster wartete. Zudem lehnten zwei mit ledernen Schlapphüten bestückte junge Männer an der geschlossenen Schranke. Mit fragendem Blick waren wir aus dem Laster gestiegen. Blaue Augen musterten uns über struppig blonden Vollbärten, als der mongolische Beamte aus seinem kleinen Verschlag trat und die Pässe in Empfang nahm.

Die Kleidung der beiden Cowboys war eher fadenscheinig, staubige Jacken über zerrissenen Hosen und mit Tape notdürftig zusammengeflickten Wanderschuhen, doch in den Augen lag ein glückliches Schimmern, das mich auf Anhieb berührte.

»Auf dem Weg nach Ulan Bator?«, sprach einer der beiden uns in akzentfreiem Englisch an und strich sich einige Locken zurück unter den speckigen Hut.

»Hi, ich bin Pedro!«

Wir stellten uns vor und nickten, während der Zweite den Hut vom Kopf zog und uns ebenfalls die Hand reichte.

»Das schönste Land, das wir jemals gesehen haben«, sagte er und zwinkerte den Kindern zu.

»Seid ihr zu Fuß unterwegs?«

»Zu Fuß, mit dem Daumen, aber angefangen hat alles auf den Rücken unserer Pferde.«

Nachdenklich strich sich Pedro über den gekräuselten Bart, für einige Sekunden hatte sich ein dunkler Schleier über seine Augen gelegt.

»Wir mussten die Pferde verkaufen ... Wir hatten zu nah an einem Fluss gecampt, und als in der Nacht das Wasser stieg, haben wir alles verloren, bis auf die Tiere, unsere Kamera und eine Karte. Irgendwann brauchten wir dringend neue Schuhe und dann ...«

»Ohne Geld durch ein Land zu reisen war bestimmt die beste Erfahrung, die wir jemals gemacht haben!« Der andere lächelte.

»Jeder hat geholfen, von Essen über Schlafplätze haben wir alles bekommen, was nötig war, so viel Hilfsbereitschaft ... Eines Tages werde ich all das aufschreiben, ich denke, das ist eine Geschichte wert!«

Ein kleiner Rucksack landete auf dem Boden, und Pedros wettergegerbte Hände fuhren in eine geschützte Seitentasche.

»Hier, für euch, wir sind ja jetzt fast durch!« Damit drückte er uns die Karte in die Hand, tippte sich noch einmal freundlich gegen den Hut, und gemeinsam wanderten die beiden über die staubige Piste, bis sie kleiner und kleiner wurden und bald nur noch als winzige Punkte über den Horizont wackelten.

Der mongolische Beamte wedelte mit unseren Pässen, folgte unseren Blicken, und mit einem lächelnden »*nice guys*«, entließ er uns in die mongolische Steppe.

Andächtig faltete ich die Karte auseinander. Feinste Linien zogen sich über wasserfestes Papier, zwischen Höhenangaben und eingetragenen Landschaftsformen waren selbst kleinste Ortschaften rot gekennzeichnet, und mit neuem Mut rollten wir an die bald auftauchende Stelle, an der die verschiedenen Routen abgingen. Wir wählten die dritte Route ... durch das Tal der Gobi-Seen ... die langweilige Strecke für unerfahrene Weicheier – und hofften das Beste, als wir uns ein letztes Mal auf den Weg in die Berge machten.

Wohin man sah, schimmerten weißliche Knochen auf dem kahlen Boden: die ausgeblichenen Überbleibsel all der Kamele, Yaks, Ziegen und Schafe, die hier den harten Winter oder eine Krankheit nicht überstanden hatten, gehörten überall zum normalen Anblick. Zudem sahen wir viele der steinernen Denkmäler, die geschmückt mit inzwischen ausgetrockneten Tierkadavern – allesamt Opfergaben – waren, und immer wieder gelangten wir, auf Gipfeln, Passhöhen oder anderen markanten Punkten, zu Obos, diesen bereits erwähnten Steinhaufen mit ihren bunt flatternden Tüchern, die von den Nomaden im festen Glauben an die Beseeltheit der Natur errichtet werden. Wir hatten gehört, es bringe Unglück, an einem Obo einfach vorbeizuziehen, und also umrundeten wir vorsichtshalber laut hupend alle Gedenkstätten, stets mit dem Wunsch einer guten Fahrt auf den Lippen – das übliche Minimum nötiger Ehrerweisung.

Mit jedem Höhenmeter, den wir zurücklegten, wurde es kälter, aus den in grünen Tälern wie eingebettet stehenden Bauwagen stieg dicker Rauch, als die ersten Schneeflocken auf den Boden wirbelten und uns in eine undurchsichtige weiße Wolke hüllten.

Der Boden hatte sich in eine schmierige Paste verwandelt, und gerade als ich überlegte, ob wir bei der Huldigung der Obos doch etwas zu flüchtig vorgegangen waren, rutschten wir über die letzte Kuppe und fanden uns vor einem aufgeregt winkenden Mann wieder, der mit einer Teppichrolle unter dem Arm auf uns zugerannt kam.

Tom trat auf die Bremse, schlitterte noch ein paar Meter und schrammte fast ein am Wegesrand geparktes Motorrad, an dem sich der Winkende inzwischen in Position gestellt hatte. Ein zweiter Mongole mit lederner Kappe und hochgeschobener Schutzbrille klopfte erklärend auf den hohl klingenden Tank.

»*Bendsin!*«

Wir hatten schon mehrere Personen ohne Sprit getroffen, die in aller Seelenruhe auf den nächsten Vorbeifahrenden warteten – bei den langen Strecken zwischen den Tankmöglichkeiten kein Wunder, dass man immer wieder Bedarf hatte, wenn man ohne Reservekanister unterwegs war.

Aber niemand musste Angst davor haben, einmal liegen zu bleiben: In der Mongolei ist es selbstverständlich, für jeden anzuhalten, der am Wegesrand steht und etwas braucht, und sei es so etwas wie eine Feile, mit der sich ein behelfsmäßiges Ersatzteil herstellen ließ. Manche lagen auf Matten neben ihren gestrandeten Fahrzeugen, weil es in der Weite des Landes durchaus auch einmal etliche Stunden dauern konnte, bis eine Menschenseele auftauchte.

Tom kletterte also aufs Dach, während wir uns in der Zwischenzeit ein wenig die Beine vertraten, und begann, die Spanngurte um den Ersatzkanister zu lösen. Vorsichtig, als wäre es etwas Zerbrechliches, legte der Mongole, der einen langen Mantel trug, währenddessen die dicke Teppichrolle auf den Boden und schüttelte seine verspannten Arme aus. Neugierig geworden, schlichen sich die Mädchen wie kleine Indianerinnen an den Teppich, musterten skeptisch die flauschigen Ränder, aus denen sich plötzlich ein gefiederter Kopf reckte. Ein gelber, gekrümmter Schnabel knabberte an einigen langen Flusen, stechend blickende Augen huschten nervös hin und her, während hinter uns das erste Benzin in den kleinen Tank gluckerte.

Grinsend entblößte der Teppichbesitzer einige schiefe Zähne und kniete sich neben uns. Er werde uns etwas zeigen, bedeutete er uns, zum Dank. Sein langer Mantel, ein Deel, lag in Falten um seine Beine, als er die Knoten löste, die die Rolle in ihrer Form hielten, und die ineinandergedrückten Enden auseinanderklappte. Flügel schlugen, braun-weiße Federn breiteten sich aus, und ein majestätischer Adler landete mit ausgebreiteten Schwingen auf dem Arm des Mannes, den er mit einer Ledermanschette geschützt hatte.

Einige Sonnenstrahlen brachen durch den dunklen Himmel, zeichneten die verschmolzenen Umrisse von Mann und Vogel auf den kahlen Boden, während das nächste Auto rutschend und schlingernd neben uns zum Stehen kam.

Der Fahrer lächelte, klapperte mit seinem Tankdeckel und zeigte freudestrahlend auf unseren Kanister, während der mongolische Adlerjäger seinen kostbaren Vogel wieder in den zum Windschutz umfunktionierten Teppich rollte. Laut knötternd verschwand er mit seinem Motorrad in den Bergen, den Steinadler gut geschützt zwischen den beiden Männern.

Ein Sandsturm in der Wüste

Gelber Sand erstreckte sich bis zum Horizont, überall wellenartige Dünen und die heiße flirrende Luft unter der brennenden Sonne.

Langsam krochen wir über eine der vielen in den Sand gedrückten Fahrspuren, die trockene Hitze kratzte mir im Hals, und eine kleine Mücke schwirrte mit nervenzerreißendem Gesurr in meiner Ohrmuschel.

Vier Tage folgten wir nun schon den ausgefahrenen Spuren im Sand, hatten die letzten Gebirge hinter uns gelassen und endlich die Ausläufer der Wüste Gobi erreicht.

Die Sonne heizte das kleine Führerhaus auf wie eine Sauna, der Schweiß lief uns in Bächen den Rücken herunter, und unsere nass geschwitzten T-Shirts klebten zwischen Rückenlehne und Haut wie Kaugummi. Auch der Wohnkoffer heizte sich trotz der Isolierung auf über vierzig Grad auf, und Paula, der die Hitze besonders zu schaffen machte, verbrachte manche Strecke in einer großen Schüssel mit kaltem Wasser sitzend. Heute hatten die Kinder mir freigegeben, wollten alleine in der ausgebauten Lasterkabine bleiben:

»Fahr doch heute mal bei Papa mit!«, hatte mir Emma in einem unverfänglichen Ton beim Frühstück vorgeschlagen. »Wir können schon mal alleine bleiben, wir machen heute einen Kindertag!«

Der letzte Kindertag war mir allerdings gut im Gedächtnis geblieben: Fred waren seltsamerweise zwei große Fellbüschel abhanden gekommen und einem meiner Socken die Spitze.

Sarah zuckte mit einem schuldigen Gesichtsausdruck die Schultern.

»Ich hab gelesen, heute pass ich auf!«

Also hatte ich eine zweite Flasche Wasser gepackt und war, als Tom den Motor startete, unter einem leicht irritierten Blick aus Freds blauen Augen aus dem Koffer gesprungen und ins Führerhaus geklettert. Ich blickte aus der Frontscheibe und genoss die unvergleichliche Aussicht auf die kilometerweite menschenleere Wüstenlandschaft, hörte das Dröhnen des Motors und ließ mich von den altersschwachen Blattfedern durchschütteln.

Nachdenklich betrachteten wir die Landschaft, die an uns vorbeizog; zahllose Knochen, gelber Sand und kniehohe Büsche waren seit Langem das Einzige, was es zu sehen gab, nur weit in der Ferne hatten sich einige kleine Wolken gebildet, die auf uns zuzutreiben schienen, und in der Hoffnung auf eine frische Brise, kurbelte ich mein Fenster nach unten. Doch nur die fönartig heiße Luft der Wüste strömte in mein Gesicht und legte einen kleinen Staubfilm über meine Sonnenbrille.

»Wie weit wollen wir heute noch fahren?« Ich blickte auf die leichten Schatten unter Toms Augen. »Morgen sollten wir in die nächste Stadt kommen, oder?«

Von unseren zwölf Zehn-Liter Kanistern war nur noch einer bis zu einem Dreiviertel gefüllt, unser Siebzig-Liter-Reservewassertank war vor ein paar Tagen nach einer mehrstündigen Holperfahrt kaputtgegangen; wir hatten ihn am Unterboden an der Hinterachse befestigt, und da muss er auf einen Stein oder eine Bodenwelle geknallt sein. Waschen war seitdem zu einem seltenen Luxus geworden.

»Wenn die Piste so bleibt!« Er strich sich den Schweiß von der Stirn, als er plötzlich erschrocken die Augen aufriss und nach draußen zeigte. Das zunächst so unscheinbare Wolkenband hatte sich zu einer schwarzen Mauer verdichtet, die sich über den gesamten Horizont erstreckte. Mit atemberaubender Geschwindigkeit walzte die schwarze Wand auf uns zu.

»Das schaut nach einem heftigen Sandsturm aus!« Eine braune Strähne löste sich aus Toms Pferdeschwanz und fiel ihm ins Gesicht, während er mit einem Finger nervös auf das Lenkrad klopfte.

»Mann, kommt das schnell näher!«

Ungläubig starrte ich in die Dunkelheit und drückte mich reflexartig gegen die Rückenlehne, als könnte ich mich darin verkriechen, mein Magen begann, nervös zu flattern.

»Ich glaube, wir sollten anhalten!«

Vor uns flog der Sand auf, wirbelte durch die Luft, in Sekundenschnelle wurde ein kleiner stacheliger Busch von einer Böe aus dem Boden gerissen und krachte mit einem trockenen Knistern gegen die Windschutzscheibe. Ich schrie auf, und Tom riss mit einem Ruck das Lenkrad nach links. Der tonnenschwere Laster rollte holpernd von der in den Sand gedrückten Fahrspur, und ich wurde in der rasanten Kurve gegen die Tür geschleudert.

»Hast du dir wehgetan?« Erschrocken nahm Tom den Fuß vom Gaspedal, stoppte den Motor und zog den Zündschlüssel ab, mehrere große stachelige Äste ragten seitlich aus dem Blatt des Scheibenwischers.

»Geht schon, wir sollten lieber zu den Kindern schauen, hoffentlich ist nichts passiert!«

Um unsere Fahrerkabine tobte immer stärker der Sturm, eine feine Staubschicht hatte sich über die Windschutzscheibe gelegt, der körnige Sand wurde mit einem feinen prasselnden Geräusch gegen das Metall unseres Oldtimers geschleudert, und doch hatte uns das Unwetter noch nicht vollständig erreicht. Die dunklen Wolken schienen einen Augenblick zu verharren, als wollten sie uns eine Chance zur Flucht geben.

Ich legte meine Hand auf den Türgriff und wartete verkrampft in dieser Stellung, bis die Böe scheinbar abflaute, riss die Tür auf, sprang auf den Sandboden und spurtete Richtung hinterer Tür, dicht gefolgt von Toms knirschenden Schritten. Mit einem Satz landeten wir in einer wirbelnden Wolke voller Sand zwischen den entsetzten Gesichtern der Kinder.

»Was ist denn jetzt los?« Sarah blickte ungläubig aus dem Fenster und zog Paula, die erwartungsvoll an der Tür gestanden hatte, auf ihren Schoß. Der Wind heulte schrill, die an den Dachträger gebundenen Glöckchen, die wir auf einem Markt in der Nähe von Samarkand erstanden hatten, bimmelten geradezu hysterisch.

»Ein Sandsturm!«

Ich kletterte neben sie auf das große Sofa, während sich Tom zu Emma an den Tisch setzte, und gemeinsam blickten wir aus dem Fenster, als plötzlich eine Böe unserem Mercedes einen gewaltigen Stoß versetzte. Eine Müslischüssel, die auf dem Ofen gestanden hatte, knallte auf den Boden, sodass Fred sich erschrocken auf seine alte Bundeswehrdecke unter dem Tisch rettete, Paula fiel vom Sofa und schlitterte mit ihrem nackten Knie über den körnigen Sand. Schnell nahm ich sie auf den Arm und streichelte ihr beruhigend über die blonden Löckchen. Unterdessen hatte das Heulen des Sturmes bedenkliche Ausmaße angenommen. Einer der Spanngurte, mit denen unsere Alukisten auf dem Dach befestigt waren, hatte sich gelöst und schlug immer wieder mit einem lauten Flapflapflap gegen die metallene Wand des Wohnkoffers, ähnlich dem Trommelschlag einer Djembe.

Ein hohles, an ein Didgeridoo erinnerndes Geräusch ertönte aus dem Ofenrohr, feiner Sand rann durch die porösen Fenstergummis wie durch die Verengung einer Sanduhr und sammelte sich langsam, aber stetig in kleinen Häufchen auf Tisch, Polster und Boden.

Die dunkle Wand hatte uns endgültig erreicht, ein Sandsturm tobte brüllend um unseren kleinen roten Laster inmitten des einsamen Sandmeeres der Wüste Gobi.

Da hämmerte es an die Tür.

Wir schauten uns alle völlig fassungslos an, Fred spitzte seine Ohren, und wie schon so oft ärgerte ich mich über seine Eigenart, nicht zu bellen.

»Hat es da geklopft?«

Emma war die Erste, die ihre Sprache wiederfand, ungläubig saßen Tom, Sarah und ich da, waren einen Moment unfähig, uns zu bewegen, Paula dagegen hob neugierig den Kopf (und ich sah die hellen Spuren, die die Tränen auf ihren Backen hinterlassen hatten) und kletterte von meinem Schoß zum Schiebefenster.

Da klopfte es wieder.

»Mama, es hat geklopft!« Ungeduldig sprang Emma auf und zupfte mich am Ärmel.

Tom öffnete das Schiebefenster einen Spaltbreit und versuchte, mit zusammengezwickten Augen etwas zwischen Dämmerung und fliegendem Sand zu erkennen, während sich eine Wolke Staub über dem Sofa verteilte.

»Hallo?«

Undeutlich erkannten wir eine Gestalt vor unserem Laster, schwarze, mongolisch schmale Augen leuchteten aus einem faltigen, wettergegerbten Gesicht. Mit dem struppigem Bart, der die Oberlippe und das Kinn bedeckte, und der vom Wind aufgebauschten Kapuze wirkte der Mann wie Dschingis Khan persönlich.

»*Minij maschin suutschihsan*«, rief der Alte durch den pfeifenden Wind, und Tom streckte seinen Kopf aus dem Fenster, um ihn besser hören zu können.

»*Minij maschin suutschihsan!*« Erneut verzerrte das enorme Pfeifen des Sturmes die Worte des Mannes, und Tom schüttelte den Kopf.

»Ich versteh kein Wort!« Er schloss das Fenster, riss seine Jacke von der Garderobe, hielt sich ein dünnes Tuch vor Mund und Nase und sprang nach draußen.

Zu viert versuchten wir, das Geschehen durch das kleine Schiebefenster zu beobachten, und sahen die Männer zusammen vor dem Laster stehen. Der alte Mann hatte sich aufs Gestikulieren verlegt und deutete aufgeregt immer wieder auf eine Stelle irgendwo vor unserem Laster. Tom nickte und schien zumindest einen Teil dessen, was dieser ihm klarzumachen versuchte, zu verstehen. Er wischte sich über die tränenden Augen, drehte sich kurz zu mir und zeigte unbestimmt in die Wüste, dann machten sich die Männer nebeneinander auf den Weg, entfernten sich immer weiter durch den peitschenden Wind. Ich erkannte die schemenhaften Umrisse eines kleinen Autos, dessen eingeschaltete Lichter schwach durch den fliegenden Sand leuchteten, wie die Augen eines müden Tieres. Plötzlich blies eine Böe brausend in den Sand, eine Fontäne wurde in die Luft gewirbelt und verschluckte alles in einem gelben Nebel, die beiden Männer wurden zu tanzenden Schatten, bevor sie vollständig im tosenden Sturm verschwanden.

Lange starrten wir aus dem Fenster, beobachteten die tanzenden Körner, bevor der Wind endlich an Kraft zu verlieren schien.

Die Schwärze, die sich über uns gelegt hatte, wurde wieder durchsichtiger, mehrere Sonnenstrahlen durchbrachen jetzt die Wolkendecke, und fasziniert entdeckten wir die neue Düne, die sich vor den Reifen unseres Lasters gebildet hatte.

Das kleine Auto war jetzt gut zu erkennen.

Der zerschrammte Lack schien in früheren Tagen einmal blau gewesen zu sein, jetzt durchzog ihn ein Netz aus Roststellen und Schweißnähten, und der Tankdeckel hing schief herunter. Der Dachträger war beladen mit allen möglichen Päckchen und Hölzern, hinter den rückwärtigen Fenstern konnten wir verschwommen mehrere Gesichter erkennen, und ohne noch länger zu überlegen, stiefelten wir zusammen durch den losen Sand.

Der Mongole, der bei uns am Auto gewesen war, kniete gebückt auf dem Boden und blickte unter das Auto, unter dem Tom und ein zweiter Mann auf dem Rücken im Sand lagen und am Fahrzeugboden etwas zu untersuchen schienen.

Emma flitzte Richtung Pannenauto davon, und nur Sekunden später kniete sie neben dem Mongolen auf dem Boden.

»Da ist ein Loch im Tank, Mama!«, meldete sich kurz darauf ihre helle Stimme unter dem verkrusteten Boden des kleinen Wagens.

Paula hatte sich in der Zwischenzeit vor den Autofenstern postiert und winkte den Gesichtern, die immer noch durch die Scheiben nach draußen blickten, bis sich die Türen öff-

Zwischen schneebedeckten Gipfeln, grünen Wiesen und Sandstränden alleine am Ufer des Issyk Kul-Sees in Kirgistan

Emma und Paula sammeln Feuerholz.

Das sanfte Schaukeln des Lasters
wiegt Emma tagtäglich in den Schlaf.

Puppenwäsche in einem türkischen
Brunnen

In der Umgebung von Dogubayazit

Auf dem Weg zur iranischen Grenze unterhalb des legendären Ishak-Pascha-Palastes

Ein letztes gemütliches Lagerfeuer mit einigen jungen Türken

Nach über vierundzwanzig Stunden an der Grenze atmen wir endlich die sandige Luft des ehemaligen Persiens.

Übergreifende Kultur: Emma will ein Kopftuch tragen, wie alle anderen Mädchen auch.

Überraschender Besuch eines einsamen Reiters, der uns sein Pferd für
einen kurzen Ritt in die Berge überlässt.

Die mit blauen Mosaiken verzierte
Moscheekuppel leuchtet über staubigen Dächern.

Teppichladen im Zentrum von Yazd,
einer über 7000 Jahre alten iranischen Wüstenstadt

Emma und ihre neue Freundin, das Zicklein Roxanna, unterwegs in der usbekischen Wüste. Sand und kleine Büsche, so weit das Auge reicht

Rund um unseren Laster findet ein Wochenmarkt statt, und alle sind interessiert an Emma.

Die Mädchen aus der Nachbarschaft

Buntes Markttreiben

Zwischen leuchtenden Mohnblumen
mitten in Samarkand

Eine Pause zwischendurch ist auch
für Marktfrauen nötig.

Auf den bunt blühenden Gebirgswiesen des Tian Shan. Hinter den Hügeln warten knapp hundert Stuten auf das tägliche Melken.

Emma erkundet den Strand des Issyk Kul-Sees, Tom und Paula genießen derweil die Sonne. Den traditionell kirgisischen Hut haben wir kurz zuvor in einem Baum gefunden.

![Spiegelklares Wasser an einem Stausee in den Bergen]

Spiegelklares Wasser an einem Stausee in den Bergen

Der Tiermarkt in Karakol überrascht nicht nur mit einer Unmenge an Tieren, sondern auch mit den ausgefallensten Transportideen.

Unbeschreibliche Hitze von über vierzig Grad und überall lauernde Mücken-schwärme treiben uns immer wieder in den Laster, dafür trocknet die Wäsche in Rekordschnelle.

Die Karten für die Streckenplanung werden immer größer.

Interessierte Jungen beobachten uns beim Kochen. Den Gemüsereis, den wir ihnen kurz darauf anbieten, wollen sie allerdings nicht probieren.

In einem kleinen Park warten Ziegen und Hasen hinter Bretterzäunen auf ihr Futter, das auf einem Eselskarren herantransportiert wird.

In der Wüste Gobi. Bis dahin wussten wir gar nicht, wie viele Menschen auf ein Moped passen.

Nach dem Besuch in einer Jurte zeigt uns die Großmutter, wie man Ziegen melkt.

Für eine Tankfüllung wickelt ein Adler-jäger seinen Vogel aus der Teppich-rolle und setzt ihn Tom auf den Arm.

Tom testet die Tiefe einer Furt.

Kamelritt durch die Wüste Gobi. Die Tiere schaukeln doch etwas anders als die alten Federn unseres Lasters.

Tom und Emma erhitzen Badewasser auf dem Lagerfeuer.

Tägliche Kontrolle vor der
Weiterfahrt

Sarah, Paula und Emma auf einem
russischen Spielplatz

Ein typisches russisches Dörfchen am Baikalsee

Endlose Straßen und eine alte Zapfsäule in Richtung Wladikawkas

Über drei Monate am selben Fleck: Sonne, Sand und Meer am Strand von Karatas

Neue Freunde: die Frau eines Fischers vor ihrer Hütte und Abdurrahim mit einer selbst gefangenen Krake

Emma beim Spielen mit den schon recht großen Strandwelpen

Die Bucht von Karatas

Bei über vierzig Grad können die Kinder ihre neuen Schwimmwesten gut gebrauchen, doch auch eine Badewanne unter freiem Himmel hat ihre Reize.

Laika und Emma suchen im kalten Wasser nach dicken Fröschen und finden dabei auch eine Menge Blutegel.

Fred passt auf: ein Lagerplatz in den kanadischen Wäldern

Erster »Schrauber«-Lehrgang – und Emmas fünfter Geburtstag

Parken unter den Redwoods. Selbst Fred ist beeindruckt und braucht zum Markieren ungewöhnlich lange.

Die Kinder genießen ihr freies Leben und geben keinen Deut auf Vorschriften.

Kalifornischer Strand

In Newport/Oregon: Seehundgetümmel in der Hafenbucht und ein geschockter Surfer mit seinem von einem Tigerhai angebissenen Surfbrett

Mexikanische Imbisse, die wegen der wenigen Touristen auf der Nordhälfte der Baja California kaum noch ein Geschäft machen

Einsame Straßen durch endlose Kakteenwüsten

Palmen und Hitze mitten im Winter

Badevergnügen an der Bucht der Wale in Guerrero Negro – und ein mexikanisches Multikulti-Weihnachten

Bild um Bild rauscht vorbei, Landschaften mit unterschiedlichsten Menschen, Lebensformen und Kulturen werden zum Spielplatz und zum Wohnzimmer. Die Welt liegt uns zu Füßen, überall und jederzeit, man braucht nur einen Blick aus dem Fenster zu werfen.

neten und zwei Frauen aus dem Inneren kletterten. Eine war in einen leuchtend blauen Deel mit silbernen Stickblumen gekleidet, das schwarze Haar in einem strengen Knoten auf dem Hinterkopf zusammengefasst; die zweite, die um einiges jünger zu sein schien, trug ein dunkelbraunes Kostüm.

Sanft drückten sie uns auf den warmen Boden und verteilten den Inhalt einer bestickten Tasche vor unseren Füßen. Eine Thermoskanne stand im losen Sand, daneben eine kleine Plastikdose mit Fettgebäck, Joghurt, Käse und mehrere Tassen. Leise plätscherte eine milchig weiße Flüssigkeit in eine der Schalen, die ich lächelnd in die Hand gedrückt bekam, und vorsichtig nippte ich an dem teeähnlichen heißen Getränk. Ein mir bislang unbekannter, wässriger und leicht salziger Milchgeschmack verbreitete sich in meinem Mund, und als ich wieder aufblickte, sah ich in die zwei erwartungsvollen Gesichter der mongolischen Frauen. Lächelnd nickte ich ihnen zu und hielt anerkennend meinen Daumen in die Höhe, was sie mit einem zufriedenen Brummen der Zustimmung quittierten.

Interessiert streckte jetzt auch Paula ihren Kopf hinter meiner Schulter hervor, betrachtete all die aufgereihten Köstlichkeiten und schnupperte an meiner Tasse.

Dann ließ sie sich neben mich auf den Boden fallen, nahm begeistert eine eigene Schale und leerte sie mit einem Zug, was die Frauen zu einem Kichern veranlasste.

Während Sarah noch skeptisch ihre Tasse hin und her drehte, wehte eine Wolke Benzingeruch zu uns herüber. Tom, Emma und die zwei Mongolen waren wieder unter dem Auto hervorgekrochen und kamen zu uns herüber. Sie hatten das Loch notdürftig mit Plastiktüten, einer Gummimatte und einer halben Rolle unseres besten Powertapes verschlossen. Jetzt erst durchschaute ich, dass die Sache tatsächlich keinen Aufschub geduldet hatte: Beim Vollgasdonnern über die Buckelpiste – hier der ganz gewöhnliche Fahrstil – war der Tank beschädigt worden, und wenn diese Leute erst den wütenden Sandsturm abgewartet hätten, wäre sämtliches Benzin in den Wüstensand gesickert. Also hatte sich der eine unter den Wagen gelegt und den Finger auf das Leck gedrückt, während der andere uns mobilisiert hatte.

Die Männer wollten jetzt offenbar weiter und gaben das Zeichen zum Aufbruch. Der Motor ratterte schon, als die alte Frau, die gepackte Tasche fest an sich gedrückt, wieder auf die Rücksitzbank kletterte und die rostige Tür mit einem Scheppern ins Schloss zog. Verschwommen sah ich ihr Lächeln durch die staubige Scheibe, dann drückte der Fahrer aufs Gaspedal. Unter lautem Hupen rollten sie zurück auf das Waschbrett, der kleine Wagen flog über die Rillen, und das Quietschen der angeschlagenen Stoßdämpfer hallte durch die kahle Wüste.

»Na, hoffentlich hält das Tape bis zur nächsten Stadt.« Besorgt kniff Tom die Brauen zusammen, als wir uns auf den Rückweg zum Laster machten. Der fremdartige Geschmack des Tees lag noch immer auf meiner Zunge.

Gefütterte Stiefel und lange Mäntel

Zwei Wochen später erreichten wir Ulan Bator, die letzte Stadt vor der russischen Grenze, und als wir staubig und geschafft in einem kleinen Lokal schmackhafte Buuds (gehacktes Yak- oder Schaffleisch in Mehlteigtaschen) in uns hineinschaufelten, musste ich plötzlich an die Motorradfahrer in Ölgii denken. Damals noch hatte ich mir die Strapazen, von denen sie uns erzählt hatten, kaum vorstellen können, jetzt jedoch wusste ich, was sie durchgemacht haben mussten. Ich sah die dunklen Schatten unter Toms Augen, die geröteten Köpfe der drei Mädchen und ihre aufgesprungenen Lippen. Die letzten Wochen waren nicht leicht gewesen, wir alle hatten mehrmals unsere Grenzen überschritten, waren hin- und hergerissen zwischen Verzweiflung und Faszination.

Es hatte durchaus entspannte Momente gegeben, etwa als wir unser letztes Duschbad, das inzwischen schon wieder deutlich über eine Woche her war, genommen hatten; in der kleinen Stadt Bayankhongor war es gewesen: Dort waren wir zu einem öffentlichen Badehaus gefahren, wo wir allerdings hatten warten müssen, bis mehrere offene Lastwagen voller Soldaten – es waren bestimmt achtzig Männer – in Reih und Glied zur Körperpflege antraten, geduscht hatten, um anschließend lauthals fröhlich singend davonzufahren.

Insgesamt aber waren die letzten vierzehn Tage eine Herausforderung gewesen. Knapp tausend Kilometer waren wir größtenteils im Schritttempo gefahren, so langsam, dass selbst Fliegen an uns vorüberzogen und die orangenen Stoffe, die wir an die Außenspiegel gebunden hatten, entgegen der Fahrtrichtung im lauen Wind flatterten. Wir hatten marode Brücken notdürftig repariert, indem wir etwa herausstehende Nägel wieder einschlugen, uns Fahrbahnen aus aufgeschichteten Steinen und Erde durch steile Gräben gebaut und waren über die wackeligen Dämme gerollt, während die mongolischen Autos in halsbrecherischem Winkel neben uns herfuhren. Einmal haben uns sämtliche Insassen eines kleinen Busses geholfen – um dann wieder einzusteigen und neben dem Damm herzufahren.

Trotz all der Widrigkeiten hatten wir es geschafft! Eine Familie aus dem tiefsten Bayern mit null Erfahrung und noch dazu im Oldtimer hatte in vier Wochen die Mongolei durchquert, und das ohne größere Zwischenfälle. Ich merkte, wie meine Brust schwoll, und musste vor mich hin grinsen, ich war wirklich stolz auf uns!

Zum letzten Mal schlenderten wir nach dem reichhaltigen Essen über einen kleinen Basar, lutschten an dem merkwürdig sauren Eis und sahen uns die ungewöhnlichen Waren an, die sich vor uns auf den Tischen türmten.

Tom drückte seine Hand tief in das weiche Fellfutter eines hohen Lederstiefels, seine Augen leuchteten.

»Das wär genau das Richtige für Sibirien, oder was meinst du?« Das lange seidige Fell glitt erneut durch seine

Finger. Noch war es warm, doch der Winter würde nicht mehr lange auf sich warten lassen. Eigentlich hatten wir nur einen Deel für jeden kaufen wollen, die langen Mäntel waren der beste Schutz gegen den kalten Wind, aber Tom konnte seinen Blick kaum von den ledernen Stiefeln lösen. Er sah zu dem Verkäufer hinüber, über dessen Gesicht sich ein freundliches Lächeln zog.

Auch er strich über das dicke Futter.

»*Nohoj*«, erklärte er und nickte.

Tom zuckte die Schultern. Beim Lernen der mongolischen Wörter hatten wir kläglich versagt, und auch bei der Aussprache der Zischlaute und des gerollten r hatten wir unsere Probleme. Doch der Verkäufer wusste sich zu helfen.

»Wuff«, bellte er und deutete auf einen mageren Hund, der mit hängendem Kopf an uns vorübertrottete, dann streichelte er erneut über das Fell. Fred kniff den Schwanz ein, und fast erschrocken zog Tom seine Hand aus den wuscheligen Haaren und starrte auf den dürren Köter.

»Hundefell?« Entsetzt schüttelte er den Kopf, der Verkäufer begann indessen zu lachen. Die schmalen Augen verengten sich zu Schlitzen, und der schwarze Schnurrbart leuchtete über den weißen Zähnen. Auf dem Kopf trug er einen mongolischen Hut, dessen abgerundete metallene Spitze in den Himmel zeigte.

»*Hjamdhan*«, sagte er noch … billig, dann lachte er wieder, und Fred verzog sich hinter meine Beine.

Mit den verschnürten Mänteln unter dem Arm machten wir uns auf den Weg zum Laster, auf die Stiefel hatte Tom doch lieber verzichtet. Ein letztes Mal schlängelten wir uns durch den chaotischen Verkehr. Ich sah mehrere Autos neben uns über die Böschung rollen, auf dem schrägen Wiesenstreifen neben der Hauptverkehrsstraße hatte sich eine zusätzliche Fahrspur gebildet. Autos hupten, es wurde geschnitten, gekurvt und gedrängelt, Bordsteine oder Begrenzungen schienen völlig wirkungslos und unwichtig.

Die Stadt und die Straßen wirkten wie ein Fremdkörper in dem unberührten Land der Nomaden, die die Außenbezirke der Stadt mit ihren Jurten bevölkerten. Rauch zog aus den Zelten, an einer öffentlichen Wasserstelle sammelten sich Frauen und Kinder mit Kanistern, in der Ferne leuchteten die Berge. Kamele schrien, Ziegen liefen meckernd zwischen den Zelten umher, einige Kilometer nach der Stadt entließ uns die Teerstrecke zurück in die unberührte Natur. Noch einmal krochen wir über das festgefahrene Waschbrett, wurden auf unseren staubigen Polstern ordentlich durchgeschüttelt. Zur Grenze war es nicht mehr weit.

Etappe 7: Russland, September und Oktober 2010

Eine lange Nacht

Plötzlich war ich hellwach, und meine Finger krallten sich in den knittrigen Bettbezug. Irgendetwas hatte mich aus dem Schlaf gerissen, irgendetwas Unangenehmes. Angespannt lauschte ich in die Nacht, hielt den Atem an und versuchte, die mir noch ungewohnten Geräusche zu sortieren. Das leise Kratzen von dünnen Ästen über den Lack des Lasters, raschelndes Steppengras, zirpende Zikaden. Plötzlich der Schrei eines Käuzchens ganz in der Nähe: »Schuhu ... hu, Schuhu ... hu.«

Meine Finger entspannten sich, erleichtert kuschelte ich mich zurück in die weichen Kissen. Nur ein Käuzchen ... Ich schloss die Augen. Die gleichmäßigen Atemzüge der anderen lullten mich ein, ich zog mir die aufgewärmte Bettdecke bis zum Kinn, und meine Gedanken begannen, sich wieder zu vernebeln.

Seit über einer Woche schon waren wir zurück in Sibirien, die Straßen, die so mancher Reisende als Zumutung bezeichnete, waren für uns ein Geschenk des Himmels, selbst die schlammigen Nebenwege nahmen wir ohne großes Murren in Kauf. Gestern hatten wir den Baikalsee und Irkutsk hinter uns gelassen, weiter wollten wir Richtung Krasnojarsk, Novosibirsk, Omsk und Wolgograd bis nach Sotchi und von dort aus übers Schwarze Meer zurück in die Türkei. Wir hatten Schilder und Straßen, eine gute Karte und ein russisches Wörterbuch, was sollte jetzt noch groß passieren?

Ein Stöhnen unterbrach jäh die nächtliche Stille. Entsetzt fuhr ich aus dem Bett, Tom, der neben mir lag, krümmte sich wie ein Embryo und atmete flach.

»Was ist los?« Besorgt strich ich ihm über den Rücken.

»Bauchschmerzen!« Gepresst stieß er die Worte zwischen seinen schmalen Lippen hervor, kalter Schweiß hatte sich in kleinen Tröpfchen auf seiner Stirn gebildet, als der Schein meiner Lampe über sein Gesicht huschte.

Beunruhigt runzelte ich die Stirn. »Wo genau tut's denn weh?«

»Überall ...«

Wieder drang ein Stöhnen aus seinem Mund, während meine Gedanken nervös zu rattern begannen, und ich blickte nach draußen. Die einsame Lichtung lag dunkel zwischen den hohen Bäumen, und ein etwa hundgroßer Schatten huschte zwischen die Gräser hindurch.

Blinddarm, schoss es mir durch den Kopf, bitte lass es nicht den Blinddarm sein! Stundenlang waren wir gestern über die ausgewaschenen Nebenstraßen gekrochen, hatten nach dem Trubel der Großstadt ein gemütliches Fleckchen gesucht und unser Lager schließlich zwischen den mannshohen Gräsern einer Wiese inmitten der sibirischen Wälder aufgeschlagen. Einsam war es hier, einsam und still.

Vorsichtig schob ich meine Hand unter Toms Armen durch, mit denen er seinen Oberkörper fest umschlungen hielt, und berührte seinen brettharten Bauch, rechts unten begann ich zu drücken. »Da nicht!« Heiser krächzend stieß er die Worte hervor. »Weiter oben.« Dann begann er leise zu schluchzen. »Ich halt das nicht mehr aus, tu doch irgendwas, ich kann nicht mehr!«

Warum nur musste es ausgerechnet Tom so hart erwischen? Nervös versuchte ich, einen klaren Gedanken zu fassen. Natürlich, auch wir Frauen waren krank gewesen, hatten die letzte Woche mit Fieberschüben und roten Flecken zu kämpfen gehabt, aber alles war ohne Komplikationen verlaufen. Doch wenn es derselbe Virus war, warum zum Teufel hatte Tom dann solche Bauchschmerzen?

Wie gelähmt starrte ich in die schwarze Nacht.

Sollte ich in die nächste Stadt fahren, durch den stockfinsteren Wald? Ich holte tief Luft. Zwar hatte ich in der Mongolei meine ersten Fahrstunden hinter mich gebracht, aber in der Dunkelheit über den katastrophalen Weg zu fahren war nahezu lebensmüde.

Hilfe holen? Zum Laufen war es eindeutig zu weit, und durch dunkle Wälder zu hetzen zählte nicht gerade zu meinen Stärken. Nervös begann ich, zwischen den verschiedenen Medikamentenschachteln unserer Reiseapotheke zu wühlen, griff nach einer Aspirin-Tablette, die zischend in einem Glas Wasser zerfiel, und drückte das sprudelnde Getränk in Toms verkrampfte Finger. »Ich hab nur was gegen Schmerzen.« Vorsichtig setzte ich mich neben ihn aufs Bett. »Morgen fahren wir ins nächste Krankenhaus!« Dann strich ich über seinen verschwitzten Rücken.

Unruhig wälzten sich die Mädchen in den Kissen, und das Mondlicht erhellte fahl den kleinen Innenraum. Federn, die wir ans Fenster gesteckt hatten, warfen dunkle Schatten an die hölzerne Wand, daneben leuchtete das bunte Bildchen eines Buddhas.

Ich fühlte Toms Stirn, doch seine Haut war überraschend kühl. Dann starrte ich aus dem Fenster und begann zu zählen. Zählte die Sekunden, die Minuten, zählte die endlos dauernden Stunden, die bis zum nächsten Morgen noch verstreichen sollten, und ich wusste, ich konnte nichts tun.

Endlich krochen die ersten Sonnenstrahlen über den Horizont. Geschafft und bleich lag Tom unter der dicken Decke und zitterte, als Emma die Augen aufschlug und über das Bett kletterte.

»Du siehst aber ganz schön krank aus, Papa.« Sie tätschelte seinen Kopf und ließ die Beine über den Bettrand baumeln, während Sarah und Paula sich verschlafen die Augen rieben.

Nach einem hastigen Frühstück brachen wir auf. Emma und Paula hatten sich zu Tom gesetzt und kneteten bedrückt seine schlaffen Finger, während Sarah versuchte, mich über die brenzligen Stellen zu lotsen, doch immer wieder kam der Laster bedenklich ins Schwanken, und aus dem Koffer drang Toms kehliges Würgen. Nervös klammerte ich mich ans Lenkrad, meine einzige Fahrt bisher war in der Wüste gewesen: auf kilometerbreiten Fahrspuren und ohne Gegenverkehr, das hier war etwas völlig anderes. Ein LKW bretterte knapp an uns vorbei, als wir endlich die Teerstraße erreichten, der Mann hinterm Steuer grüßte mit einer knappen Handbewegung, und der Motor röhrte auf. Ich packte den Schaltknüppel und drückte aufs Gaspedal, weit konnte es jetzt nicht mehr sein!

Ein Krankenhaus in Sibirien

Eine Stunde später stand ich unsicher und skeptisch zugleich vor dem zweistöckigen Holzhaus und drückte mich mit den Kindern durch die kaum schließende Tür. Verstaubt und müde standen wir auf dem abgetretenen Linoleum und sahen uns um. Dass dies hier wirklich die örtliche Klinik sein sollte, konnte ich mir beim besten Willen nicht vorstellen, vielleicht hatten wir den Mann, der uns den Weg erklärt hatte, doch falsch verstanden. Sarah nahm Emma an die Hand und lugte in eines der kleinen Zimmer, in denen ein knappes Dutzend zusammengewürfelter Betten aufgestellt waren und einige alte Leute unter bunt geflickter Bettwäsche an die Zimmerdecke starrten.

»Ich glaub, wir sind hier falsch, Mama, das ist bestimmt ein Altenheim oder so!« Nervös versuchte sie, mich in Richtung Ausgang zu ziehen, als die Tür hinter uns erneut quietschte und Tom, der eigentlich im Laster hatte warten sollen, durch den Gang wankte. Stöhnend ließ er sich auf eine alte Holztruhe fallen, und Hilfe suchend huschte mein Blick durch die breiten Gänge. »Hallo?« Meine Stimme hallte durch die Leere. »Ist hier jemand?« Durch einen Türspalt schob sich ein Kopf mit strenger Hochsteckfrisur, die ein kleines weißes Häubchen zierte. Zwischen den zusammengezogenen Augenbrauen hatte sich eine steile Falte gebildet, und die Mundwinkel zeigten starr nach unten.

»*Moshetjè wy nam pomotsch?*« – Können Sie uns helfen? Ich sah die Schwester fragend an, die Falte auf ihrer Stirn schien noch steiler zu werden. Wie ein Bär baute sie sich vor uns auf, die breiten Waden ragten stramm aus dem fleckigen Kittel. Sie sah auf Toms zusammengekrümmte Gestalt und schüttelte vehement den Kopf, dann überspülte sie uns in schnarrendem Tonfall mit einem Schwall Russisch. Ich verstand kaum etwas, außer Chirurgia und »*nepravilno*« – falsch –, als sie Tom und mich fordernd am Oberarm griff und nachdrücklich zu einem kleinen Seitenausgang schob. »*Wratsch*« – Arzt –, hörte ich sie noch rufen, bevor die Tür hinter uns ins Schloss fiel und wir verlassen auf einer kleinen Wiesenfläche zwischen der Klinik und dem Nachbarhaus standen.

Verzweifelt strich ich mir über die müden Augen. Drei Stunden waren wir durch den Wald gekrochen, hatten, nachdem wir endlich zurück auf der Straße waren, lange herumgefragt und gesucht, bis wir dieses unauffällige Holzhaus gefunden hatten, und jetzt setzte uns die russische Krankenschwester einfach vor die Tür. Wütend stampften wir über den gepflasterten Weg, der sich vor uns durch den verwilderten Hinterhof schlängelte. Ich würde der Russin ins Gesicht springen, das schwor ich mir, sollte ich nicht auf der Stelle einen brauchbaren Arzt finden, und krachend stieß ich die Tür des Nachbarhauses auf, die gegen die harte Wand prallte.

Leere Gänge empfingen uns, gefliese Wände und kahle Zimmer; eine Putzfrau, die gerade dabei war, den Boden zu wienern, rutsche erschrocken zur Seite, als ich mit Paula auf dem Arm und dem schwankenden Tom an ihr vorbeistolperte. Sarah, die Emma auf dem Rücken trug, hatte sich ängstlich an unsere Fersen geheftet. Keine Menschenseele war zu sehen, und gerade als ich überlegte, die Putzfrau um Hilfe zu bitten, entdeckten wir ein bedrucktes Schild auf einer hölzernen Tür. »*Wratsch*« stand darauf geschrieben: Hier endlich musste der Arzt zu finden sein, und entschlossen drückte ich auf die geschwungene Klinke.

Der alte Mann, der sich im Zimmer aufhielt, blickte uns entgeistert entgegen, vor ihm auf dem Schreibtisch lag umgedreht ein alter Stuhl, aus der zusammengequetschten Plastikflasche in seiner Hand quoll ein dünner weißlicher Faden Leim.

»*Wratsch*?« Fragend blickte ich ihn an, von dem enttäuschenden Gefühl übermannt, auf den Hausmeister getroffen zu sein, als er begeistert zu nicken begann, den Stuhl zurück auf den Boden stellte und in einen zerknitterten Kittel schlüpfte. Er deutete auf zwei zerschundene Sessel, setzte sich selbst auf den wackeligen Stuhl und begann lächelnd, Fragen zu stellen, ganz so, als hätte er sein Leben lang auf diese Chance gewartet.

»*Kak wy poshiwajetje*« – Wie geht es Ihnen?

»Miserabel!« Das russische Wort fiel mir dazu nicht ein.

»*Na schto shalujetjes?*« – Was fehlt Ihnen?

Wie schon so oft blätterten wir in unserem kleinen Wörterbüchlein. »*Sheludok*« – Magen – sagte Tom und zeigte zur Verdeutlichung auf seinen Bauch.

Langsam begann ich, mich unwohl zu fühlen. Immer noch saß der Mann in seinem Stuhl, schlug nun interessiert die Beine übereinander, ohne auch nur die geringsten Anstalten zu machen, Tom zu untersuchen. Stattdessen kratzte er sich am Kopf, blätterte neugierig in unserem »Russisch Wort für Wort« und stellte die nächste Frage.

»*Ponos, temperatura?*« Dazu zeigte er immer auf die entsprechende Übersetzung – Durchfall, Fieber?

Tom schüttelte den Kopf, krümmte sich erneut, während der Weißkittel grübelnd begann, mit einem Kugelschreiber auf den Tisch zu klopfen.

In dem Augenblick wurde die Zimmertür aufgerissen. Die Krankenschwester war wieder da, neben ihr quetschte sich eine recht füllige Doppelgängerin von ihr durch die Tür, und gemeinsam stampften sie zu unseren Sesseln, ein eisiges Lächeln in den Gesichtern. Aus irgendwelchen Gründen hatte es sich die bärenhafte Krankenschwester wohl doch anders überlegt. Ob sie sich gar Sorgen machte? Ihr

»*Iditje*« – Kommen Sie! –, im Befehlston herausgeschmettert, duldete jedenfalls keine Widerrede. Sie griffen nach unseren Armen, und ohne den weiß bekittelten Alten auch nur eines Blickes zu würdigen, zogen sie uns herrisch aus dem Zimmer und zurück in das Gebäude, in dem wir zuerst gewesen waren. Dort wurden wir in einem hellen Raum bereits erwartet. Tom ließ sich auf ein bequemes Sofa sinken und verdrehte die Augen, während wir auf einige hölzerne Stühle sanken. »*Na schto shalujetjes?*« Wieder wurde Tom gefragt, was ihm fehlte, diesmal von einem anderen Mann in einem weißen Kittel.

Tom deutete auf seinen Bauch, über den gleich darauf die geübten Finger des Arztes glitten, nur um erneut eine Litanei von russischen Fragen auf uns abzuschießen, von denen wir kein Wort verstanden. »*Ja potschti nje govorju po-russki.*« – Ich spreche kaum Russisch. Ich hatte Tom das Wörterbuch aus der Hand genommen, tippte auf den entsprechenden Satz, als ein kleiner Zettel aus den Seiten rutschte ... Nikolai stand darauf geschrieben und eine Nummer. Erleichtert atmete ich auf. Jetzt würde alles gut werden, da war ich mir sicher!

Nikolai hatten wir in Irkutsk kennengelernt. Als wir uns in einem Wust aus Einbahnstraßen verirrt hatten, war der fließend Deutsch sprechende Russe aufgetaucht wie ein rettender Engel. Er hatte sich kurzerhand einen Urlaubstag genommen, hatte uns aus der Stadt gelotst und nach einem netten Gespräch seine Nummer auf ein kleines Stück Papier gekritzelt – für Notfälle!

Genau so einer war jetzt eingetreten.

Schnell tippte ich die Nummer in unser Handy, und gleich darauf hörte ich den russischen Akzent unseres Freundes: »Hallo?«

»Nikolai, hier ist Heike, du musst uns helfen!«

»Wo seid ihr denn?«

»In einem Krankenhaus.« Ich informierte ihn kurz über Toms Zustand, reichte dann das Telefon dem Arzt und atmete erleichtert aus.

Die Luft schien regelrecht zu schwirren von russischen Worten und hektisch gesprochenen Sätzen, nervös tigerte der Arzt durch das Zimmer, bis er mir erneut das Handy in die Hand drückte.

»Was ist denn los?«, wollte ich wissen. Nikolai schien unschlüssig, ich hörte, wie er sich nervös räusperte.

»Wie weit ist es bis zur nächsten Stadt?« Seine Stimme hörte sich besorgt an.

»Ich hab keine Ahnung.«

»Ihr müsst in ein anderes Krankenhaus.«

»Wieso das denn?« Entsetzt starrte ich aus dem Fenster. »Das ist völlig unmöglich, wir sind alle total am Ende!«

»Ihr seid in einer kleinen Dorfklinik gelandet, hier ist die ärztliche Versorgung kostenlos, dafür auch meist dementsprechend schlecht. Könnt ihr es nicht doch bis nach Krasnojarsk schaffen? Da gibt es eine große Poliklinik!«

»Nein, keine Chance!« Ich schüttelte nachdrücklich den Kopf, als ich auf Toms blasse Lippen und die zusammengesunkenen Gestalten meiner Töchter blickte.

»Ich fahr keinen Meter mehr!«

Eine Zeit lang drang kein Laut aus der Leitung, dann erst sagte Nikolai leise: »Okay, gib mir den Arzt, ich übersetze!«

Die fragwürdige Diagnose war bald gestellt: Darminfektion. So lautete auch das Urteil eines weiteren herbeigerufenen Doktors. Aus einer kleinen Schublade zogen sie Kohletabletten und Aspirin.

Frustriert schüttelte ich den Kopf und griff erneut nach dem Telefon.

»Sag ihnen, Aspirin und Kohle haben wir selbst …« Ich grübelte, und plötzlich fiel mir ein Artikel über zwei Rucksackreisende ein, den ich erst kürzlich gelesen hatte: Mehrere Wochen war ein Pärchen durch die Mongolei und Russland gereist, hatte sich dabei mit einem Darmvirus infiziert, gegen den nur ein Antibiotikum geholfen hatte, und immerhin bestand doch eine geringe Chance, dass sich Tom dasselbe eingefangen hatte.

»Meinst du, die verschreiben uns Antibiotika?«

»Sicher!« Ich reichte Nikolai ein letztes Mal an die Ärzte weiter, die kurz darauf nach einem Rezeptblock griffen und zu kritzeln begannen.

Für neunundzwanzig Rubel, umgerechnet etwa siebzig Cent, bekam ich in einer kleinen Apotheke auf der anderen Straßenseite die gewünschte Packung, jetzt musste das Mittel nur noch helfen. Mit einem hoffnungsvollen Stoßgebet zum blauen Himmel drückte ich die erste Tablette aus der knisternden Alupackung und legte sie in Toms verschwitzte Hände.

Kemerowo – Achtung, Kamera läuft!

Vier Tage verbrachten wir in einer nahe gelegenen Sandgrube, bis die Medikamente endlich ihre Wirkung zeigten. Schritt für Schritt begann Tom wieder zu essen, anfangs warme Brühe, dann trockenes Brot, und als er endlich seinen ersten Kaffee trank, wusste ich, wir hatten das Gröbste überstanden. Fast täglich hatte ich mit Nikolai telefoniert, der schon bald begann, uns wegen der eisigen Temperaturen zur Eile zu ermahnen. Am Morgen von Sarahs sechzehntem Geburtstag, dem 10. September, machten wir uns schließlich auf den Weg ans Schwarze Meer. Tausende Kilometer lagen noch vor uns, die ersten Eiszapfen hatten sich an unseren Wassertanks gebildet, und jeden Tag schien es eine Spur kälter zu werden.

Kurz nach Krasnojarsk überraschte uns der erste Schneesturm. Dicke Flocken wirbelten so dicht durch die Luft, dass wir gezwungen waren, auf dem Parkplatz eines kleinen Restaurants eine Pause einzulegen, heiße Suppe dampfte in unseren Tellern, während sich der Schnee durch unsere klapprigen Schiebefensterdichtungen schmuggelte und in feuchten Flecken auf dem hölzernen Tisch verteilte.

Als wir eine Stunde später wieder aufbrachen, war alles weiß. Viele Brummifahrer hatten ihre LKWs an den rutschigen Straßen abgestellt, saßen an flackernden Feuern, und nur die dichten grau-schwarzen Rauchwolken ließen erkennen, dass es sich bei dem brennenden Material um alte Reifen handelte. Samowars rauchten, heißer Schwarztee plätscherte dampfend in die ausgeteilten Tassen, und alte russische Lieder kündeten verheißungsvoll von Liebe und besseren Zeiten, während wir weiter und weiter in Richtung Westen krochen.

In Kemerowo, einer kleinen Stadt kurz vor Novosibirsk, legten wir unsere erste Pause ein, direkt vor einem Theater mit öffentlicher Bibliothek und Internetcafé parkten wir unseren Mercedes. Unser Wäschesack war prall gefüllt, und während ich auf unserem Gasofen einen Gemüseeintopf kochte, machte sich Tom auf die Suche nach einer Wäscherei. Ich hauchte mir in die kalten Finger, drehte die Flamme eine Stufe höher, draußen vor den beschlagenen Fenstern stürmten die Kinder schreiend und dick eingemummelt den nahe gelegenen Spielplatz. Lang wollte ich nicht bleiben, in der Stadt war es immer schwierig, den stark qualmenden Holzofen zu betreiben, und so hoffte ich fröstelnd, Tom würde nicht allzu lange brauchen.

Bald schon hielt ein kleines Auto neben unserem Laster. Emma und Paula, denen es draußen zu kalt geworden war, kletterten an das Schiebefenster und spähten auf den Parkplatz, während ich Sarah eine zweite Kelle Eintopf auf den Teller gab. »Der Papa kommt!« Erleichtert atmete ich auf. Ich blickte zwischen den Kindern nach draußen, sah die junge Blondine neben Tom zum Laster kommen, der schwarze Wäschesack baumelte immer noch über seiner Schulter. »Hallo?« Ich hatte die Tür geöffnet und sah beiden fragend entgegen.

»Das ist Natalia, vom hiesigen Goethe-Institut. In zehn Minuten kommt ein Kamerateam, die wollen einen Beitrag über uns senden.«

Überrumpelt starrte ich in das Gesicht der strahlend lächelnden jungen Russin, während Tom hinter mir im Laster verschwand. Natalia stand unschlüssig vor der metallenen Treppe, dann kletterte sie mit ihren hohen Pumps über die geriffelten Stufen.

Schmutziges Geschirr stapelte sich in der Spüle, Malzeug, Lego und Puppensachen lagen über den ganzen Boden verstreut. Verlegen und unter dem schreienden Protest der Kinder begann ich, die Sachen in die Staukästen zu stopfen.

Tom hatte keine Wäscherei gefunden. Deswegen war er auf der Suche nach Hilfe ins Goethe-Institut gestolpert, hatte nach einem Stadtplan oder einer Wegbeschreibung fragen wollen – und stattdessen einen Kaffee und eine Chauffeurin bekommen. Natalias Arbeitskollegin, die zusätzlich beim Fernsehen arbeitete, verständigte ihren Sender, und noch während wir uns im dicken Gästebuch verewigen durften, bastelte ein Kameramann vor dem Laster an seinem Objektiv herum.

Mit dem Filmteam im Schlepptau machten wir uns erneut auf die Suche nach einer passenden Wäscherei. Hinter einer unscheinbaren grauen Tür in einem zweistöckigen Stadthaus wurden wir endlich fündig. Kreischend quietschten die alten Scharniere, als wir uns in den engen gekachelten Raum drückten, in bunten Plastikkörben stapelte sich die Schmutzwäsche zwischen einer kleinen Theke und einer Reihe laufender Waschmaschinen. Eine mütterlich rundliche Russin zupfte nervös an ihrem abgetragenen Kittel, als sie die laufende Kamera entdeckte. Natalia, die als Übersetzerin fungierte, begann zu sprechen.

»Wir möchten gerne unsere Wäsche waschen.«

»Hier wasche nur ich!« Die dunkle Stimme der Frau kratzte heiser durch den Raum.

»Wie teuer wird das werden?«

Nachdenklich betrachtete sie uns eine Zeit lang und musterte den prallen Wäschesack, den Tom auf die Theke gelegt hatte. »Sieben Dollar.«

»Okay.« Erleichtert nickten wir, während sie mit ihren dicklichen Finger nach dem Sack griff. Interessiert hielt sie ihren Kopf über die Öffnung und wühlte in unseren Sachen, bis sie mit spitzen Fingern etwas aus der Dreckwäsche fischte und demonstrativ vor sich in die Luft hielt. Toms schmutzige Boxershorts schwebten wackelnd vor der Kamera.

»Unterwäsche wasche ich nicht!« Natalia begann zu grinsen, und Tom zuckte mit den Schultern. »Gut, fürs nächste Mal weiß ich's.«

Ein leises Kichern erfüllte die Wäscherei, das gesamte Filmteam stimmte ein, und etwas verunsichert schob die füllige Russin die Boxershorts zurück in den Sack.

»Morgen, neun Uhr«, waren ihre letzten Worte, dann verschwand sie mitsamt Sack und Wäsche im angrenzenden Zimmer.

Geschminkt, in Kostüm und Stola, erwartete uns die Wäscherin am nächsten Morgen, selbst ihre krausen Haare schien sie über Nacht in Form gebracht zu haben, und voller Erwartung beobachtete sie die hinter uns ins Schloss gefallene Tür. Heute waren wir allerdings allein gekommen, ohne Kamera und Reporter, und über das rundliche Gesicht der kleinen Frau breitete sich abgrundtiefe Enttäuschung. Auch die drei Dollar Trinkgeld konnten daran nichts ändern.

Sorgen um Fred

Noch am selben Tag durchquerten wir Novosibirsk und rumpelten entlang der kasachischen Grenze immer weiter in Richtung Westen.

Stundenlang krochen wir durch verkohlte Wälder, sahen abgefackelte graue Wiesen, aus denen sich nach heftigen und flächendeckenden Waldbränden die Überreste einst stolzer Bäume wie Mahnmale in den verrauchten Himmel reckten, und als wir spät am Abend auf einer kleinen Wiese rasteten, leuchteten in der Ferne helle Flammen durch die dunkle Nacht. Ein beunruhigender Anblick, der uns dazu brachte, darüber nachzudenken, wie schnell wohl so ein Feuer wandern kann ...

Fred machte uns Sorgen. Seit knapp einer Woche hatte er nichts gefressen, lag matt unter dem Tisch und bewegte sich kaum. Ein Jäger, der müde durch seinen verkohlten Wald patrouillierte, beschrieb uns den Weg zum nächsten Tierarzt, und früh am nächsten Morgen machten wir uns auf den Weg in die kleine Ortschaft.

Wie eine Glocke hatte sich der Rauch über den Wald gelegt, beißend und trüb hing der dicke Smog vor unseren Fenstern, und schon bald hatten unsere Augen zu tränen begonnen. Ein Eichhörnchen scharrte einsam im schwarzen Boden, die letzten grünen Blätter winkten verloren über einem Meer aus Grau und Schwarz, als plötzlich blau flackerndes Licht in unseren Innenraum drang.

Zwei aus Holz genagelte Böcke versperrten vor uns die Straße, mehrere Polizeifahrzeuge waren auf der Straße geparkt, daneben ein Mann, der seine Arme vor der Brust kreuzte und den Kopf schüttelte. Kein Durchkommen, bedeutete er, und erschrocken trat Tom auf die Bremse.

»Wir brauchen dringend einen Tierarzt … Veterinär!« Er hatte sein Fenster heruntergekurbelt und suchte nach den richtigen Worten.

»*Sabacca, bolnoi.*« Hund krank.

Unbeeindruckt schüttelte der Polizist den Kopf.

»Vielleicht hat das etwas mit dem Feuer zu tun?« Besorgt starrte ich auf die verkohlten Stämme, während Tom sich erneut an die uniformierten Beamten wendete: »*Pashalsta, sabacca bolnoi.*« Bitte, Hund krank. Vorsichtig schob ich Fred an die geöffnete Tür und sah bittend in das harte Gesicht.

Ein letzter strenger Blick, dann ein knappes Nicken. Ein Einsatzwagen fuhr an, mit einem Winken bedeutete er uns, ihm zu folgen, und durch die auseinandergeschobenen Böcke rollten wir in die völlig unversehrt wirkende Ortschaft. Kleine Gässchen mit einigen geschlossenen Geschäften, ein schmaler Fluss und ein plötzlich strahlend blauer Himmel begleiteten uns durch die alt wirkende kleine Stadt. Nirgendwo konnte ich auch nur die geringsten Anzeichen ei-

nes Feuers erkennen, selbst die Bäume wirkten frisch und
saftig, mit dem Waldbrand konnte das Polizeiaufgebot
nichts zu tun haben. Aber wir waren auf jeden Fall un-
erwünscht.

Weit entfernt sah ich das Blaulicht der Straßensperre
durch die Häuser blitzen, als wir auf einen kleinen Schotterplatz rollten, und erst jetzt fiel mir auf, dass ich auf dem
ganzen Weg kaum Menschen gesehen hatte. Ein monströ-
ser Bunker erhob sich hinter uns, dicke Mauern, von Stacheldraht und Metallgitter umgeben; zwei Männer, die ihre
Maschinengewehre lässig über die Schultern geworfen hatten, kamen uns mit großen Schritten entgegen, und flan-
kiert von Militär stiefelten wir mit einem etwas unwohlen
Gefühl durch die leeren Gassen. Ein seltsames Gelände war
das, vielleicht ein ehemaliges Gefängnis oder eine alte mi-
litärische Einrichtung? Aber weder was es war noch der
Grund für das Polizeiaufgebot erschloss sich uns.

Durch ein zweiflügeliges Holztor kamen wir in einen
quadratischen Innenhof. Wuchtige Balkengerüste, von denen ausgefranste Fixiergurte für große Tiere baumelten,
standen im Schatten, in einem alten Schuppen daneben
stapelten sich Gitterboxen und Seile, und Fred, der sich
kaum noch auf den Beinen halten konnte, hielt ängstlich
seine Nase in die Luft.

Eine Tür wurde aufgerissen. Ein Mann mit blutver-
schmierten Armen und einer besudelten Plastikschürze
kam in den Hof gestürzt, hielt kurz die Hände unter einen
außen angebrachten Wasserhahn, stolperte anschließend
durch das Tor auf die Straße, und unbehaglich fragten wir
uns, wo wir hier wohl gelandet waren. Unsicher drückten
wir uns durch den schmalen Praxiseingang, hinter dem
uns eine überraschenderweise sehr kompetent aussehende
Ärztin in weißem Kittel erwartete. Ihr linker Arm baumelte dick verbunden in einer Schlinge, und etwas unbeholfen
zog sie einhändig einen Stapel Zettel aus einer Schublade.

Fragend blickte sie uns an, als Fred vor ihr auf den Boden
sackte, und Tom stammelte einige russische Brocken.

»*Jeda njiet ... adin nedjelju.*« – essen nicht ... eine Woche.

Die Frau kniete sich neben Fred auf den Boden und legte ihre gesunde Hand auf seinen Bauch. Tief bohrten sich ihre Finger in die angespannte Haut, bis ein gefährliches Grollen aus Freds Kehle drang. Dann nahm sie ihre verbundene Hand zu Hilfe, griff nach einer Spritze und einer kleinen Ampulle und jagte die Nadel durchs Fell in Freds Bein.

Danach ließ sie sich an ihren Schreibtisch fallen und kritzelte etwas auf ihren Rezeptblock, bevor sie uns ernst in die Augen sah.

»*Must be some kind of gastroenteritis.*« Irgendein Magen-Darm-Infekt also. »*You give injections of antibiotic for ten days!*« Ein starker russischer Akzent verzerrte ihre englischen Worte, als sie fortfuhr, und ich brauchte eine ganze Zeit lang, um ihre Bedeutung zu realisieren.

Erschrocken sah ich sie an.

»*No, no injections, we are not able to do this!*«

»*No problem, I can show.*« Dabei zog sie eine Hautfalte von Freds Schenkel hoch und zeigte mit der Nadel darauf.

»*It is easy, you can trust me!*« Sie drückte uns das Rezept in die Hand und schob uns zur Tür, dann zeigte sie die Straße hoch.

»*Pharmacy!*« Scheppernd flog die Tür ins Schloss, und wie begossene Pudel standen wir erneut zwischen den bewaffneten Polizisten. Ein Auto raste mit quietschenden Reifen bis vor die hölzerne Pforte, und erschrocken traten wir zur Seite, während die Polizisten eine Salve wütender russischer Flüche abfeuerten. Als der Fahrer heraussprang, sahen wir durch die verschmierten Scheiben ein blutendes Bündel auf der Rückbank liegen, ein wüstes Mischmasch aus schwarzen Fellbüscheln und triefendem Rot, wahrscheinlich ein Hund, aber so genau war das in der Tat nicht mehr zu erkennen.

Zusammen mit den Polizisten machten wir uns rasch auf den Weg zur Apotheke und präsentierten einer ganz in Grau gekleideten Frau unser Rezept. Sie schob die baumelnde Brille auf ihre schmale Nase, las die gekritzelten

Wörter und warf uns einen skeptischen Blick zu, dann schüttelte sie den Kopf.

»*Njiet.*« Nein. Mehr verstand ich nicht, sah nur, wie einer unserer russischen Begleiter nach seinem Gewehr griff. Herrisch deutete die Mündung auf ein verschlossenes Schränkchen, und ohne ein weiteres Wort öffnete die Apothekerin eine metallene Schublade.

In diesem Moment erwies es sich für uns wohl als günstig, dass das Militär uns offenbar so schnell wie möglich wieder loswerden wollte und der Apothekerin deswegen jedes Zögern untersagte. Mit der Ampulle und einer Handvoll Spritzen machten wir uns wenige Minuten später auf den Rückweg zum Laster.

Ein Funkgerät rauschte, kurz darauf tauchte unsere Eskorte wieder auf und geleitete uns aus der kleinen Stadt. Dass wir eigentlich noch hatten einkaufen wollen, hatten wir gar nicht erst vorgebracht; es hätte ziemlich sicher ohnehin niemanden interessiert, wenn ich bedachte, wie eilig sie es hatten, uns wieder abfahren zu sehen von diesem merkwürdigen Ort. Mit einem etwas mulmigen Gefühl im Bauch machten wir uns schnellstmöglich aus dem Staub.

Gummiknüppel, Bußgeldtabellen und dann: Doswidanja Russland

Ein russischer Polizist klopfte herrisch gegen die geschlossene Tür des Wohnkoffers, doch Tom war sauer.

»Keine Chance, du kannst die Papiere sehen, aber in den Koffer kommst du nicht!« Er schüttelte den Kopf und stellte sich breitbeinig und mit verschränkten Armen vor die verschlossene Tür.

Das letzte Stück der Strecke im Grenzgebiet vor Wladikawkas hatte sich gezogen, für knappe fünfundvierzig Kilometer hatten wir geschlagene drei Stunden gebraucht, alle vier Kilometer wurden wir von einer Polizeikontrolle von der Straße gewinkt, und jetzt hatten wir endgültig die Nase voll.

Drohend hob der Polizist den Gummiknüppel über Toms Kopf, während ich aufgeregt nach der Kamera griff.

Kurzfristig hatten wir uns dazu entschlossen, doch nicht nach Sotchi zu fahren und von dort aus übers Schwarze Meer in die Türkei zu reisen, sondern über die kaukasischen Berge und durch Georgien dorthin zu gelangen. So hätte Fred genügend Zeit, sich ausreichend zu erholen, Schifffahrten schlugen ihm grundsätzlich auf den Magen. Mit einem derartigen Polizeiaufgebot im russischen Grenzgebiet Richtung Georgien hatten wir jedoch nicht gerechnet, und inzwischen war ich mir keineswegs mehr sicher, ob das die ganze Sache wert war.

Der Knüppel schwang durch die Luft, sauste knapp an Toms Kopf vorbei, und die Mädchen rissen erschrocken die Augen auf.

»Du bist wohl bescheuert!«, schrie Tom. Dass der Mann kein Wort verstand, störte ihn wenig.

»Na klar, wir sind alles Terroristen, vor allem die Kinder, und was bist du? Schau dich doch mal an!«

Ein Feuerzeug flammte unter unseren Papieren auf, als ich mit der Kamera aus dem Laster stieg.

»Mach doch, was du willst, verbrenn sie, los, mach schon!« Ich hielt die Kamera vor das Gesicht des Polizisten und drückte auf den Abzug.

»Na, jetzt sagst du nichts mehr, wir gehen zur Presse, zum Fernsehen, Television ...!«

Das Feuerzeug verschwand wieder in der Uniformtasche, und der Typ hob beschwichtigend die Hände, während ich erneut mit der Kamera auf ihn hielt. Etwas unbehaglich knetete er seine Finger, dann lächelte er matt und legte einen Arm um Toms Schultern.

»*Cheese!*« Er grinste unbeholfen, legte die Papiere auf die Trittstufe zur Fahrerkabine und winkte Richtung Straße, anscheinend hatte er es sich doch noch anders überlegt.

Donnernd knallte Tom die Tür ins Schloss und trat aufs Gaspedal. Die ersten Häuser der letzten russischen Stadt auf unserer Karte tauchten vor uns aus einer Senke, dahinter die ersten Ausläufer der Berge. Wladikawkas, danach kam nur noch der Kaukasus, eine Schlucht, dann Georgien. Über die erst kürzlich wieder eröffnete Heerstraße hatten wir geplant, in Richtung Süden zu fahren.

Doch noch waren wir nicht an der Grenze. Blaulicht flackerte hinter uns, Einsatzfahrzeuge überall; wohin das Auge reichte, Kontrollen und gereizte Gesichter.

»*Grjaznyj!*« – schmutzig – war das Einzige, was wir diesmal verstanden. Der Polizist deutete auf unser Nummernschild und den von Schlamm verklebten Lack.

»*Grjaznyj!*«, wiederholte er.

Tom zog sein großes Stofftaschentuch aus der Hosentasche, spuckte auf den Stoff und wischte über die verschmutzten Buchstaben, schwarz auf weiß tauchte das SAD für Schwandorf aus dem braunen Einheitsbrei.

»*Karascho*«, sagte er – gut –, doch dann stapfte der Mann wütend zu seinem Einsatzwagen, um nur Sekunden später mit einer seitenlangen Tabelle voller Zahlen aufzutauchen. Unablässig tippte sein Finger auf eine dick gedruckte Ziffer: Fünfhundert Rubel stand dort geschrieben.

Tom zuckte die Schultern und lehnte sich an den Mercedes. Wir würden nicht zahlen, hatten noch nie bezahlt, keine Bestechungsgelder, keine sinnlosen Strafen, und das würde sich auch jetzt nicht ändern.

»Ich verstehe kein Wort!«, sagte er und kaute gelassen auf einem kleinen Hölzchen.

»Holen Sie doch einen Übersetzer!«

Hinter unserem Lastwagen staute sich langsam der Verkehr, nur stockend konnten sich die Autos an uns vorbei in die Stadt schlängeln, breit und unnachgiebig blockierte unser alter Mercedes die Straße.

Nach zwanzig Minuten gab der Russe auf.

Seine Hand wedelte wütend durch die Luft, ganz so, als verscheuche er eine lästige Fliege, und mit einem letzten ironischen Lächeln und einem »Guten Tag« auf den Lippen rollten wir endlich in die russische Stadt.

Plattenbauten säumten den Rand der Straße, doch trotz der Massen russischen Betons verströmte Wladikawkas einen schon fast westlich anmutenden Charme. Kleine Häuschen mit ummauerten Gärten, die vielen Grünflächen und Parks, der breite Fluss, die Brücken und Denkmäler, die vielen jungen Menschen. An einer der ersten Tankstellen machten wir halt, füllten unsere Dieseltanks bis zum Anschlag mit dem billigen russischen Diesel für fünfzig Cent den Liter, in der Türkei würde Kraftstoff wieder teuer werden, und holten uns einen letzten Becher Kaffee zur Stärkung.

Ein Mann kam zu uns herübergelaufen. Klobige Arbeitsschuhe stampften auf dem brüchigen Asphalt, und die Glasscherben, die überall auf dem Platz verstreut lagen, knirschten unter seinen Sohlen.

»*Atkuda?*« – Woher? Neugierig hatte er sich vor uns aufgebaut und strich sich mit einer Hand über den kahl rasierten Schädel.

»*Germanija.*«

»*Germanija?*« Ein begeistertes Lachen schob sich über seine harten Züge.

»*Piwo, sigaret …*« Bier, Zigarette? Tom zog ein russisches Bier aus dem Laster und hielt es ihm vor die Nase, doch der schüttelte den Kopf. Russisches hatte er selber.

Ich grinste und griff nach einer Dose Schnupftabak, davon hatten wir noch eine ganze Menge, eingepackt gemäß dem Rat unseres Reiseführers als »essenzielles Gastgeschenk für die mongolischen Nomaden«, doch von denen hatte keiner unsere bayerische »Gletscherprise« gewollt. Der junge Russe dagegen musterte interessiert das kleine braune Häuflein, das sich Tom zu Demonstrationszwecken auf seine Hand geschüttet hatte, sah erstaunt, wie er es in die Nase einsog.

Begeistert griff er nach dem Döschen, schnupperte, kippte sich einen Berg Pulver auf seinen Handrücken und holte tief Luft. Dann ein lautes Schniefen, noch im selben Augenblick färbte sich sein Gesicht dunkelrot, Tränen schossen ihm in die Augen, und er begann zu japsen …

Als er sich nach einigen Sekunden wieder gefangen hatte, klopfte er Tom anerkennend auf die Schulter, betrachtete ein letztes Mal eingehend die blaue Plastikdose, bevor er sie in seine Hosentasche schob.

»*Kuda?*« – Wohin? Mit neu gewecktem Interesse sah er uns fragend an.

Tom tippte auf die Karte, die in zwei Teilen (Asien und Amerika) auf Folie gedruckt war und zur Routenverfolgung außen auf unserem Laster klebte, und fuhr mit seinem Finger nach Georgien.

»Georgien!«

Entsetzt schüttelte der Russe den Kopf, dann blickte er sich kurz um, bedeutete uns zu warten und rannte quer über die kleine Tankstelle, kletterte in sein kleines Auto und fuhr es rückwärts bis zu unserem Mercedes. Er riss an der Kofferraumklappe, hob eine versteckte Klappe aus dem Boden und zog einen Baseballschläger aus den ungeahnten Tiefen seines Hecks. Geübt schwang er ihn durch die Luft, dann drückte er das harte Holz stolz Tom in die Hände.

»Für die Georgier!«, sagte er auf Russisch, dann stieg er in sein Auto, und mit quietschenden Reifen bog er aus der Tankstelle.

An der georgischen Grenze jedoch hatten wir kein Glück. Gut eine Stunde später standen wir vor dem diensthabenden Grenzbeamten, der unnachgiebig den Kopf schüttelte. Er verwehrte uns den Zutritt zu dem schmalen Durchgang hinter ihm, der zwischen hohen Felsen, die sich zu beiden Seiten erstreckten, die immer noch verfeindeten Länder miteinander verband.

»*Opasnyj*«, sagte er, zu gefährlich. Ohne eine Genehmigung aus Moskau hatten wir keine Chance, und resigniert wendeten wir unseren Laster und fuhren zurück in die russischen Wälder.

Noch am selben Tag machten wir uns auf den Weg nach Sotchi. Fred war inzwischen so gut wie neu. Obwohl die Spritzen zu einer einzigen Tortur geworden waren, weil er sich wehrte und keine Sekunde stillhielt, sprang er um den Laster wie ein junger Welpe. Die Schifffahrt über eineinhalb Tage würde er schon überstehen.

Die Fähre hatte am Ufer geankert, ein kleiner Hund mit Mäntelchen und rosa Plüschschuhen hüpfte vor uns über den Kai, während wir die letzten Zollpapiere ausfüllten. Erwartungsvoll stand Emma mit ihrem großen Stofftiger im Arm vor der Passkontrolle und schob ein gebasteltes Heftchen durch den schmalen Schlitz unter der Scheibe.

»Mein Tiger braucht auch einen Ausreisestempel, sonst lassen sie ihn nicht in die Türkei.«

Ein Lächeln zog sich über das gerade noch so ernste Gesicht der Beamtin, dann zückte sie ihren Kugelschreiber und setzte ihr Zeichen direkt unter den gelb-schwarz gezeichneten Kopf.

»*Odschen karascho!*«, sagte sie – sehr schön.

Emma grabschte nach dem kleinen Heftchen und strahlte. Sie tippte auf die krakelige Unterschrift und sprang durch die letzte Schranke, während wir noch auf unsere Pässe warteten.

»Siehst du, Mama, jetzt können wir fahren.« Erst vor dem riesigen Bauch des Schiffes blieb sie stehen.

Fest verzurrt stand unser Laster bereits im stählernen Rumpf, dicke Spanngurte spannten sich um die schwarzen Reifen und hielten ihn sicher auf seinem Platz.

Gemeinsam liefen wir über die hölzerne Brücke, und noch immer konnte ich kaum glauben, dass wir morgen schon wieder in der Türkei sein sollten. Türkei ... ich grübelte. Im März hatten wir Fatime getroffen, jetzt war es Anfang November, über sieben Monate waren wir schon unterwegs.

Die Motoren starteten, und der Boden unter meinen Füßen begann sanft zu vibrieren, ich seufzte, während Tom seinen Arm um mich legte.

Die Zeit war viel zu schnell vergangen, und so viel war passiert. Ich dachte an die russischen Krankenschwestern, an Nikolai, die wunderschönen sibirischen Holzhäuschen, die blühenden Gärten, aber auch an die Polizei und die endlosen Kontrollen.

Wellen schlugen gegen das Boot. Weiter und weiter entfernten wir uns vom Ufer, und die Umrisse von Sotchi verschwanden langsam hinter einem weißen Nebel aus Gischt.

Etappe 8: Türkei, November 2010 bis März 2011

Karatas oder eine geplante Hochzeit

Von Trabzon aus waren wir schnellstmöglich in Richtung Süden gefahren, und nur vier Wochen nach unserer Ankunft am Schwarzen Meer hatten wir unser Winterlager genau an der gegenüberliegenden Küste der Türkei aufgeschlagen. Am Strand von Karatas, das in der Nähe von Adana am Mittelmeer gelegen ist, verbrachten wir unser erstes Weihnachten und Silvester.

Drei Monate hatten wir geplant zu bleiben, und schon nach den ersten vier Wochen fühlten wir uns ganz wie zu Hause. Wir zapften Strom von einer Straßenlaterne, fließendes Wasser aus einer durch den Sand verlegten Leitung, und zu allem Überfluss gab es ein halb verfallenes Klohäuschen.

Es war warm, das Thermometer zeigte trotz der winterlichen Jahreszeit über zwanzig Grad, und ich räkelte mich in der Sonne, während die Kinder über den Strand liefen.

In zwei Monaten, am ersten März, genau ein Jahr nach Beginn unserer Reise, wollten wir Karatas wieder verlassen. Eine Unruhe hatte sich in uns breitgemacht, schon seit Tagen hatten wir Karten gewälzt und mögliche neue Ziele und Routen durchgespielt, noch jedoch waren wir uns nicht einig geworden.

Wir konnten über Syrien und Jordanien nach Afrika reisen, konnten zurück in den Iran oder nach Griechenland, vielleicht sogar mit der Fähre bis ins weit entfernte Kanada. Nachdenklich griff ich nach einem GEO-Magazin, das neben mir im Sand lag, und blätterte in den bebilderten Seiten. Wale streckten ihre Köpfe aus dem Wasser, riesige Schwanzflossen ragten aus den Wellen hervor, daneben Kinder in Booten ... Mexiko, warum nicht?

Das Krachen von Zweigen riss mich aus meinen Gedanken, ein Kopf tauchte zwischen den grünen Blättern auf, und ein beleibter Mann kam mit festen Schritten auf uns zugelaufen. Tom, der etwas abseits in einem Buch schmökerte hob überrascht den Kopf.

»*Merhaba!*« Ein freundliches Lächeln huschte über die feisten Züge unseres Besuchers, schnell stellte er einen gefüllten Teller vor uns auf den Tisch. Knusprige Hähnchenschenkel lagen ordentlich in Reih und Glied, daneben einige Zitronenscheiben und frische Kräuter.

»*For you, maybe you come for tea?*« Erwartungsvoll strich er über sein weites Hemd und blickte Tom fragend an, der mit gerunzelter Stirn einen Finger zwischen die Seiten seines Buches klemmte. Dann zeigte der Mann hinter sich in die Bäume.

»*Me and my friends, come and see!*« Seine weißen Zähne blitzten. »*We are cooking tea.*«

Anhand des unfreiwilligen Reimes huschte ein Lächeln über Toms Gesicht, er rappelte sich vom Boden auf und schüttelte dem Fremden die Hand.

»Danke für die Einladung, wir kommen gerne.« Er stellte sein Buch zurück ins Regal, schob den Teller mit dem Hühnerfleisch in den Kühlschrank, und gerade als er die Tür des Lasters schloss, hörte ich Kinderlachen und Schritte. Unsere Töchter kamen durch den Sand gelaufen. Sarah trug Paula auf dem Arm, während Emma neben ihr über den warmen Boden hüpfte. Neugierig blickten sie auf den dicklichen Mann, hinter dem wir uns nur wenige Minuten später durch das dichte Blattwerk zwängten. Türkische Stimmen drangen zu uns, die Luft war geschwängert von heißem Rauch und dem Duft nach gebratenem Fleisch, der nicht nur uns das Wasser in den Mund trieb; immer wieder sah ich die huschenden Silhouetten von dürren Hunden zwischen den Sträuchern.

Es war schattig und kühl zwischen den Bäumen, der ausgetretene Pfad, über den wir liefen, endete an den verfallenen Mauern eines alten Hauses, vor dem sich die Wipfel der Bäume zu einem atemberaubenden Panorama über das Mittelmeer öffneten. Davor stand ein qualmender Samowar, dessen Füßchen sich in die bemooste Oberfläche der flachen Steine einer halbhohen Mauer drückten. Durch die Luftlöcher der kleinen Ofentür leuchtete hellrote Glut, das Wasser darüber brodelte leise.

»*Merhaba!*« Zwei Männer kamen uns strahlend entgegen und schüttelten unsere Hände, dampfender Tee floss in die zierlichen Gläser, der weiße Zucker auf dem Boden färbte sich dunkelbraun.

Der Englisch sprechende Dicke ergriff nach dem ersten Schlückchen wieder das Wort.

»Woher kommen Sie ... Deutschland?«

Tom nickte.

»Wie gefällt es Ihnen in der Türkei?«

»Wunderbar, ein Land, in dem ich leben könnte.«

Schlürfend nippten alle an dem heißen Tee, während einer der Männer, Ismail, Haselnüsse für die Mädchen knackte. Schale um Schale zersprang zwischen einer kleinen Zange, und unsere Töchter ließen sich die weißlichen Früchte schmecken. Ismail lächelte, strich sich mit schmalen gepflegten Fingern über seine kurz geschorenen Haare, dann begann er eindringlich zu sprechen, und Oman, der Dicke übersetzte.

»Ich habe zwei Söhne in ungefähr demselben Alter.« Ismail warf mit leuchtenden Augen einen Blick auf Emma und Paula. »Das wäre eine gute Partie! Was halten Sie von einer Hochzeit?«

»Hochzeit?« Verblüfft warfen Tom und ich uns einen Blick zu und mussten unwillkürlich grinsen.

»Emma ist gerade mal vier und Paula zwei, das ist vielleicht doch noch ein bisschen früh.«

»Natürlich!« Ismail strahlte uns an. »Aber in ein paar Jahren ...«

Dann hielt er Tom die geöffnete Handfläche entgegen, als warte er auf einen Zuschlag, doch Tom hob abwehrend die Hände.

»Nein, nein, so läuft das nicht!« Ein leichtes Lächeln zog über sein Gesicht, und scherzend sprach er weiter: »Also, erst einmal muss man die Kandidaten ja gesehen haben, oder?«

Zustimmendes Gemurmel machte sich breit, dann senkten die drei Freunde nachdenklich die Köpfe, Gläser klirrten, ein leises Schlürfen und das Knacken der harten Schalen waren lange Zeit die einzigen Geräusche, nur ein Wort fiel noch in die Stille des Waldes.

»*Evet.*« Der Schwiegervater in spe nickte mit Nachdruck: »*Evet*« – Ja. Und schon eine halbe Stunde später hatten wir die ganze Geschichte vergessen.

Früh am nächsten Morgen jedoch sah ich ein Auto auf unseren Laster zurollen. Der silbrig glänzende Lack reflektierte die Sonne so stark, dass es mir in den Augen schmerzte, und erst spät konnte ich die Insassen erkennen. Breit leuchtete ein Lächeln auf dem Gesicht des Fahrers, dahinter die dunklen Haarschöpfe von zwei Kindern. Es war Ismail mit seinen Söhnen ...

Nun, Ismail blieb nicht lange.

Eine halbe Stunde schon nach seiner Ankunft schob er seine Söhne gereizt zurück ins Auto, dann schwang er sich hinters Steuer.

Er winkte knapp, Sand spritzte, dann rumpelte das kleine Auto in Richtung Stadt. Ismail war sauer.

»Sind meine Söhne nicht gut genug?« Er hatte seinen Freund Oman zum Übersetzen mitgebracht.

»Du hast wunderbare Söhne, darum geht es gar nicht!« Tom schüttelte vehement den Kopf. »Aber ich kann doch nicht über unsere Töchter bestimmen.«

Er hatte ein Versprechen gewollt, ein Versprechen, das wir ihm nicht geben konnten.

»Eine bessere Partie werdet ihr hier nicht machen können!« Mit einer zornigen Falte auf der Stirn war er kurz darauf ins Auto gestiegen und wieder in Richtung Karatas verschwunden.

Ich sah den langen Strand hinunter, die Wellen rauschten, und weit draußen konnte ich ein kleines Boot erkennen. Aus einer Moschee in der Nähe klangen die Gesänge des Muezzins, und erst jetzt fiel mir auf, wie sehr ich die blechernen Stimmen in Russland vermisst hatte. Lächelnd betrachtete ich die kleine Paula, die im Eingang des Lasters kniete und ihren Kopf im gespielten Gebet auf den Boden drückte. Ich konnte Ismail ja verstehen ..., und ich hoffte, er würde nicht länger böse sein.

Tom stopfte eine Handvoll Kieferzapfen in unseren kleinen Samowar, den wir letzte Woche auf dem Basar erstanden hatten, knisternd fraßen die Flammen sich in die harzigen Knollen.

»Wohin geht's jetzt weiter?« Ich zupfte an einer ausgebleichten Haarsträhne, während Tom gedankenverloren in der Glut stocherte, dann zuckte er mit den Schultern.

»Ich würde sagen Kanada!«

Ich lächelte. »Grüne Wälder, kalte Flüsse, Schnee und wilde Bären? Das könnte mir gefallen!«

»Vergiss die Wölfe nicht!«

Ich kicherte, dann wurde ich wieder ernst und tippte auf die Karte, die wir außen auf unseren Laster geklebt hatten. Mit dem Finger fuhr ich die Westküste entlang und zog das zerknitterte GEO-Heft auf meinen Schoß.

»Danach fahren wir über die USA nach Mexiko. Hier ...« Ich tippte auf das Bild eines riesigen Wales, »... in einer Bucht an der Baja California sollen die Grauwale ihre Babys bekommen.«

Tom nickte.

Lachend buddelten die Kleinen im Sand, Sarah kam durch den Wald gelaufen, in der Hand eine Dose Cola aus dem Fischrestaurant um die Ecke, vier der wilden Strandhunde sprangen wedelnd um ihre Füße, und ein halbwüchsiger Junge verbarg sich errötend hinter einem buschigen Ast. Noch hatten wir keine Eile. Ein Mann kam über den Strand gelaufen, in der Hand eine Flasche Schnaps und ein unsicheres Lächeln auf dem zerknirscht wirkenden Gesicht, das ich schon von Weitem erkannte. Während Ismail die freie Hand zum Gruß hob, begann ich zu lächeln. Hier würden wir es gut noch eine Zeit lang aushalten!

Yol bozuk – Es gibt zwar keine Straße mehr, dafür aber einen Hund

Einige Wochen später kniete Abdurrahim, unser Freund aus Adana, vor einem kleinen Lagerfeuer und grillte frische Hähnchenschenkel mit Oregano. Der würzige Duft ließ mir das Wasser im Mund zusammenlaufen.

»*When will you go?*« Seine Stimme hatte einen traurigen Klang angenommen, in den letzten Wochen waren wir uns gegenseitig sehr ans Herz gewachsen.

»*Tomorrow!*« Tom hatte sich neben ihn auf den Boden gesetzt und reichte ihm ein Glas mit schwarzem Tee.

Jedes Wochenende hatte Abdurrahim uns am Strand besucht, hatte uns mit seinen türkischen Leibspeisen bekocht und meinen Zwetschgendatschi gekostet.

Der Abschied fiel uns allen schwer – morgen schon wollten wir fahren.

In Adana hatten wir ihn zum ersten Mal getroffen. Zusammen mit seiner Schreibmaschine saß er in der Fußgängerzone und schrieb für ein paar türkische Lira offizielle Briefe im Auftrag von Menschen, die weder gut lesen und schreiben konnten noch Papier und Stift geschweige denn eine Schreibmaschine besaßen. Jedes Wochenende kam er nach Karatas zum Angeln.

Abdurrahim reichte jedem eine Hähnchenkeule, und genüsslich knabberten wir an dem knusprigen Fleisch.

Den ganzen Tag über hatten wir unsere Sachen gepackt, hatten die Fahrräder auf dem Dachträger gezurrt, das Bobby-Car und das Laufrad verstaut und noch einmal unsere Wasservorräte gefüllt. Morgen mussten wir nur noch fahren. Über Griechenland und den Balkan zurück nach Deutschland, von dort Anfang Juni nach Kanada. Die Fähre war gebucht, unser Flug, das Hotel für die ersten Tage. Aufgekratzt sprangen die Mädchen ums Feuer, während Abdurrahim melancholisch aufs Meer blickte.

Er hatte mit uns kommen wollen, mit uns bis nach Deutschland und von dort mit dem Flieger zurück nach Adana, doch die Einreisebestimmungen konnte er nicht erfüllen. Er hatte keinen Arbeitgeber, keine Gehaltsschecks, kein Bankkonto mit regelmäßigen Eingängen.

Langsam erhob er sich vom Feuer, klopfte den Sand von seinem langen Mantel und drückte uns ein letztes Mal an sich.

»Wir kommen wieder!« Tom lächelte. »Vielleicht nicht gleich, aber sicher bald!«

Schwarze Wolken drifteten über das Meer, während Abdurrahim über den Strand stapfte. Schritt für Schritt entfernte er sich, wurde kleiner und kleiner, bis nur noch die Abdrücke zu sehen waren, die sich in weiter Ferne verloren. Dann fielen die ersten Tropfen.

Ein Donner grollte über dem Meer, schwarz und unnachgiebig rollte die Wetterfront auf uns zu und schüttelte den Laster. Sturzflutartig rauschten die Wassermassen zu Boden, die streunenden Welpen hatten sich unter unseren Laster in Sicherheit gebracht, während die ersten Blitze zuckten.

Zusammen hatten wir uns um den kleinen Tisch im Laster geschart und schmiedeten die ersten Pläne für unseren Kurzbesuch in Deutschland. Die drei Wochen, in denen der Laster verschifft wurde, wollten wir bei Toms Eltern verbringen.

»Weißt du, Mama, was ich mir als Erstes kaufe, wenn wir wieder in Deutschland sind?«

Sarah hatte ein Kaugummi im Mund und schaute strahlend in das rauschende Wasser, während ich mit einem fragenden Blick eine Tasse unter die tropfende Fensterbank schob.

»Eine BRAVO!« Aufgeregt fingerte sie an ihrer Haarspange und klippte eine blonde Strähne hinter die Ohren. »Und dann gehe ich zum Frisör!«

Ich lächelte. Während ich mich hauptsächlich auf Vollkornbrot und Brezen freute, hatten die Mädels ganz andere Bedürfnisse, nur Paula, die sich an die Zeit vor dem Laster kaum erinnern konnte, blickte skeptisch in die Runde.

Eine Windböe rüttelte am Mercedes, der Donner knallte ohrenbetäubend durch die Nacht, und die dünnen Scheiben vibrierten scheppernd im metallenen Rahmen. Tom knipste das Licht aus und zog die Decken über die aufgeregten Mädchen. Gleich nach dem Frühstück wollten wir fahren.

Als ich am nächsten Morgen aus dem Fenster blickte, war die Straße verschwunden.

Die komplette Ausfahrt, über die wir vom Strand in die Stadt gelangen sollten, war weggespült, versunken in den Massen des blauen Wassers, das die verlassenen Hütten der Fischer geflutet hatte und rauschend über den gelben Sand schwappte. An eine Abfahrt war gar nicht mehr zu denken. Wir standen zwar auf einer winzigen Anhöhe, sodass das Wasser immerhin nicht direkt um unsere Reifen plätscherte, aber uns war der Weg abgeschnitten, da hinter uns ein für den Laster undurchdringliches Waldstück lag.

Zu Fuß machten wir uns auf den Weg in die Stadt. Dort, so hofften wir, konnten wir die Stadtverwaltung davon überzeugen, die Ausfahrt für uns wieder fahrbar zu machen. Schließlich war die Fähre gebucht, zu viel Zeit durften wir nicht verlieren.

Schlamm zog sich durch die Straßen, knöcheltief hatte das Unwetter den Boden durchweicht, unbeeindruckt und mit hochgekrempelten Hosen schlurften die Bewohner von Karatas durch den schmierigen Schmodder. Mehrere Hähne krähten, streckten ihre Hälse aus einem fahrbaren Gitterwagen, daneben saß ein gebeugter Schuster über einem Paar ausgefranster Schlappen. Am Ende der Hauptstraße fanden wir das Rathaus. Schlammbespritzt und mit verklebten Schuhen drängten wir uns durch die schwingende Tür.

»*Yol bozuk!*« Straße kaputt. Der Mann, der uns gegenüber saß, lächelte freundlich, doch in seinen Augen wuchs das Unverständnis. Zum dritten Mal schon hatten wir versucht, ihm unser Anliegen vorzutragen, doch das Vokabular in unserem Wörterbuch war weder für kaputte Straßen noch für Unwetter oder gar für zu reparierende Straßenbeläge gedacht.

»*We want to drive.*« Tom versuchte es auf Englisch. »*But the street is broken!*«

»*Efendim?*« Wie bitte.

»*Yol bozuk!*« Straße kaputt.

»*Ne zamandan beri?*« Seit wann. Tom blätterte in unserem Wörterbuch, und eine leichte Hoffnung keimte auf.

»*Dün.*« Gestern, sagte er, und der Mann kratzte sich unter seinem dunklen Schnurrbart.

»*Anlamiyorum.*« Ich verstehe nicht ... Wieder schüttelte er den Kopf, und enttäuscht begannen wir noch einmal von vorne. Nach der dritten Tasse Tee endlich erhob er sich schwerfällig aus seinem Sessel und winkte uns, mitzukommen.

Ein Kleinlaster des Straßenbaus brachte uns zur weggespülten Ausfahrt, der Fahrer und der Mann aus dem Rathaus betrachteten eine Zeit lang stumm das Ausmaß der Verwüstung. Einsam und verlassen leuchtete der Laster vom entfernten Strand, und endlich schien er verstanden zu haben.

»*Yarin ... iyi!*« Zwei Wörter rief er aus der heruntergekurbelten Scheibe: Morgen gut, bevor sein Begleiter aufs Gaspedal drückte und sie hinter der nächsten Häuserreihe verschwanden.

»Morgen?« Ich runzelte die Stirn und betrachtete das riesige weggebrochene Stück des Weges, unter dem das Wasser des Mittelmeeres schwappte. »Der meint doch nicht wirklich, dass das morgen repariert ist?«

Tom zuckte mit den Schultern, während die Kinder um die letzten verbliebenen ausgespülten Fahrspuren balancierten. »Wir werden sehen!«

Am selben Nachmittag noch kamen die Bagger. Mit einem schmatzenden Geräusch zog ich gerade den Kochlöffel aus dem großen gusseisernen Topf, in dem eine Mischung aus Reis, Nudeln und Couscous köchelte, als die schweren Gefährte begannen, sich durch das Erdreich zu wühlen. Schaufel um Schaufel füllten sie die Löcher, die das Wasser in die kleine Straße gefressen hatte, immer flacher wurden die tiefen Krater, und zum ersten Mal schien das Versprechen realistisch. Bis morgen konnten sie es schaffen.

Ich griff nach dem Schöpflöffel und konzentrierte mich wieder auf meine Aufgabe, ein Stapel Plastiknäpfe wartete darauf, gefüllt zu werden, sechs bettelnde Augenpaare hingen an jeder meiner Bewegungen. Vor über zwei Wochen hatten wir angefangen, die halb verhungerten Strandhunde zu füttern, jeden Tag kochte ich einen Brei aus den billigsten Lebensmitteln.

Schöpfer für Schöpfer klatschten die Kinder in die großen Näpfe, verteilten eine Tüte frische Gockelhälse vom Metzger auf den gelblichen Bergen, dann stellten wir zusammen die Näpfe auf den Boden. Gierig rammten sich Schnauzen in den Brei, gefletschte Zähne und lautes Knurren, Fred, der das selbst gekochte Futter zutiefst verabscheute, hielt sich in sicherer Entfernung. Nacheinander musterte ich die struppigen Felle, jeder Welpe hatte von den Kindern einen Namen bekommen. Da waren Groß- und Klein-Rüdi, das moppelige Knödelchen und die dürre Laika, Luzi, der Schrecken der Straße, und natürlich Mutti, das bereits erneut trächtige Oberhaupt der Familie. Was würden die Kleinen nur ohne unser Futter anstellen?

Besorgt fiel mein Blick auf die magere Laika, besonders sie bereitete mir Sorgen. Spitz ragten die Knochen aus dem struppigen Fell, und obwohl sie mir schon bis übers Knie reichte, konnte ich sie problemlos mit einer Hand in die

Höhe heben. Als schwächstes Mitglied der kleinen Familie hatte sie schlechte Chancen zu überleben, das wusste ich. Ängstlich spurtete sie hinter meine Beine, als einer der Rüden sich ihrem Futternapf näherte, ihre braunen Augen blickten traurig aus dem knochigen Kopf. Sanft kraulte ich ihre großen Ohren.

»Wir nehmen dich mit!« Kurz entschlossen flüsterte ich ihr die Worte ins Ohr, und Tom warf mir einen überraschten Blick zu. »Wir nehmen dich mit, ich lass dich nicht verhungern, das verspreche ich dir!«

Begeistert hüpften die Kinder um meine Beine, und auch Laika schien jedes Wort verstanden zu haben. Sie, die sonst immer weit entfernt in einer Höhle unter einem Müllberg gehaust hatte, ließ sich zum ersten Mal vor unserer Leiter in den aufgeweichten Sand gleiten. Aufmerksam musterte sie die Umgebung, dann rollte sie sich zu einer Kugel zusammen, und nur Minuten später war sie tief und fest eingeschlafen.

Etappe 9: Deutschland, April bis Anfang Juni 2011

Wo ein Wille ist ...

»Laika!« Ein Schatten flog an mir vorbei, und ich brüllte noch lauter.

»Laikaaaaaaaaaaaaaaaaaaaaaa! Komm her, Laika, hör sofort auf!«

Wütendes Gebell klang von der Straße, zähnefletschend und knurrend stand Laika unter einem halbhohen Baum.

»Du spinnst wohl!« Betreten starrte ich den Stamm nach oben, zwei Füße und ein abgelaufenes Paar Joggingschuhe baumelten vor meiner Nase.

»Es tut mir so leid, *I am so sorry!*« Ich griff nach dem eng geschnallten Halsband und sah zu dem jungen Mann, der ein Stück über mir auf einem Ast saß und mit panisch geweiteten Augen auf unsere türkische Bestie blickte.

»*She is only afraid!*« Noch während ich sprach, kam ich mir lächerlich vor, schon immer waren mir nicht gehorchende, aggressive Hunde und deren Besitzer ein Greuel gewesen, vor allem die ganzen dummen Ausreden konnte ich nicht leiden. Ich zog Laika vom Baum zum Laster und klippte den Verschluss der Kette um ihr Halsband.

In der letzten Woche hatte sie eine Gruppe Militärpolizisten samt ihrer Maschinengewehre in die Flucht geschlagen, hatte einem Campingplatzbesitzer fast zu einem Herzinfarkt verholfen und jedes Auto verfolgt, das uns näher als fünfzig Meter gekommen war. Jetzt auch noch der Jogger! Ich schüttelte den Kopf ... auf was hatte ich mich da nur eingelassen!

Kleine Äste krachten, langsam und den Blick stetig auf unsere Hunde gerichtet kletterte der junge Mann vom Baum, strich sich die halblangen Haare hinter die Ohren und wandte sich dann etwas verschüchtert an mich.

»*Please, keep the dog leashed ... I come back ... in half an hour!*«

Die letzten Wochen waren wir von Griechenland aus über Mazedonien, Serbien, Kroatien, Ungarn und Österreich nach Tschechien gefahren, jetzt endlich waren wir kurz vor der deutschen Grenze.

Ich nickte dem Jogger noch einmal zu, froh, an einen so verständigen Mann geraten zu sein, und warf Laika einen strengen Blick zu, bevor ich sie zurück in den Laster schob. Heute noch wollten wir die letzten Meter hinter uns bringen, und besorgt musterte ich die ängstlichen Augen unseres neuen Hundes. Wie sie die enge Wohnsiedlung in Deutschland verkraften sollte, konnte ich mir momentan beim besten Willen nicht vorstellen.

Nur zwei Stunden später rollten wir durch die schmale Straße von Wernberg-Köblitz, dem in der Nähe von Waidhaus gelegenen Wohnort von Toms Eltern. Neugierig musterte ich die altbekannte Gegend. Alles sah aus, wie ich es in Erinnerung hatte, und trotzdem kam es mir plötzlich eigentümlich und fremd vor.

Die abgrenzenden Zäune, die gepflegten Gärten, die leuchtenden Zierbrunnen und Gartenzwerge, das sauber gestapelte Holz und der teppichartige Rasen. Von Asien war ich etwas ganz anderes gewohnt.

Direkt vor einem Zaun mit kleinen bunten Glaseinfassungen kamen wir zum Stehen. Zwei metallene Vögel saßen nebeneinander auf dem abschließenden Flacheisen, ein Frosch quakte laut aus dem hinter kniehohem Schilfgras verborgenen Teich.

Vierzehn Monate nur waren vergangen, und doch kam es mir vor, als wäre ich Jahre weg gewesen. Kirchenglocken läuteten, eine Welle der Sehnsucht ergriff mich, jetzt erst merkte ich, wie sehr mir Asien ans Herz gewachsen war. Der orientalische Trubel, die Basare, die Trauben Tee trinkender Männer, die bunt gekleideten Frauen und die vielen Kinder. Ich blickte in die wie ausgestorben wirkenden Gärten, die leeren Grillplätze hinter den halbhohen Hecken, den ungenützten Rasen, bis ich ein großes Banner entdeckte. Bunte Luftballons umrahmten den rot gezeichneten Schriftzug.

»HERZLICH WILLKOMMEN« stand in dicken Buchstaben auf ein ausgemustertes Bettlaken geschrieben, darunter die strahlenden Gesichter von Oma und Opa, die durch den zugewachsenen Garten auf uns zuliefen.

Der Duft nach Kaffee und frisch gebackenem Kuchen wehte zu uns herüber, und das Lachen der Kinder schallte durch die Luft, bevor sie ihren Großeltern in die Arme flogen.

Die nächsten Tage vergingen wie im Flug. Paula und Emma redeten fast ununterbrochen, während Sarah beim Frisör und ihren Freundinnen verschwand. Zwischen regelrechten Badeorgien und Bergen frisch gewaschener Wäsche schlemmten wir Wiener Schnitzel, Weißwürste und frisch gebackenen Kuchen.

Erst nach knapp einer Woche spazierten wir das erste Mal auf den nur um die Ecke gelegenen Spielplatz, und nach dem genuschelten »Grüß Gott« eines kleinen Jungen waren die Mädels regelrecht aus dem Häuschen. »Die sprechen ja alle Deutsch!« Mit offenem Mund stand Emma vor den vielen Kindern, drängte sich kurz darauf in eine hölzerne Lokomotive und begann lauthals zu brüllen.

»Tut, Tuuuut, alles einsteigen, wir fahren nach Russland.« Und während sich Paula noch hinter meinen Beinen versteckte, pirschte sich die Lokomotivführerin durch die wilden Wälder Sibiriens, eine Gruppe begeisterter Gesichter hatte sich hinter ihr eingefunden. »Vorsichtig, hier gibt es Bären und Wölfe ... und natürlich sibirische Tiger!«

Ein paar Tage später stand ich einer jungen Frau mit einem Baby auf dem Arm gegenüber und musterte sie skeptisch, während sie meine Frage mit einem heftigen Nicken beantwortete.

»Natürlich habe ich Hundeerfahrung, erst letztes Jahr hatte ich mir einen Welpen geholt, aber der ist mir zu groß geworden.«

Langsam kniete sie sich vor Laika auf den Boden und begann säuselnd zu sprechen: »Na, meine Süße, wir werden uns schon aneinander gewöhnen!« Teilnahmslos saß Laika hinter meinen Füßen und beachtete die Frau mit keinem Blick.

»Sie haben einen Garten?«

»Keinen eigenen, aber ich darf einen mitbenutzen!«

»Und wie haben Sie sich das mit dem Hund vorgestellt?«

Ich hatte eine Annonce in der Zeitung aufgegeben »Straßenhund sucht neues Zuhause«, auf die sich einige Leute gemeldet hatten, doch keiner davon war der Richtige gewesen.

Da war eine alte Frau gewesen, die einen Begleiter für die einsamen Tage suchte, ein Bauernhofbesitzer ohne Wachhund und jetzt die junge Mutter. Das kleine Baby auf ihrem Arm begann leise zu weinen.

»Sie bekommt natürlich ein eigenes Zimmer!«

Nachdrücklich schob ich die junge Mutter zurück in ihr Auto, während Laika an der Gartenpforte auf mich wartete.

»Tut mir leid. Ich glaube, ich hab es mir anders überlegt, wir werden den Hund behalten.«

Tagelang hatte ich versucht, einen geeigneten Platz für Laika zu finden, den Flug nach Kanada wollte ich dem jungen Hund nicht zumuten, doch Erfolg hatte ich keinen gehabt. Eine Dame der Tiervermittlung für Straßenhunde hatte nur entsetzt mit dem Kopf geschüttelt.

»Das ist ein Akbash«, hatte sie mir eröffnet, »ein türkischer Herdenschutzhund, der lässt sich unmöglich vermitteln.« Ich sollte mich doch einmal über diese Rasse informieren, hatte sie mir noch empfohlen, bevor sie mich aus der Leitung drückte.

Ich hatte nicht lange suchen müssen: Ein Bild, Laika wie aus dem Gesicht geschnitten, begrüßte mich auf einer Informationsseite der anatolischen Hirtenhunde.

»AKBASH, Geschichte: Seit vielen Jahrhunderten werden in der Türkei Herdenschutzhunde zum Schutz der Schafherden gegen Beutegreifer eingesetzt. Hierfür werden wehrhafte, mutige Hunde benötigt, die die notwendigen körperlichen Voraussetzungen, d.h. eine bestimmte Größe und Dynamik sowie Beweglichkeit mitbringen. Diese Hunde mussten eine gewisse Unabhängigkeit und große Intelligenz aufweisen, um selbstständig und ohne menschliche Anweisung bei den Herden zu bleiben, mit ihnen zu leben und sie zu beschützen.«

Das hörte sich doch alles gar nicht schlecht an. Warum sie von einer unmöglichen Vermittlung gesprochen hatte, war mir mehr als unklar, und ich richtete mein Augenmerk auf den nächsten Abschnitt.

»Der Zweck, für den der Akbash ursprünglich gezüchtet wurde, prägt natürlich die äußere Erscheinung wie auch das Wesen der Tiere.

Wie schon erwähnt, muss ein Hund, der nicht zum Schutzdienst erzogen wird, sondern dies aus genetisch gefestigter Veranlagung tut, ein großes Maß an Selbstständigkeit und Unabhängigkeit, gerade dem Menschen gegenüber, mitbringen. Dies macht eine Erziehung zum Begleit- und Familienhund nicht unproblematisch, da die Hunde nicht das Bedürfnis mitbringen, unbedingt gefallen zu wollen. Doch natürlich ist es unter geduldiger und konsequenter Führung eines erfahrenen Hundehalters möglich, einen Akbash zu einem relativ sicheren und sozial verträglichen Begleithund auszubilden. Ein gewisses Maß an Unberechenbarkeit sollte man jedoch immer einkalkulieren bei einem Hund, der dazu gezüchtet wurde, selbst zu entscheiden. Akbash sind Arbeitshunde, die eine Aufgabe benötigen, die sie erfüllen dürfen, und sind mit ›konventionellen‹ Familienhunden nicht zu vergleichen. Viele Aussagen und Tipps in herkömmlichen Hunderatgebern sind auf den Akbash NICHT anwendbar.«

Der Text war noch lange nicht zu Ende. Ich las von problematischem Bezugspersonenwechsel, von Reaktionsschnelligkeit und unbedingt ausreichend gesicherten Zäunen, kopfschüttelnd betrachtete ich unseren weißlichen Welpen, der mir mit schief gelegtem Kopf und wedelndem

Schwanz entgegenstarrte und gelangweilt an seiner Leine knabberte. Laika hatte sich für uns entschieden, und wenn ich ehrlich war, hatte auch ich sie schon lange in mein Herz geschlossen.

Noch am selben Nachmittag tippte ich den Namen unserer Fluglinie ins Internet und suchte nach unseren Buchungen. Zwei Erwachsene, drei Kinder und zwei Hunde – noch hatten wir nicht angegeben, um welche Rassen es sich handelte.

Nachdem ich den kleinen Zusatz am Ende der Seite wahrgenommen hatte (»Kampfhunde jeglicher Art und anatolische Herdenschutzhunde werden von unserer Fluglinie nicht befördert.«), ließ ich den Akbash unter den Tisch fallen und tippte »Golden Retriever-Schäferhund-Mix« in die entsprechende Spalte ein. Damit würde es sicher keine Probleme geben.

Laika war also mit von der Partie. Aber einige Tage später sollte sich herausstellen, dass die Besetzung unserer kleinen familiären Reisegruppe noch keinesfalls feststand.

»Ich bleib da, Mama, ich fahr nicht mehr mit!«

Mir blieb fast das Frühstücksei im Halse stecken, ich musste vor Schreck husten.

»Ich will wieder auf die Schule gehen, und mit Papa habe ich schon gesprochen!«

Die letzten Tage hatte Sarah bei ihrem leiblichen Vater verbracht, erst heute Morgen war sie zurückgekommen.

»So, hast du? Und was sagt er dazu?«

»Ich kann bei ihm bleiben, ein Zimmer hab ich ja schon!«

Auch die ersten fünf Monate, in denen wir uns bereits auf den Weg in die Mongolei gemacht hatten und sie noch zur Schule gegangen war, hatte sie bei ihrem Vater verbracht, noch einmal würde ich sie nur ungern zurücklassen.

»Hast du dir das auch gut überlegt?« Tom sah Sarah fragend an.

»Ja, hab ich, nächste Woche kann ich mich an einer Kinderpflegeschule anmelden!«

Während sie genüsslich in ihr Marmeladenbrot biss, sah sie uns strahlend an.

»Ich schreib euch auch wieder E-Mails!«

Überrumpelt starrte ich auf mein Marmeladenbrot, ich hatte keine Wahl, und das wusste ich. Mit einem leicht flauen Gefühl im Magen sah ich sie schon am späten Nachmittag ihre Sachen packen. Heute noch würde sie umziehen, zielstrebig stopfte sie Klamotten, iPod, Bücher und Schminksachen in ihren großen Rucksack.

Ich sah sie im Bikini unter einem Kanister lauwarmen Wasser duschen, erinnerte mich, wie sie kilometerweit durch die Wüste Gobi gestiefelt war, um einen versteckten Platz zum Pinkeln zu finden, und langsam konnte ich sie verstehen. Neun Monate hatte sie uns begleitet, hatte auf jeglichen Luxus verzichtet, hatte zehn Quadratmeter mit Eltern, kleinen Geschwistern und zwei Hunden geteilt.

Ein letztes Mal schloss ich sie in meine Arme, sah kurz darauf ihre langen Haare auf dem Beifahrersitz ihres Vaters verschwinden und seufzte, während Tom den Arm um mich legte und mich in Richtung Laster zog.

»Dann krieg ich aber jetzt Sarahs Bett!« Emma lachte begeistert, und noch während wir zurück in den Garten schlenderten, zog sie ein zusammengefaltetes Poster aus ihrer Tasche. Ein roter Drache stürzte sich angriffslustig auf ein Piratenschiff, eine Feuerzunge schoss aus seinem gefährlich aufgerissenen Maul. Sie griff nach einer Schachtel mit Reisnägeln, kletterte in den Laster und pinnte das Poster an die Wand neben ihrem neuen Bett.

»Ab heute Nacht schlafe ich alleine«, verkündete sie stolz. »Ich bin ja schon fast fünf Jahre alt!«

Wenn die kleinen Krabbeltiere kommen

Tom lag unter dem Laster und schrubbte. Schmieriges Öl, Wüstensand, Dreck und Fett klebten in einer dicken Schicht unter dem Boden. Mit einem Spachtel, einem Kübel heißem Wasser und einem alten Schwamm scheuerte er über das schmierige Metall.

In drei Tagen schon sollte der Mercedes in Hamburg aufs Schiff, viel war bis dahin noch zu erledigen, die Verschiffungsvorschriften von SeaBridge hatten es in sich.

Sauber und augenscheinlich leer hatte das Fahrzeug zu sein. Während ich die Kinder im Hintergrund laut singen hörte, drückte ich auf den Startknopf des Staubsaugers, und knisternd verschwand der Sand des letzten Jahres im Bauch des Geräts.

Die Polster lagen ausgeklopft zu einem Berg gestapelt. Als ich die gestreiften Bezüge sah, dachte ich grinsend an den türkischen Schneider, der sie an einem Nachmittag aus einem Berg bunter Teppiche genäht hatte. Beim Zuschneiden war er nicht pingelig gewesen, hatte an den Schrägstellen die Schaumstoffeinlagen gekürzt, bis sie nicht mehr in unser Bett gepasst hatten. Erst Stunden später und unter gutem Zureden hatte er die fehlenden Stücke unter Murren und mit einer Tube Pattex wieder angeklebt. Noch heute roch ich den beißenden Geruch des Klebers, wenn auch bei Weitem nicht mehr so schlimm wie an den ersten Tagen.

Sinnierend wischte ich über die saubere Küchenzeile, drückte die Vorräte unter die Stauklappe und schichtete die gewaschenen Kuscheltiere und Klamotten in die letzten freien Zentimeter. Doch plötzlich hielt ich inne. Was war das?

Direkt vor mir krabbelten einige Ameisen über den sauber geschrubbten Boden, marschierten im Gleichschritt an meinen Füßen vorbei bis zur hölzernen Wand, kletterten dort steil nach oben, nur um in ein Meter fünfzig Höhe in unserem Schrank zu verschwinden. Vorsichtig öffnete ich die Tür, eine Handvoll kleiner Krabbeltierchen purzelte zurück auf den Boden. Der einzige Schrank, der bis jetzt leer geblieben war, war nun gefüllt mit Ameisen. Erschrocken sah ich auf die Uhr ... halb neun ... auch der letzte Laden hatte schon geschlossen und ein Ameisenköder auf die Schnelle nicht aufzutreiben. Mit einem mulmigen

Gefühl im Bauch dachte ich an die baldige Verschiffung. Sicher würde es keinen guten Eindruck machen, wenn dem Zoll als Erstes eine Handvoll Ameisen entgegenfiel, und zu allem Überfluss entdeckte ich zusätzlich auch noch braune, fliegende Käfer.

Ich griff nach Kehrschaufel und Besen, setzte unsere ungewünschten Besucher immer wieder vor die Tür, bis ich kurz nach Mitternacht erschöpft ins Bett fiel. Morgen wollte Tom den Laster nach Hamburg bringen, übermorgen sollte er aufs Schiff, während ich eine Ameise nach der anderen von Emmas Kissen pflückte, starrte ich auf die dünne Straße, die über die Wand zum Schrank führte. Na, hoffentlich würden die Tierchen bald wieder verschwinden.

Gleich am nächsten Morgen besorgte ich einen Vorrat an Ameisenködern und verteilte sie in dem kleinen Innenraum, und als wir nachmittags die letzten Kisten ins Innere stapelten, hatten sie zum größten Teil ihre Aufgabe erfüllt, fast alle Ameisen waren verschwunden, und auch die Käfer hatten scheinbar das Weite gesucht.

In Windeseile stopften wir unser Hab und Gut zwischen die Sitzecke und aufs Sofa, und schon bald dominierte ein gigantischer Berg fast den kompletten Innenraum. Unsere Fahrräder stapelten sich neben den Alukisten, Berti, Emmas Räderpferd, stand an den türkischen Badeboiler gelehnt, und ganz zuoberst thronte das flache Solarpaneel.

»Augenscheinlich leer ...«, markiert leuchteten die Worte von den Informationspapieren der Schifffahrtsgesellschaft. Kurz entschlossen griff ich nach einem alten Bettlaken.

»Perfekt!« Tom stand vor dem verhüllten Berg und grinste. »Damit könnten wir ja fast Christo Konkurrenz machen!«

Noch einmal pflückte ich eine Handvoll Ameisen aus dem Eingang, dann schloss ich die kleine Tür.

Noch heute Nachmittag würde Tom unser Zuhause in Hamburg abliefern. Ein Kloß hatte sich in meinem Hals gebildet, drei Wochen ohne Laster, momentan konnte ich mir das noch gar nicht vorstellen.

Rufend kam Emma vom Spielplatz gestürmt, ihren großen Stofftiger, der sie gerade überallhin begleitete, hatte sie unter den Arm geklemmt.

»Halt, der muss doch noch in den Laster.«

Hastig drückte sie das Kuscheltier Tom in die Hände.

»Der Tiger muss doch aufpassen!« Fünf Minuten später saß unser Security-Chef auf dem verhüllten Berg. Forsch blickten seine gelben Plastikaugen; seine Pfoten lässig übereinander geschlagen, schien er alles im Griff zu haben.

Zum ersten Mal kletterte Tom alleine in unser kleines Häuschen, der Motor röhrte, und die Augen der Kinder füllten sich mit Tränen. Dann begann der Laster zu rollen, und mit eingeschalteter Sirene verschwand er hinter der nächsten Häuserreihe.

Drei Wochen mussten wir ohne ihn auskommen, genau am einundzwanzigsten Tag, dem 15. Juni, würden wir in Frankfurt den Flieger besteigen, in der Zwischenzeit würde ein provisorisches Matratzenlager im Keller unser Zuhause sein. Unglücklich kniete Emma zwischen den weichen Kissen.

»Und wann kommt der Papa wieder?«

»In drei Tagen.« Ich legte einen Arm um ihre Schultern.

»Dann dauert es gar nicht mehr lange, und wir fliegen nach Halifax.«

»Wo ist das?«

»In Kanada!«

Missmutig blätterte sie in einem kleinen Heftchen und kratzte mit dem Fingernagel über das Bild eines Lemuren.

»Eigentlich will ich viel lieber nach Madagaskar, da gibt es wenigstens Affen!«

Hundeberuhigung aus der Tube

Bepackt mit Koffern, Hundeboxen, Kinderwagen, Kindern und Laptops, standen wir am Morgen des 15. Juni am Frankfurter Flughafen. Das Dröhnen abfliegender Flugzeuge schmerzte in meinen Ohren, und aufgeregt wuselten die Kinder um unsere Füße.

Während Tom versuchte, die kläffenden Hunde zu beruhigen, suchte ich auf der Anzeigetafel nach unserm Flug nach Halifax, las die zu erwartende Abflugzeit: 20.30 Uhr, zwei Stunden Verspätung. Ich stöhnte, jetzt war es gerade mal halb zwei!

Drei Mal mussten wir mit dem Aufzug hin- und herfahren, um unser Gepäck in den ersten Stock des Flughafengebäudes zu verfrachten, dabei hatten wir noch nicht einmal den Campingtisch mitgenommen, den wir in den Laster zu packen vergessen hatten. Nur die neue Petromax-Petroliumlampe im Metallkoffer, die Hundeboxen, zwei Koffer voller Klamotten und neuer Bücher, jede Menge Proviant und natürlich unsere Laptops und Kinderrucksäcke, dazu ein luftbereifter Buggy, den wir manchmal noch unbedingt brauchten. Jetzt saßen wir in einer ruhigen Ecke nahe dem Check-in-Schalter und warteten. Die Hunde, die wir noch einmal aus den Boxen gelassen hatten, drückten sich verschreckt an die kalte Wand hinter uns.

Aufgeregt liefen die Kinder über die Laufbänder und Rolltreppen, die Koffer, die vielen Menschen und die euphorische Stimmung der Urlauber schürten ihre Hibbeligkeit noch zusätzlich, und wie aufgezogene Kreisel wirbelten sie durch die Hallen.

Kurz vor fünf begann ich, nervös zu werden, Punkt sechs Uhr sollten wir die Hunde zum Check-in bringen, und noch immer waren wir unentschieden, ob wir ihnen ein Beruhigungsmittel verabreichen sollten oder nicht. Gut sichtbar hatten wir die Tube vor uns auf die Boxen gelegt und die markierte Dosierung betrachtet, noch einmal erinnerte ich mich an die Informationsseiten im Internet. Besonders große Hunde konnten auf das Mittel überreagieren, und mein Blick wanderte von Fred, der aufgeregt vor sich hin hechelte, zu der kläffenden Laika. Wir hatten das Medikament nicht getestet, dazu war keine Zeit mehr geblieben. Immer wieder sah ich zu der großen Uhr hinüber: Viertel

nach fünf ... halb sechs ... ein kleiner Hund trippelte ange-
leint an uns vorbei, und Laika fletschte die Zähne. Kurz
entschlossen griff ich nach der spritzenähnlichen Tube,
und nach einem zustimmenden Nicken von Tom drückte ich ein Viertel der markierten Menge in ein Stück Sa-
lami und teilte gerecht. Für jeden Hund die Hälfte, nach
nur zwei Minuten sah ich entsetzt, wie die Hinterbeine von
Laika ihren Dienst versagten, nach knappen fünf Minuten
sanken beide zu Boden, fix und fertig wollte ich mich auf
die Suche nach einem Tierarzt machen, bis Tom mich entschlossen auf die Wartebank zurückdrückte.

Um Punkt sechs Uhr stand er mit beiden Boxen beim
Check-in, die fertig ausgefüllten Papiere bereits in den Händen wartete er auf den Tierschutzbeauftragten, alle paar
Minuten testete er die Reaktion der Hunde. Ansprechbar
mussten sie sein, so lautete die Vorschrift, und eine deut-
liche Reaktion zeigen.

Nervös begann ich zu schwitzen, während ich aus der Entfernung das Geschehen beobachtete, schon bald klebte das
T-Shirt wie eine zweite Haut an meinem Rücken, und als
endlich die Dame der Tiertransportkontrolle auftauchte,
war ich ein nervliches Frack. Fred öffnete ein Auge, Laika
versuchte es zumindest, und nach dem zufriedenen Nicken
der Kontrolleurin griff ein Mann nach dem verschlossenen
Gitter, um die Box zu verladen. In dem Augenblick brach die
Hölle los. Knurrend, bellend und mit gefletschten Zähnen
sprang Laika monstergleich gegen die dünnen Wände, und
meine Sorgen, das Mittel trotz der geringen Menge über-
dosiert zu haben, löste sich in Sekundenschnelle in Luft
auf. Erschrocken zog der Mann seine Finger aus dem Gitter,
und peinlich darauf bedacht, den schmalen Zwischenräu-
men nicht zu nahe zu kommen, schob er Laika und Fred in
ihren eckigen Boxen auf ein fahrendes Fließband, auf dem
sie gleich darauf in einem dunklen Loch verschwanden, nur
das Bellen hallte noch lange aus dem eckigen Schacht.

Kurz darauf saßen wir im Flugzeug, und um Punkt halb
neun starteten die Motoren. Langsam rollte die riesige Ma-

schine zur Startbahn, dann wurden wir vom rasanten Steig-
flug in die Sitze gedrückt.

Winzig klein leuchteten die Häuser unter uns, die Wiesen
und Felder wirkten wie ein bunter Flickenteppich, dann
durchbrachen wir die Wolkendecke, schwebten über wat-
tigem Weiß, und noch bevor die Stewardess unser Abendessen brachte, waren die Kinder eingeschlafen.

2. Teil

Amerika

Kanada
USA
Mexiko

Etappe 10: Kanada, Mitte Juni 2011 bis Anfang Oktober 2011

Von Halifax immer gen Westen

»How long do you want to stay?«

»We don't know exactly, I think something between three and four months!«

Ich rieb mir die brennenden Augen und verlagerte die schlafende Paula in meinen Armen ein Stückchen weiter nach oben. Es war gerade mal sieben Uhr morgens, deutsche Zeit, in Kanada war es tiefste Nacht, und ich hatte seit gestern Abend kein Auge zugetan.

Wir waren die Einzigen aus unserem Flugzeug, die bei der Immigration Police gelandet waren, und das nur, weil ich die Beamten freundlicherweise darauf hingewiesen hatte, dass wir kein Rückflugticket besaßen und deshalb die Ausreisezeit nicht genau angeben könnten, weil wir mindestens drei Monate mit dem Laster durch Kanada reisen wollten. Gerade als ich der Dame zum vierten Mal innerhalb von zwei Stunden unser Anliegen erklärte – ich hatte schon fast das Gefühl, wieder an der iranischen Grenze zu stehen –, hörten wir wütendes Gebell aus der Gepäckhalle ... Laika hatte den Flug anscheinend unbeschadet überstanden, und noch während zwei *police officer*, die sich an uns vorbeidrückten, von einem *fighting dog* redeten, knallte unser Gegenüber endlich den ersehnten Stempel in unsere Papiere. Sechs Monate ... so lange durften wir bleiben, und das ganz ohne Bakschisch.

Mit den Kindern auf den Armen schlurften wir in die riesige Gepäckhalle, orientierten uns an dem immer noch anhaltenden Gebell, bis wir endlich vor den zwei bebenden Hundeboxen standen. Freds blaue Augen blickten gestresst durch die schmalen Gitterstäbe, nur Laika wedelte begeistert mit dem Schwanz. Kurz darauf machten wir uns endlich auf den Weg aus dem Flughafen. Acht Uhr morgens, ich stöhnte. Hier in Kanada war es noch immer stockdunkel ... ich konnte mir noch nicht recht vorstellen, wie ich die abrupte Zeitverschiebung verkraften sollte. Die acht Stunden von der Mongolei bis Deutschland hatten wir im Schritttempo und innerhalb von sieben Monaten hinter uns gebracht, jetzt waren es sechs Stunden in nur einer Nacht.

Der Taxifahrer begutachtete staunend den riesigen Berg Gepäck, der sich um uns stapelte, und schüttelte fassungslos den Kopf.

»*No way! You need two, maybe three vans.*«

»*Is there no small bus?*« Betreten sahen wir uns um.

»*Not at this time.*«

Die Minivans, die sich vor dem Flughafen aneinanderreihten, waren kaum größer als unsere Hundeboxen, und gähnend blätterte Tom in den frisch getauschten Dollarnoten. Dann nickte er resigniert, irgendwie mussten wir schließlich ins Hotel kommen, und zählte hundertzwanzig Dollar auf die kalte Motorhaube. In Usbekistan hätte ich damit für mindestens zwei Wochen Essen kaufen können, hier reichte es gerade mal für eine Taxifahrt in die Stadt.

Zum tausendsten Mal rüttelte ich an den verschlossenen Hotelfenstern, aber keiner der Flügel ließ sich öffnen, dafür surrte eine alte Klimaanlage in einem verbeulten Blechkasten unter der Fensterbank.

Es stank. Ich rümpfte meine Nase, die mit den Ausdünstungen von vier Personen und zwei Hunden schwer zu kämpfen hatte, und schrubbte das letzte Paar verschwitzter Socken in dem kleinen Hotelwaschbecken. In den Teppich rund um die Hundedecken hatten sich lange weiße Hundehaare gedreht, die breiten Doppelbetten waren zerwühlt, und aus den Koffern quollen Kleider.

Seit zwei Tagen waren wir nun in Kanada, und heute endlich würde Tom unseren Laster vom Hafen holen. Schon frühmorgens hatte er sich auf den Weg gemacht, jetzt konnte es nicht mehr lange dauern, und während Emma und Paula sauber geschrubbt auf dem Bett lagen und die Flintstones über die Mattscheibe flimmerten, begann ich, unsere Sachen zu packen.

Noch immer hatten wir uns nicht auf die kanadische Zeit eingestellt. Wir bekamen Hunger, wenn alle Läden geschlossen waren, und schliefen bis weit in den Tag hinein, während die Hunde unruhig durch das enge Zimmer tigerten. Jetzt kauten wir schon zum zweiten Mal an den fettigen Schokomuffins des McDonald's um die Ecke. Wehmütig dachte ich an deutsches Vollkornbrot, knusprige Brezen und Kürbiskernsemmeln, heute noch wollte ich den ersten Großeinkauf hinter mich bringen.

Während ich die Schlafanzüge in eine Seitentasche stopfte und Fred Flintstone sein steinernes Auto per Fußbetrieb durch die karge Landschaft beförderte, hörte ich ein altbekanntes Tuckern unter den Fenstern unseres Hotelzimmers. Fred und Laika spitzten die Ohren, ich schob die dicken Vorhänge ein Stück zur Seite, und das vertraute Rot leuchtete mir von draußen entgegen. Nach drei Wochen auf dem Meer hatte unser Lasterchen endlich kanadischen Boden unter den Rädern. Eine helle Auspuffwolke waberte um den vor den Eingang gespannten Baldachin, und Tom winkte grinsend zu unseren geschlossenen Fenstern herauf. Dann stürmten wir nach unten.

Nur eine knappe Stunde später hatten wir all unser Gepäck verstaut, die Hundeboxen auf dem Dach verzurrt und ausgecheckt. Sanft schüttelte uns der alte Motor auf den gestreiften Polstern.

Ich blickte aus den Fenstern, sah die Silhouette des Hotels kleiner und kleiner werden, bis wir hinter der nächsten Häuserzeile verschwanden. Holzfassaden säumten den Straßenrand, offene Gärten und gemütliche Verandas, schwingende Hollywoodschaukeln und reihenweise Pick-ups.

Ein Truck neben uns röhrte los. Der Kaugummi kauende Fahrer schaute grinsend zu uns herüber und schob sich sein Baseballkäppi weiter in den Nacken, dann gab er Gas. Wie ein wütendes Rieseninsekt schoss der LKW nach vorne, und der mit Airbrush gezeichnete Bär auf der Seite schien sich zu bewegen, als er sich an uns vorbei um die Kurve schob.

Ein letztes Mal blickte ich auf die große Straßenkarte, als wir aus Halifax rollten, bis nach Vancouver hatten wir knapp achttausend Kilometer vor uns. Zuerst kam Moncton, dann Frédéricton, über Rivière-du-Loup bis nach Quebec City, von dort aus über den Trans-Canada Highway nach Ottawa, Greater Sudbury und Sault Ste. Marie, sechshundertfünfzig Kilometer entlang des Lake Superior nach Thunder Bay, Winnipeg, Moose Jaw, Drumheller und Calgary über die Rocky Mountains in die Provinz British Columbia. Erst Anfang Oktober wollten wir in die USA einreisen, doch bis dahin blieb uns noch jede Menge Zeit, schließlich hatten wir erst Mitte Juni.

Aufatmend lehnte ich mich zurück in die Polster, hörte das zufriedene Seufzen der unter dem Tisch eingerollten Hunde und sah die aufgeregten Gesichter meiner Töchter. Begeistert beobachteten sie die ihnen noch so fremde kanadische Natur, die vor den Lasterfenstern an uns vorbeizog. Endlich waren wir wieder zu Hause.

Von Elchen, Bärenglocken, Blutegelattacken und Riesenfröschen

Gary lehnte an dem aufgewärmten Lack unseres Lasters, das Schild seines Baseball Caps zeigte in den Nacken, und während eine dicke Bremse zwischen seinen Bartstoppeln nach frischem Blut suchte, drückte er mir eine Tüte noch hart gefrorener Steaks in die Hand.

»*It's moose!*«, sagte er, und ich blickte irritiert auf die tellergroßen Fleischbrocken.

»Muuhs, was ist das, Mama?« Emma sah mich neugierig an.

»Das heißt Elch.« Ich nickte dankend, während Gary und Tom sich wieder unseren Batterien widmeten. Zu Hause hatten wir uns zusätzlich zu unseren acht Batterien vier neue besorgt, jetzt fehlte uns nur noch die passende Halterung.

»*No problem, I can fix it!*« Gary griff nach dem schmalen Flacheisen, das über die Pole geschoben werden sollte, er wollte sich um die fehlenden Löcher kümmern.

Erst gestern Nachmittag waren wir von Halifax bis auf einen kleinen Schotterparkplatz am Waldrand gefahren, und obwohl mir die so ungewohnten Holzhäuschen und das viele Grün der Hafenstadt schon bald ans Herz gewachsen waren, genoss ich die Ruhe in der Einsamkeit.

Nur einen Katzensprung entfernt bewirtschaftete Gary eine kleine Gaststätte, in die sich unter der Woche aber kaum jemand zu verirren schien, und schon kurz nach unserer Ankunft hatte er sich zu uns gesellt und war von den Mädels mit Fragen bestürmt worden, die ich für sie übersetzte.

»Gibt es hier Bären?«

»*Oh yes.*« Er lächelte. Der Wald sei voll von Schwarzbären, Waschbären, Hirschen und Elchen, ließ er meine staunenden Töchter wissen Die Hände als Geweih an den Kopf gedrückt, deutete er grinsend auf den Beutel, der noch immer in meiner Hand baumelte.

»*I shot one last week.*«

Plötzlich raschelte etwas in dem dichten Gebüsch, und Laika begann hysterisch zu bellen, während Emma und Paula erschrocken nach meinen Händen griffen. Ein kleines Streifenhörnchen streckte seinen Kopf aus den Blättern, huschte auf unsere Picknickdecke und grabschte nach einem unserer neu erstandenen Cracker, mit dem es flink auf dem nächsten Baum verschwand.

Neugierig wanderte ich mit den Mädchen in Richtung Waldrand. Dichtes Gestrüpp versperrte den Weg, hohe

Farne, umgefallene Bäume und Dornenranken verflochten sich zu einer undurchdringlichen grünen Mauer, die jedwedes Durchkommen unmöglich zu machen schien.

Merkwürdiges Pfeifen schallte durch das Dickicht, entferntes Rascheln und das Geräusch brechender Zweige vermischte sich mit dem Keckern der Hörnchen zu einer unbekannten Melodie, die sanft und unaufdringlich durch das dunkle Grün der kanadischen Wildnis schwang.

Spät am Abend, als Hunderte von Glühwürmchen vor der dunklen Silhouette der hohen Bäume tanzten wie lockende Irrlichter, wendete ich zum zweiten Mal das Steak in der Pfanne. Der Duft von gebratenem Fleisch wehte durch den lauen Abendwind, und hungrig warteten die Kinder auf das ungewohnte Mahl.

Noch während ich skeptisch mit meiner Gabel im Elchfleisch stocherte, hatte Emma den ersten Bissen in den Mund geschoben und kaute behaglich.

»Das beste Fleisch der Welt«, lautete ihr Kommentar, und ich musste ihr kurz darauf zustimmen, auch wenn ich mir meine erste Begegnung mit einem Elch doch etwas anders vorgestellt hatte.

Zwei Wochen später trug ein abendlicher Windzug das leise Bimmeln der Glöckchen ins Innere, als ich Paula zu mir auf den Schoß zog.

»Hörst du die Glocken?« Paula nickte, der Lichtkegel ihrer Stirnlampe wackelte dabei über die gegenüberliegende Wand, wir hatten unser Lager auf einem kleinen Parkplatz ganz in der Nähe von Racine aufgeschlagen, einer kleinen Stadt zwischen Quebec City und Montreal, und die Kinder konnten mal wieder nicht einschlafen.

»Kannst du dich an den Basar erinnern, auf dem wir sie gekauft haben? Das war in Usbekistan.«

Die bunten Farben der usbekischen Stoffe tauchten vor meinem inneren Auge auf, ich hatte den Duft der Gewürze in der Nase, und fast meinte ich, in der Nähe einen Esel schreien zu hören, als sich Emma zu mir umdrehte.

Im matten Schein der schwachen Lampe konnte ich ihre müden Augenlider flattern sehen.

Morgen wollten wir Silva, meine ehemalige Kindergärtnerin, besuchen, die es vor gut dreißig Jahren nach Kanada verschlagen hatte. Als ich selbst kaum älter als Emma gewesen war, hatte ich sie zum letzten Mal gesehen. Doch ihr kanadischer Mann Marco war mir nur zu gut in Erinnerung geblieben, schon damals hatte er mich mit seinen Geschichten über die kanadischen Wälder und die vielen Bären fasziniert, und gerade jetzt musste ich daran denken. Ich senkte meine Stimme zu einem Flüstern, dann begann ich zu erzählen:

»Hier in Kanada gibt es ganz spezielle Glocken ... Bärenglocken. Schon früh hat man herausgefunden, dass Bären lieber davonlaufen, als sich von Menschen überraschen zu lassen, und so musste man vor ihnen keine Angst mehr haben. Doch die Bären sind schlau. Ich weiß nicht wie, vielleicht haben sie die Wanderer bei der Brotzeit beobachtet oder haben das Futter einfach gewittert, auf jeden Fall haben die Bären bald herausgefunden, dass in den meisten Rucksäcken etwas zu fressen ist, und so hat sich die Wirkung der Glöckchen schon bald ins Gegenteil verkehrt. Die Bären sind nicht mehr davongelaufen, sondern schon von weit her angelaufen gekommen, sobald sie eines der Glöckchen bimmeln hörten.«

Das Bimmeln der Glöckchen durch die dunkle Nacht hatte plötzlich einen anderen Tonfall angenommen, Emma kroch zum Fenster und schob den Vorhang leise zur Seite, dann schaute sie mich mit großen Augen an.

»Und was ist dann passiert?«

»Meistens mussten die Wanderer nur den Rucksack zurücklassen, und die Bären waren damit zufrieden.«

Die Mädchen hatten sich eng in meine Arme gekuschelt und lauschten in die Nacht. Ein schriller Pfiff schallte aus dem Gebüsch, und erschrocken zuckte ich zusammen. Noch immer hatte ich mich nicht an die fremden Vogelstimmen gewöhnt.

»Morgen fahren wir doch zu Silva und Marco, ich hab euch schon von ihnen erzählt, erinnert ihr euch?«

Beide nickten, und Tom, der mit den letzten Spielsachen auf dem Arm zurück in den Koffer geklettert kam, setzte sich zu uns aufs dunkle Bett.

»Auch Marco kam einmal in eine gefährliche Situation, davon hat er mir erzählt, als ich ungefähr so alt war wie ihr.«

»Erzähl schon, Mama, bitte!« Gespannt hingen die Mädchen an meinen Lippen.

»Ihr wisst ja, Marco war Geologe für die kanadische Regierung, das heißt, er war besonders viel in den Wäldern unterwegs und hat die Böden und Gesteine untersucht. Damals war er vor allem auf der Suche nach Bodenschätzen.«

»Hat er auch Gold gesucht?«

»Gold, Silber ... alles Mögliche, glaube ich. Eines Tages, als er wieder mal alleine in den Wäldern unterwegs war, hörte er plötzlich vor sich ein Krachen und Poltern. Ein kleines Bärenbaby war direkt vor ihm vom Baum gerutscht und starrte ihn mit großen Augen an ... es war ein kleiner Grizzly!«

»Oh, wie süß!«

»Ihr müsst wissen, Bärenmütter sind die ersten Jahre sehr fürsorglich und entfernen sich niemals weit von ihren Kindern, und so fuhr Marco der Schreck bis tief in die Knochen, als er hinter sich ein Geräusch hörte. Die Grizzlymutter hatte sich dort zu ihrer vollen Größe aufgerichtet und brüllte aus Leibeskräften.«

»Und dann?« Beide Mädchen hielten die Luft an.

»Marco verhielt sich ganz ruhig. Vorsichtig schlüpfte er aus den Trägern seines Rucksackes, immer darauf bedacht, sich so wenig wie möglich zu bewegen, stellte ihn vor sich auf den Boden und begann langsam, sich Schritt für Schritt von den Bären zu entfernen.«

»Hat die Bärenmutter ihn nicht verfolgt?«

»Nein, er hatte Glück, sie hat noch ein paarmal gebrüllt und die Zähne gezeigt, sich aber dann viel mehr für den Rucksack und ihr Baby interessiert als für Marco!«

Paula rieb sich die Augen, und ihr Mund öffnete sich zu einem tiefen Gähnen.

»Die wollte ihm gar nichts tun, die hatte nur Angst um ihr Baby. Das ist doch eine Mama!« Dann rollte sie sich zufrieden auf die Seite und war kurz darauf eingeschlafen.

Mit den ersten Sonnenstrahlen machten wir uns auf den Weg. Gefleckte Kühe wanderten über eingezäunte Weiden, und während wir entlang des Elektrozaunes tuckerten, hätte man fast glauben können, im Allgäu zu sein, nur die urwaldähnlichen Wälder und der immense Größenunterschied belehrten mich eines Besseren. Die Holunderblüten hatten Kochtopfgröße, die Blumen und Bäume schienen fast doppelt so groß wie ihre deutschen Verwandten, ja sogar die Wiesen schienen saftiger und grüner, als ich es bis jetzt gewöhnt war, und ein Frosch, der in der Nähe eines Weihers über die Straße hüpfte, hatte den Durchmesser eines gewaltigen Suppentellers.

Grünes Dickicht verschluckte die Straße, auf beiden Seiten des Weges rankten sich mit Dornen besetzte Zweige, bauchhohe Farne und Gräser, und alle paar Meter leuchteten rot umrandete rechteckige Schilder von den dunklen Stämmen. »PRIVATE PROPERTY« stand in dicken Lettern darauf zu lesen, und mit einem etwas mulmigen Gefühl – wir wussten ja letztlich nicht, was uns erwartete, ob es genug Platz für den Laster geben und wie es mit den Hunden funktionieren würde – rollten wir bis zu einem auf einer kleinen Lichtung gelegenen Park- und Wendeplatz.

Zu Fuß machten wir uns auf den Weg durch den Wald zu der kleinen Kommune. Einzelne Bäume waren gefällt, dazwischen leuchteten blühende Blumen. Die gezimmerten Häuser, die hinter lustigen Holzzäunen standen, schienen fast mit dem Grün der Umgebung zu verschmelzen und hatten die phantastischsten Formen. Manche waren oval und hatten viele kleine Fenster, andere standen auf Stelzen. Direkt vor einem spitz emporragenden Dreieck blieben wir stehen. Freundlich blickten die Fenster wie Augen aus dem verwitterten Holz, und an der weit geöffneten Tür erwartete uns Silva mit einem strahlenden Lachen.

Entsetzt starrte ich einen Tag später auf meinen großen Zeh. Ein dicklicher brauner Wurm hatte sich daran festgesaugt, fingerdick wölbte er sich unterhalb des Zehennagels, zwei dunkle Längsstreifen zogen sich über seinen schwabbeligen Rücken.

»Ein Blutegel!« Silva hatte sich über meinen Fuß gebeugt und betrachtete überrascht den aufgequollenen Wurm. »So einen habe ich hier im Badeteich ja noch nie gesehen.«

Emma, die gerade mit einem Kübel Jagd auf Kaulquappen machte, die mindestens die Größe von reifen Zwetschgen hatten, kam begeistert aus dem Wasser gestürzt.

»Ich will den Wurm sehen, Mama, warte!«

Ich hatte meine Finger um den dunklen Bauch gelegt und zog, doch der Wurm saß fest, und wie ein in die Klemme geratenes Kind blickte ich Hilfe suchend zu Silva.

»Wie krieg ich den jetzt da runter?« Ich tippte fragend auf meinen Fuß, doch meine ehemalige Kindergärtnerin zuckte nur hilflos mit den Achseln.

»Keine Ahnung, ich hatte noch nie einen.«

»Vielleicht mit Salz?«, davon hatte ich zumindest schon mal gelesen, oder war es doch ein Film gewesen? Ratlos blickten wir auf den festgesaugten Egel. Es schüttelte mich.

»Das haben wir gleich!« Tom zückte sein Taschenmesser, das ein Geschenk von Abdurrahim gewesen war, und näherte sich meiner großen Zehe, die unkontrolliert zu zucken begann, als ich auf die scharfe Klinge blickte.

»Was willst du denn jetzt damit?«

Ohne Kommentar griff er nach meinem Fuß, schabte gekonnt über die Haut, bis der erste Saugnapf sich löste und die gerötete Stelle darunter zum Vorschein kam, wenigstens hatte es noch nicht angefangen zu bluten, und nur Sekunden später fiel der sich windende Wurm ins feuchte

Gras. Erleichtert stöhnte ich auf, doch als mein Blick erneut auf den Boden fiel, war mir jede Lust auf ein weiteres Bad vergangen. Sich im Wechsel zusammenziehend und wieder streckend, den Rücken in einer Schleife gen Himmel gestreckt und die Saugnäpfe als Füße gebrauchend, kroch der Egel zurück in Richtung Wasser. Eigentümlich fasziniert hingen unsere Blicke an dem ungewohnten Schauspiel, erst als der dunkle Körper zurück ins Wasser tauchte und mit wellenartigen Bewegungen fast anmutig durch die trüben Fluten schwamm, schlenderten wir den kurzen Weg zurück zum gemütlichen Häuschen unserer Gastgeber.

Den ganzen Abend verbrachten wir am lodernden Feuer, ließen unsere ersten Marshmellows über den Flammen schmelzen, während die Kinder aufgeregt den spannenden Geschichten lauschten und die süßen Fäden ihre Münder verklebten.

»Gibt es hier eigentlich auch Tiger oder Löwen?« Emma und Paula hingen gespannt an Marcos Lippen.

»Tiger nicht, Löwen aber schon, Berglöwen, also Pumas. Hier werden sie *cougars* genannt.«

»Na, hoffentlich sehen wir mal einen von denen!« Begeistert starrte Emma ins Gestrüpp, während ich über meinen immer noch leicht geröteten Zeh strich. Ich jedenfalls hatte von den Wildtieren fürs Erste genug!

Cowboys und Botschafter –
alle ziehen was an Land

»Raus, alle raus!« Ich griff zur Kamera und zog die Kinder bis zur kleinen Tür, die schief in Richtung Boden zeigte. Tom, der dort schon auf uns wartete, packte die Mädchen und schaffte sie aus der Gefahrenzone, während die Hunde aufgeregt durch das Gebüsch schnüffelten.

Windschief ragte der Laster aus einer Schicht weichem Sand, das Vorderrad war bis zum Trittbrett versunken, und der Tank lag auf den warmen Untergrund gebettet, als müsste er sich ausruhen.

Ich strich mir die verschwitzten Haare aus der Stirn und starrte auf unser versunkenes Heim, das wirkte wie ein Schiffswrack auf dem Trockenen. Nicht weit entfernt blinkte das große M eines McDonald's, und auf der nahen Straße brausten die Autos.

Ich konnte es nicht glauben! Da hatten wir die komplette Strecke entlang der Wüste Gobi ohne nennenswerte Zwischenfälle hinter uns gebracht, und jetzt versanken wir in Kanada, neben einem McDonald's, im Sand.

Auf der Suche nach einer Internetverbindung, die im McD für einen Becher Kaffee immer zu haben war, hatten wir ganz in der Nähe des Gebäudes einen freien Platz am Waldrand entdeckt, und ohne Bedenken hatten wir unseren Mercedes von der Straße auf die bräunliche Wiese gelenkt. Jetzt saßen wir fest. Die Sonne knallte auf den trockenen Boden, während ein Schwarm Mücken mit nervenzerreißendem Gesurr um unsere Köpfe schwirrte; die Kinder jammerten, und außerdem hatte ich einen mordsmäßigen Kohldampf.

»Wir könnten die Sandbleche nehmen.« Lustlos musterten wir die zugeklappte Veranda, auf der zwischen den in eine Halterung geschraubten Sandblechen und dem aufklappbaren Boden ein ganzer Berg Spielzeug darauf wartete, ausgeräumt zu werden, der Spaten steckte hinter einem Wasserkanister, und der Wagenheber schlummerte unter dem Beifahrersitz.

Halbherzig warfen wir eine Handvoll Steine hinter den Reifen, und nachdem der Laster noch einen Schwung tiefer in den Sand rutschte, wanderte Tom die wenigen Meter zur Straße und organisierte einen Abschleppwagen.

Die Beine, die kurz darauf unter unserem Mercedes herausragten, steckten in braunen, abgenutzten Cowboystiefeln, deren Sohlen schief abgelaufen waren, darüber sah man die hell abgesetzten Nähte einer Jeans.

»I hope the truck won't fall down.«

Jetzt kam auch der Kopf zum Vorschein. Eine Hand hielt den Cowboyhut fest, während sich ein breites Grinsen über das jugendliche Gesicht zog.

»No problem, Mam!«

Tom war hinters Lenkrad geklettert, das Drahtseil des riesigen Schleppers spannte sich in der Winde, und innerhalb von nur wenigen Minuten standen die Räder unseres Mobile homes wieder auf festem Boden.

»Eighty Dollar!«

Ein Kaugummi wanderte im Mund des Abschlepp-Cowboys von der einen Backe in die andere, und Tom zog die Scheine aus unserem immer dünner werdenden Portemonnaie. Das uns auf der anderen Erdhalbkugel zur Gewohnheit gewordene Feilschen um den Preis war hier auf harte Mauern gestoßen, an die Festpreise mussten wir uns erst wieder gewöhnen.

Unser »Retter« griff nach dem Stapel Dollarnoten, tippte noch einmal grüßend an den gebogenen Hut.

»So long ...« Dann bestieg er seinen gepolsterten, mit einem Pferdekopf bedruckten Sitz und lenkte sein PS-starkes Monster zurück auf die geteerten Wege.

Dem Sand waren wir entkommen, aber von der Hitze gab es kein Entrinnen.

Jeden Tag war das Thermometer weiter gestiegen, inzwischen hatte es knapp die Vierzig-Grad-Marke erreicht, und ich hatte das Gefühl, innerlich zu kochen. Das Gemüse, das ich erst gestern aus der eisgekühlten Theke eines Supermarktes gezogen hatte, hing labbrig über den Rand der Schüssel, das Toastbrot knusperte trocken zwischen den Zähnen, und die Milch, die es hier nur frisch zu kaufen gab, füllte fast den kompletten Kühlschrank. Dass es in Kanada so heiß werden könnte, hatte ich mir bisher kaum vorstellen können, immer hatte ich das Land mit Kälte, Schnee, Nordlichtern und Bären in Verbindung gebracht. Indian Summer und die farbigen Blätter des Herbstes waren das

Äußerste an Sommer gewesen, was ich mit Kanada in Verbindung gebracht hatte.

Montreal und Ottawa hatten wir inzwischen hinter uns gelassen, beschränkten uns täglich auf wenige Kilometer, immer auf der Suche nach einem geeigneten Schattenplätzchen. Die zugewachsene Wiese an einem kleinen Wasserfall, die wir in der Nähe einer Ortschaft auf dem Weg nach North Bay entdeckt hatten, war ein Glücksgriff gewesen.

Laut hechelten die Hunde unter dem Laster, während die hellen Stimmen der Kinder durch das hohe Gras drangen.

»Ich will nicht, dass du Fische fängst!«

Emma stampfte wütend mit dem Fuß auf den Boden und baute sich vor einem dunkelhäutigen Mann auf, der gerade dabei war, seine Angelrute aus dem Kofferraum zu ziehen.

»Das ist gemein!« Auch Paula war aus dem Planschbecken geklettert, und in tropfnassen Unterhosen verbarrikadierten sie die Zufahrt zum hinter uns rauschenden Fluss.

Wegen der heißen Temperaturen verschlug es nur wenige Angler an den steilen Uferrand, doch jetzt hatten Emma und Paula sich entschlossen, die Fische zu retten.

Zwei Buben kletterten aus dem gerade angekommenen Auto, standen rechts und links neben dem amüsiert blickenden Mann, vor dem sich die entschlossenen Mädchen aufgebaut hatten, in Emmas Hand prangte ein selbst gezeichnetes Schild mit einem durchgestrichenen Angler.

»Hier wird nicht geangelt, das ist jetzt verboten!« Nachdrücklich tippte sie auf ihr Bild, während der Mann sich gelassen an sein Auto lehnte, die weißen Zähne blitzten lächelnd aus dem dunklen Gesicht.

Ein aus dem Fluss gezogenes Fahrrad, das vom Anglerglück eines Fischers, der hier vor einiger Zeit seinen Köder ausgeworfen hatte, zeugte, lehnte mit Muscheln bewachsen an einer entleerten Abfalltonne, hinter der Tom nun beschwichtigend seinen Arm auf die Schultern der Mädchen legte.

»Macht doch mal eine Ausnahme, bestimmt lässt sich hier sowieso kein Fisch fangen, vielleicht hängt nach dem Fahrrad ja ein alter Suppentopf an der Angel, wie beim kleinen Wassermann?«

Emma und Paula kicherten, beobachteten interessiert die Wasseroberfläche, bevor sie endgültig den Weg freigaben, doch der Angler hatte es nicht eilig. Neugierig musterte er jetzt unseren Laster, stellte viele Fragen und erzählte von Reisen, die er unternommen hatte, und dass er Kanada liebte, bevor er sich endlich seine Rute schnappte. Als er sich zwei Stunden später wieder von uns verabschiedete, hatte er nicht nur keinen Fisch gefangen, sondern auch keinen Suppentopf, dafür drückte er uns noch seine Visitenkarte in die Hand, auf der er seine private Nummer vermerkte,

»*If you need something*«, sagte er, dann kletterte er samt Jungen zurück in sein Auto und verschwand in Richtung Großstadt.

Tom drehte die Karte zwischen seinen Fingern: »Embassy of Madagaskar« stand darauf zu lesen und der Name des Botschafters. Emma strahlte.

»Wenn wir bei den Walen in Mexiko waren, will ich da die Affen sehen«, verkündete sie.

Unverhofft kommt oft oder: Platzsuche am Lake Superior

Entsetzt musterte ich die ausgehängte Preistafel: Parking 14 Dollar, direkt darunter das in roten Lettern gedruckte Verbot: NO OVERNIGHT CAMPING.

Seit Stunden rollten wir jetzt entlang des Lake Superiors und konnten keinen Übernachtungsplatz finden. Die Campingplätze waren teuer, die Grundstücke dazwischen Privatbesitz, die vielen leuchtenden Schilder, die überall von den Bäumen prangten, konnte ich schon nicht mehr sehen.

PRIVATE PROPERTY, NO TREPASSING, NO PAR-
KING, WE SHOOT, SHOOTING AREA ...

Auch wenn ich sonst davon begeistert war, mich mit Englisch gut verständigen zu können, hätte ich hier zur Ab-
wechslung nichts dagegen gehabt, nicht alles zu verstehen.
Zum tausendsten Mal kletterte Tom aus der Fahrerkabine
und verschwand auf einem schmalen Waldweg – um kurz
darauf kopfschüttelnd zurückzukehren: wieder nichts!

Langsam krochen wir über die nächste Brücke. Gestern
hatten wir in einem Garten zwischen zwei selbst gezimmerten Blockhütten unser Lager aufgeschlagen, das ältere Pärchen, das uns über Nacht aufgenommen hatte, lebte
weitgehend autark. Ein Windrad und Solarplatten lieferten
abwechselnd Strom, von einer Quelle kam das Wasser, mit
einem Panoramablick auf den Lake Superior hatten sie ihr
Paradies gefunden. Kolibris waren laut brummend um unsere Köpfe geflattert, hatten vor den verteilten Futterstatio-
nen in der Luft verharrt, die schimmernden Flügel leuchtend in den buntesten Farben.

Heute jedoch schienen wir nicht so viel Glück zu haben!
An einer direkt neben der Straße gelegenen Parkbucht
machten wir halt. Ein LKW rauschte vorbei, und noch während wir auf unsere Keile rollten, um Unebenheiten damit
auszugleichen und einigermaßen gerade zu stehen, fielen
die ersten Regentropfen.

Peter Lustig flimmerte über den Bildschirm des Laptops,
die alten Folgen von »Löwenzahn« waren der neue Renner
bei den Mädels, wie Hühner auf der Stange hatten wir uns
nebeneinander auf das enge Sofa gequetscht und ließen
uns die nützlichsten Dinge erklären, während draußen dicke Tropfen gegen die Fenster prasselten. Wie baut man einen Rauchsauger, wie eine Bauwageneinrichtung? Gerade
als wir gebannt beobachteten, wie Peter Lustig eine Linde
namens Paul besetzte, riss mich eine Bewegung außerhalb
des Lasters aus der Fernsehstarre. Ein Mann kam aus dem
Wald gelaufen. Voll bepackt mit Rucksack, Mülltüten und
Klamotten, stapfte er durch einige knöchelhohe Pfützen zu

einem vor uns geparkten Wagen. Wasser lief ihm übers Gesicht, die dünne Regenjacke, die sich um seine schmalen Schultern spannte, war durchnässt und knittrig, an seiner Nase hingen Tropfen. Mit einem gezielten Wurf wuchtete er sein Gepäck in den kleinen Kofferraum, knallte die Klappe ins Schloss und verschwand erneut zwischen den Bäumen.

Noch immer regnete es, das Wasser lief an den Scheiben entlang, und der schmale Weg, der im Wald verschwand, verschwamm hinter dem laufenden Nass. Wahrscheinlich ein Müllsammler, dachte ich bei mir, schon oft hatten wir Parkangestellte bei der unliebsamen Arbeit beobachtet, dieser hier schien es allerdings ganz genau zu nehmen, und die Grenzen des Lake Superior Provincial Park lagen noch vor uns.

Als er das nächste Mal auftauchte, hatte er sich eine Gitarre über die Schulter gehängt, teuer aussehende Regenjacken unter den Arm geklemmt und zwei Campingstühle in der Hand; der schmale Wanderweg, von dem er kam, begann langsam, unser Interesse zu wecken.

Gebannt starrten wir auf die Büsche, doch diesmal dauerte es, bis er wiederkam; voller Spannung warteten wir auf seine neuen Schätze. Als er endlich zum dritten Mal aus dem Gebüsch schlüpfte, hatte er nicht nur einen zweiten Rucksack, eine Flasche Wein und ein Zelt dabei, zu allem Überfluss stiefelte auch noch eine Frau neben ihm aus dem tropfenden Geäst.

Jetzt hatten wir endgültig genug vom Fernsehen, kaum hatten die beiden ihr Auto gestartet, stolperten wir, ausgerüstet mit Regenjacken, Gummistiefeln und den Kinderregenschirmen, über den schmalen Wandertrail … Alles, was Platz für ein Zelt und zwei Leute bot, schien verlockender als die Parkbucht neben der Straße. Neugierig stapften wir über den aufgeweichten Boden durch den triefenden Wald, tief hängende Äste schnalzten über unseren Köpfen.

Vorsichtig drückten wir die Äste einer Douglasie zur Seite, dann hielten wir die Luft an.

Vor uns breitete sich ein kilometerlanger Sandstrand aus, verborgen hinter Wäldern und tiefem Gestrüpp, leise schwappten die Wellen über das menschenleere Ufer. Außerhalb der Provincial Parks, weit entfernt von den kostenpflichtigen Parkplätzen und mit einem Zugangsweg direkt von der Straße hatten wir ihn endlich gefunden ... unseren Strand. Ich hatte das Gefühl, der Protagonist eines Romans zu sein, ungläubig betrachtete ich die vor uns liegende Schönheit, dachte an den jungen Richard aus »Der Strand«, bevor wir laut jubelnd über den nassen Sand stürmten. Der Himmel war aufgerissen, die ersten Sonnenstrahlen leuchteten, und im Sand waren die Spuren eines Waschbären zu erkennen ... Hier wollten wir bleiben!

Müde räkelte ich mich am Abend in den Kissen. So weit wie möglich hatten wir unseren Laster an den Waldrand gefahren, direkt unter einigen hohen Nadelbäumen hatten wir einen annehmbaren Schlafplatz gefunden, das Rauschen des Windes schluckte den Lärm der vorüberfahrenden Autos fast vollständig.

Den ganzen Tag hatten wir am Strand verbracht, endlich konnten die Hunde mal wieder nach Herzenslust toben, während die Mädchen Schiffbrüchige gespielt hatten und über Wurzeln geklettert waren und dabei die »einsame Insel«, auf der sie »gestrandet« waren, in Augenschein nahmen. Jetzt hörte ich Paula am Schnuller nuckeln, ein eindeutiges Zeichen, dass sie eingeschlafen war. Nur aus Emmas Ecke säuselten immer noch leise die Lieder von König Gugubo: »Ach, gerne hätt ich ein Nashorn, ein Nashorn als Haustier ...«

Plötzlich hörte ich ein lautes Krachen. Äste brachen, kleine Zweige prasselten auf unser Lasterdach, und erschrocken starrte ich aus dem Fenster. Draußen dämmerte es, das dunkle Zwielicht ließ mich die Augen zusammenkneifen, huschende Schatten, vom letzten Licht auf den Boden geworfen, tanzten durch die Büsche. Dann sah ich es: Direkt über uns rutschte eine kleine füllige Gestalt den Baumstamm entlang nach unten und machte dabei einen Lärm, als würde eine Horde Jugendlicher durch den Wald stürmen. Fasziniert hing mein Blick an dem rundlichen Körper. Einen guten halben Meter groß, rutschte das pummelige Wesen ungeschickt durch die brechenden Zweige.

Eine Armeslänge von mir entfernt hing ein Waschbär am Baum neben unserem Laster und schnupperte interessiert an der Reling des Dachträgers. Dann war er direkt vor mir. Allenfalls fünfzig Zenitmeter und unser Moskitonetz trennten mich von dem dichten Fell des kleinen Wildtieres, und ein Schwall Bärenduft strömte in den Laster ... dass ein niedliches Tier so stinken konnte!

Gerade als ich mich fragte, ob der kleine Allesfresser vielleicht unser Abendessen witterte und gleich bei mir im Bett säße, rutschte er das letzte Stückchen Stamm nach unten und verschwand aus meinem Blickfeld.

Die Leiter draußen schepperte, kleine Füße huschten über die metallenen Stufen, Laika, die bis jetzt geschlafen hatte, sprang hektisch kläffend gegen die Tür. Die helle Augenmaske drehte sich ein letztes Mal in meine Richtung, dann verschwand unser nächtlicher Waldgast in den Büschen, und Laika rollte sich erneut zu einer zufriedenen Kugel zusammen. Der Bär war verscheucht, jetzt konnte sie schlafen.

Flatlands

Ich war beunruhigt, mit gerunzelter Stirn betrachtete ich die Wolken, die über den Himmel zogen. Wie erkannte ich einen nahenden Sturm, wie einen Tornado oder einen Summer Dust Storm, einen der gefürchteten Sandstürme, zu denen es besonders bei Trockenheit im Sommer kam? Ich hatte keine Ahnung!

Leichter Wind zog über die offene Ebene, das vertrocknete Gras bog sich unter seiner Kraft, und die Straße, die sich Hunderte von Kilometern durch Manitoba zog, verlor sich in der flirrenden Augustluft am Horizont. Ganzjährige Tornadogefahr hieß es im »Lonely Planet«, und nervös strich ich mir eine widerspenstige Locke hinter die Ohren. Tom versuchte, mich zu beruhigen.

»Das sind nur Schleierwolken, keine Bange!« Dennoch hing mein Blick ununterbrochen am verhangenen Himmel.

Inzwischen hatten wir den Lake Superior hinter uns gelassen, waren von Thunder Bay nach Winnipeg gefahren, wollten nach Regina und Calgary, immer weiter durch die Flatlands von Manitoba und Saskatchewan.

Riesige Felder flankierten die Straße, Mengen von Strohballen lagerten unter dem meist strahlend blauen Himmel, und einsame Farmen, die schon Meilen vorher als kleiner Punkt auftauchten, schienen mit jedem Meter, den der Laster über den heißen Asphalt rollte, zu wachsen.

Heute Morgen war eine Wolkenfront an den Himmel gezogen, und auch wenn die Hitze, die uns wie eine Dunstglocke stetig zu folgen schien, dadurch endlich erträglicher wurde, war ich beunruhigt. Naturgewalten jagten mir seid jeher eine Heidenangst ein, und gerade Wind hielt ich für unberechenbar und gewaltig. Schon in der Mongolei hatten uns Stürme überrascht, die wie aus dem Nichts aufzutauchen schienen und den kleinen Wohnkoffer schüttelten wie eine lästige Fliege, noch einmal konnte ich gut auf diese Erfahrung verzichten.

Eine leichte Böe fuhr durch unsere geöffneten Fenster, fönartig heiße Luft verteilte sich im Inneren, und der vom Abendrot gefärbte Himmel strahlte durch die grauen Wolken. Aus einer Gruppe buschiger Bäume ragte die Schnauze des Rundhaubers wie der Kopf eines auf der Lauer liegenden Tieres, hüfthohes Gras und Blumen zogen sich bis zum Horizont.

Leises Heulen mischte sich mit dem Rot der untergehenden Sonne, Kojoten schlichen durch die Gräser – und über unser Bett.

»Wauuuuuuuuuu!«

»Wauuuuuuuuuuuuuuuuuuu!«

Emma und Paula stürzten sich zähnefletschend aufeinander, zwei kleine wilde Kojoten beim Kampf um ihr Revier. Fingernägel kratzten, Kissen flogen, dann ein dumpfer Schlag, Stille ...

Besorgt hielt ich die Luft an.

»Mamaaaaaaaaaaaaaaaa!« Dann stürmte ich zum Bett.

Schluchzend drückte sich Paula eine Hand aufs Auge, und Emma deutete erschrocken auf die spitze Kante der Tischleiste.

»Paula ist da draufgeknallt!« Schuldbewusst starrte sie zu Boden

»Das wollt ich gar nicht!« Tränen rollten über ihre Backen, während Tom sie in seine Arme zog und ich vorsichtig Paulas Hand von ihrem Auge löste.

Dick geschwollen zog sich ein fingerdicker Wulst von der Braue bis zum Backenknochen, darunter leuchteten rot die geplatzten Adern, die Haut unter dem Auge war dunkelblau verfärbt. Ich schluckte. Erst gestern hatte ich die Kühlakkus aus dem Kühlschrank verbannt, mit Paula auf dem Arm suchte ich jetzt verzweifelt nach der Voltarensalbe.

»Ich bin so müde.« Paula hatte ihren Kopf auf meine Schulter gelegt und die Augen geschlossen. »Aber es tut so weh!« Ihre Stimme war einem matten Flüstern gewichen.

Besorgt sah ich zu Tom, der immer noch versuchte, Emma zu beruhigen, drückte dabei zwei Arnika-Globuli in Paulas Mund und strich Notfallsalbe auf die geschwollene Stelle.

Was, wenn sie eine Gehirnerschütterung hatte, innere Blutungen oder Schwellungen? Fast auf der Stelle wurde mir flau, und mit wackeligen Knien setzte ich mich neben Tom und Emma aufs Bett.

»Wann hat er gesagt, sperrt er wieder auf?«

»Sechs Uhr morgens!« Auch Tom war bedenklich blass geworden und strich sich mit zitternden Fingern über die Stirn.

»Hoffentlich wird ihr nicht schlecht!«

Auf einer nachts schließenden Rest Area hatten wir erst vor einer Stunde den zuständigen Ranger davon überzeugt, uns einzusperren, so hatten wir unsere Ruhe und einen perfekten Übernachtungsplatz für uns alleine – mit einem Notfall allerdings hatte keiner von uns gerechnet. Jetzt waren die riesigen Metalltore an der Ein- und Ausfahrt verbarrikadiert, und wir mussten warten bis morgen früh.

Besorgt legte ich Paula in ihre Bettecke, testete noch einmal mit meiner Taschenlampe die Reaktion der Pupillen, bevor ich mich an die kühle Wand des Koffers lehnte. Hoffentlich ging alles gut!

Doch schon eine halbe Stunde später atmete ich auf. Auf allen vieren kam unsere Verletzte übers Bett gekrochen und zeigte Emma die Zähne.

»Raaaaache«, rief sie und stürzte sich auf das nackte Bein ihrer Schwester.

Auf Bärensuche, searching for the wild life

Ich lag auf der Lauer, auf der Bärenlauer. Leise hatte ich mich an unser Fenster gekauert und starrte nach draußen, während Tom und die Kinder längst hinter mir im Bett lagen und schliefen. Nur einmal wollte ich einen ausgewachsenen Bären sehen, Meister Petz in freier Wildbahn, und das vom geschützten Wohnkoffer aus. Der Wald um uns herum wirkte düster und undurchdringlich, kein Laut drang durch das dichte Gestrüpp, ich lehnte neben der kühlen Scheibe, ließ meinen Blick durch die aufziehende Dunkelheit schweifen und wartete. Zehn Minuten, eine halbe Stunde ... die Dämmerung wich einer undurchdringlichen Finsternis ... vierzig Minuten, das monotone Zirpen der Grillen machte mich schläfrig. Da, plötzlich ein Rascheln, mein Kopf schnellte herum, doch es war nur ein kleiner Vogel, der aus einem Gebüsch geflattert war. Nach eineinhalb Stunden gähnte ich herzhaft, langsam wurde ich richtig müde.

Eine weitere halbe Stunde später ließ ich den Vorhang enttäuscht vors Fenster gleiten und schlüpfte in meine Wandersandalen. Wieder kein Bär, irgendetwas schien ich falsch zu machen. Freunde hatten mir von einem Reiseblog erzählt, unterhalten von einem Pärchen, das zur selben Zeit wie wir in Kanada unterwegs war und sich vor Tierbegegnungen kaum retten konnte: Wölfe im Grasland, Bären, Berglöwen und Stinktiere, Kojoten und fliegende Hörnchen. Wie machten die das?

Grummelnd stieß ich die Tür auf und kletterte nach draußen, wahrscheinlich war das alles Fake, redete ich mir gut zu, niemand konnte in so kurzer Zeit so viele Tiere beobachten. Ich kroch hinter einen dichten Busch, zog an meiner weiten Hose und kauerte mich über den Boden. Nur noch pinkeln, dann ins Bett, noch einmal riss ich den Mund auf, um zu gähnen – und hielt plötzlich wie vom Donner gerührt inne.

Neben mir brach die Hölle los. Es walzte, schmatzte, dicke Äste brachen, ein Schnauben und Grunzen zog durch die Dunkelheit, Krallen wetzten über splitternde Rinde, der Geruch von wilden Tieren lag in der Luft, während ich aus den Büschen stürzte.

So schnell ich konnte rettete ich mich hinter den Laster, die aufgeknöpfte Hose schlabberte um meine Beine, halb fallend, halb stolpernd hastete ich in den Koffer.

»Was ist denn los?« Die hinter mir ins Schloss fallende Tür hatte Tom aus dem Schlaf gerissen, und nachdem ich mit schreckgeweiteten Augen den Riegel vorgeschoben hatte, deutete ich stammelnd nach draußen.

»Ein Bär, da ... ehrlich ... muss riesengroß sein ...!«

Tom schob die Decke von seinen Beinen und setzte sich neben mich an das aufgeschobene Fenster.

Atemlos lauschte ich in die Dunkelheit ... doch draußen war es totenstill, und selbst die Hunde schliefen seelenruhig vor der geschlossenen Tür.

»Bist du sicher?« Tom sah mich skeptisch an. Wahrscheinlich war es bloß ein Hirsch.«

Entschieden schüttelte ich den Kopf und starrte weiter in den Wald, während Tom zurück unter die warmen Decken kroch.

»Vielleicht war's ja auch ein Waschbär«, sagte er noch und rollte sich auf die Seite.

Früh am nächsten Morgen machten wir uns auf den Weg durch die Rocky Mountains. In Schrittgeschwindigkeit kroch der Laster über die Steigungen, schneebedeckte Gipfel und kalter Wind begleiteten uns über den Kicking Horse Pass, durch den Banff-Nationalpark bis nach Golden. Bärenwarnschilder prangten an den Bäumen, wir sahen gesicherte Abfalltonnen, und die Trails, auf denen Meister Petz sein Unwesen trieb, waren markiert. Einen Bären zu sichten schien hier an der Tagesordnung zu sein, und voller Vorfreude gönnten wir uns einen Campingplatz inmitten eines dichten Waldes.

Beschwingt machte ich mich mit den Mädchen auf den Weg in das Duschhaus, und während das lang ersehnte heiße Wasser über meinen Rücken prasselte, stapfte Paula über den gefliesten Boden. Wild kräuselten sich die frisch gewaschenen Locken um ihren Kopf, und mit zusammengekniffenen Augen musterte sie die fremde Kloschüssel.

»Da geh ich nicht drauf, die gefällt mir nicht!«

Noch immer leuchtete das Veilchen dunkelblau aus ihrem Gesicht, mit den entschlossen verschränkten Armen vor dem nackten Bauch sah sie aus wie ein verprügelter Preisboxer in der Umkleide.

»Ich will mein Töpfchen!« Wütend stampfte sie mit dem Fuß auf die Fliesen. »Sonst piesel ich auf den Boden!«

Ich musste grinsen, als ich ihren entschlossenen Gesichtsausdruck sah, dann stieg ich resignierend aus der Dusche.

»Is gut, ich hol's dir.«

Während ich in mein T-Shirt schlüpfte, zog ich an der metallenen Tür und prallte dabei fast gegen einen Mann, der fasziniert unseren Laster beobachtete, der nur wenige Meter entfernt parkte.

Aufgeregt zeigte er in die Büsche hinter unseren LKW.

»There was a bear behind your car!«

Ungläubig sah ich ihn an und zog mir die Kapuze meines Sweatshirts über die nassen Haare, inzwischen hatten wir

Mitte September, und die Tage begannen kühler zu werden. »*Are you sure?*«

»*Yes, of course.*« Er war ganz sicher, etwa fünf Minuten zuvor einen Bären genau hinter unserem Laster gesichtet zu haben.

Ich starrte in das grüne Blattwerk und konnte es nicht glauben. Da wartete ich seit Tagen darauf, einen Bären zu sehen, und dann musste er genau dann an unserem Laster vorbeirennen, wenn ich das erste Mal seit über einer Woche unter der Dusche stand!

Fassungslos starrte ich noch einmal auf die raschelnden Blätter, fast apathisch griff ich nach dem Töpfchen und machte mich auf den Rückweg zur Dusche.

Noch bevor ich durch die nur angelehnte Tür schlüpfen konnte, sah ich einen Parkranger ein Schild an die neben dem Waschraum gelegene Pinnwand stecken:

CAUTION, BEAR IN AREA!

Wasser rauschte aus der Dusche, und Emma begann zu kreischen. Was hatten wir da verpasst!

Ein Quad-Cowboy kommt selten allein

Natürlich hatte sich der Bär nicht mehr blicken lassen, und ich versuchte, nicht allzu enttäuscht zu sein, als wir uns schon am nächsten Tag wieder auf den Weg machten. Wir wollten weiter nach Süden; Nelson, ein kleines Städtchen kurz vor der amerikanischen Grenze, war uns immer wieder wärmstens empfohlen worden. Eine Stadt der Andersartigen, der Künstler, Freaks und Reisenden, hatten wir uns sagen lassen, eine Stadt, in die wir passen würden, da waren sich alle Kanadier, die wir unterwegs getroffen hatten, einig.

Doch vorher wollten wir Einsamkeit. Eine Woche oder zehn Tage würden unsere Einkäufe reichen, so lange, das war unser Plan, würden wir ein letztes Mal die kanadische Waldluft schnuppern, fernab von Campingplätzen und State Parks. »The beautiful British Columbia«, wie man überall auf den Nummernschildern lesen konnte, war gerade jetzt überfüllt von Touristen. Wahre Menschenmassen walzten durch die Straßen und Städte, die *campgrounds* waren überfüllt, die Seen voller *speed boats,* die auf der Suche nach Natur und Freiheit über das Wasser rasten.

Noch waren Ferien, und auf der Suche nach einem kleinen Stückchen Natur für uns und unseren Laster strandeten wir bei einem kleinen Fischereizentrum in Kingfisher. Ein Pavillon, erbaut aus dicken Baumstämmen, erhob sich vor einem eisigen Gletscherfluss, dessen Türkisblau malerisch aus der Umgebung stach. Zwei Weißkopfseeadler zogen hoch am Himmel ihre Kreise, während wir vor einigen großen Schautafeln, die über die heimischen Tiere informierten, auf zwei Männer warteten.

Wir hatten sie nach einem einsamen Platz gefragt, einem Ort zum Krafttanken, und nach dem ersten amüsierten Ausruf »*A place without people, in BC? No way!*« waren sie noch einmal ins Grübeln geraten.

Gerade noch hatten sie die abgetrennten Köpfe einiger Fische gezählt und notiert, die die Angler hier in einer Box zurückließen, jetzt standen sie vor unserem Laster und deuteten auf einen Schotterpfad, der gegenüber dem Pavillon losging.

»*There is a small lake about nine miles away.*« Lächelnd fügten sie noch hinzu: »*Only nature, no people, you will like it.*« Dann tätschelten sie das Blech des Lasters wie den Hals eines Pferdes und schickten uns mit einem letzten Klaps auf das Heck zwischen die finsteren Bäume des Waldes.

Von Schlaglöchern übersät, zog sich der steile Pfad in engen Serpentinen um den Berg, Kurve um Kurve schraubten wir uns weiter in die Einsamkeit. Moosbewachsene Bäume, plätschernde Bäche unter dem grünen Dach der dichten Blätter, zuckende Schattenmuster, die über den dunklen Waldboden tanzten. Vereinzelte Schilder winkten von Zielschussübungen durchlöchert und schief vom Straßenrand, nach über einer Stunde Holperfahrt sahen wir endlich den versprochenen See aus dem Dickicht auftauchen.

Der Geruch nach feuchtem Wald, nach Harz und frischen Trieben zog durch den Laster, und alles, was uns umgab, war Stille. Begeistert rissen wir die Türen auf, ich setzte mich an den gezimmerten Picknicktisch, der hinter einem hölzernen Schild mit der Aufschrift *Recreation Area* platziert war, durch die dunklen Stämme schimmerte samten die Wasseroberfläche, und einige freche Hörnchen keckerten vom Gipfel des Baumes, unter dem ich saß, zu mir herunter.

»HALLO, hallo, hallo, hallo ...« Ein Echo hallte über die Lichtung, Emma und Paula brüllten wie die Löwen, bis sie heiser waren, dann kletterten sie über umgefallene Stämme und Felsbrocken, während Laika eine Höhle in den weichen Boden buddelte.

Die feuchte Wäsche schlenkerte, sanft vom Wind geschaukelt, zwischen den Bäumen, Vögel zwitscherten, und ich nippte gerade an meiner zweiten Tasse Kaffee, als sich aus der Ferne ein röhrender Motor näherte. Ein Pick-up rollte um die Kurve, voll besetzt mit Jugendlichen und Dosenbier, ein monströses Quad schaukelte auf der Ladefläche, daneben kläffte ein schwarzer Labrador. Sand spritzte, der blutjung wirkende Fahrer drückte aufs Gaspedal, bis das Auto mitsamt einer Wolke Staub hinter den nächsten Bäumen verschwand.

Gerade wollten wir aufatmen, als schon das Quad angeschossen kam, laut röhrend zog es direkt vor uns einen Kreis in den Sand. Der Bubi, der sich das Vierrad zwischen die Beine geklemmt hatte, tippte grüßend gegen seine Kappe, und eine graue Wolke Dreck legte sich auf unsere frisch gewaschene Wäsche.

Emma und Paula begannen zu schimpfen, und noch während Tom und ich die Wäsche zurück in den Korb stopften, kam bereits der Nächste um die Ecke gebrettert. Ich merkte, wie ich wütend wurde, unser Wochenende hatte ich mir ganz anders vorgestellt, am liebsten hätte ich auf der Stelle die Sachen gepackt und wäre wieder gefahren, doch dafür war es inzwischen zu spät geworden. Es dämmerte bereits, und die Kinder waren müde. Und wieder röhrte der Motor des Quads an uns vorbei.

Der Bursche, der jetzt an der Reihe war, schien es besonders gut zu meinen; ob es am bereits gestiegenen Alkoholpegel oder an einfacher Unvernunft lag, ließ sich schwer sagen, als er begann, Kreise in den Staub zu fahren und gleichzeitig zu winken.

Nicht genug damit, ließ er erneut den Motor aufheulen, gab Vollgas und versuchte, auf den Hinterrädern an uns vorbeizufahren, doch da hatte der Gute seine Fahrkünste anscheinend etwas überschätzt. Anstatt cool seine Show abzuziehen, landete er mit dem Hintern mitten im Dreck.

Früh am nächsten Morgen packten wir unsere Sachen, und als der Pick-up samt angetrunkener Jugendlicher und dem restlichen Dosenbier neben uns an den See rollte, waren wir bereit zur Abfahrt. Die Läufe mehrere Gewehre ragten aus dem heruntergekurbeltem Fenster, eine Handvoll Patronen purzelte aus der aufschlagenden Tür, als wir von unserem Parkplatz rollten. Von vermeintlicher Einsamkeit hatten wir erst einmal mehr als genug!

Stattdessen machten wir uns auf den Weg nach Nelson. Eine kleine Fähre brachte uns über den nächsten Fluss, der sich durch ein saftiges Tal schlängelte und die vorher recht karge Besiedlung änderte sich merklich. Immer häufiger sahen wir große Grundstücke mit Gemüsegärten, zudem viele alternativ aussehende, mit viel Holz liebevoll gestaltete Höfe mit üppigen Bauerngärten, bemalte und ausgebaute, als fahrbare Häuser genutzte Schulbusse, daneben bewohnte Jurten in einem Meer aus Blumen. Willkommensschilder begrüßten uns fröhlich, hier und da füllten junge Leute Glasflaschen mit Quellwasser, und Ziegen weideten in kleinen Pferchen.

Als wir endlich die Stadtgrenze von Nelson erreichten, drückte ich mir neben den Mädels die Nase platt: Wo waren denn all die Freaks, die Reisenden und Andersartigen, wo der außergewöhnliche Flair?

Alles, was ich sah, wirkte ausgesprochen normal. Ein ruhiges Sonntagvormittagstreiben herrschte in den Straßen, in den Cafés saßen die ersten Frühaufsteher und schlürften ihren Kaffee, ein älteres Pärchen flanierte einen Weg entlang, Kinder turnten auf einer halbhohen Mauer. Nichts, aber auch gar nichts schien die Stadt von anderen zu unterscheiden. Wir fuhren herum, von hier nach dort, und kein einziger »Hippie« ließ sich blicken. Enttäuscht streifte mein Blick die Uhr, neun Uhr morgens, und nach kurzem Überlegen war ich mir sicher ... die Freaks mussten noch schlafen.

Versteckt in einer Seitenstraße entdeckten wir das *Information Center*, der kleine Garten davor erinnerte an einen Park, kurz geschnittenes Gras und sauber gerechte Beete, entlang der Straße ragten Parkuhren aus dem betonierten Boden. In Reih und Glied warteten die einarmigen Metallkästen auf ihre Fütterung, in ganz Kanada hatten wir bisher keine gesehen ... die Stadt der Andersartigen ... anscheinend hatte ich da irgendetwas falsch verstanden.

Nachdem die Türen des *Information Center* geschlossen waren, standen wir etwas unschlüssig am Straßenrand und überlegten wohin, der erste Quarter war schon verfüttert, als ein punkig gestyltes Mädchen auf uns zugeschlendert kam. Die drei Hunde, die ihr schleichend an den Fersen hingen, schnupperten neugierig an den Lasterreifen, und während Laika von innen gegen die Tür sprang und bellte, zeigte sie lächelnd aus der Stadt hinaus.

»There is a nice park, only about one mile away.«

Verschlafen wuschelte sie sich durch den langen Iro, schnalzte nach ihren Hunden und verschwand hinter dem hohen Gebäude einer Gemüsehandlung. Hier gab es Obst und Gemüse *for free*, die letzten Reste der Woche wurden an Bedürftige verteilt. Wir stiegen wieder ein, und als Eric Burden loslegte *»There is a house in New Orleans ...«*, röhrte der Motor des Mercedes auf. Leise sang ich weiter *»... they call the rising sun ...«* Na, mal sehn, was uns hier noch so geboten wird, dachte ich, während wir uns auf den Weg in den Park machten.

Kreischend quietschten die tief hängenden Äste über den Lack unseres Lasters, mit einem wilden Satz sprangen die Reifen aus einem Schlagloch, Paulas Saftglas rutschte vom Tisch und landete als kleine Dusche auf dem Rücken des schlafenden Fred. Der schmale Pfad, der uns zu dem beschriebenen Park bringen sollte, wand sich wie eine Schlange durch dichtes Gestrüpp, der einst geteerte Belag war fast vollständig zerbröselt, und der Parkplatz, der uns erwartete, lag in dunklem Zwielicht. Ganztägig warfen die hohen Bäume ihren Schatten über das kleine Areal, ein leichter herbstlicher Nebel waberte über den Boden, während wir Stunden später zu fünft am Ufer saßen.

Pat, den wir am See kennengelernt und in dessen Haus in Nelson wir einige schöne Tage verbracht hatten, schob sein Käppi ein Stückchen tiefer ins Gesicht, sein alter mattschwarzer Kombi, aus dessen leerer Heckscheibe die Spitze eines Alubootes ragte, parkte direkt hinter unserem Laster, mit einem Klappmesser teilte er einen dicken Räucherfisch in mundgerechte Stücke.

»*This sea is very very deep.*« Zwischen den einzelnen Happen begann er uns und seiner Freundin, die auch dabei war, zu erzählen. Tom hatte den Samowar auf einen kleinen Tisch gestellt, und während er den Worten unseres neuen Bekannten lauschte, stopfte er eine neue Fuhre Kiefernzapfen in die kleine Feuerung.

»Der See ist schrecklich tief«, übersetzte ich den Kindern. »Direkt daneben verlief früher die Eisenbahntrasse, und die Leute erzählen sich, eines Tages sei ein Zug davon abgekommen und direkt in den See gefahren, und nie wieder sei auch nur das kleinste Stück des Zuges ans Tageslicht gekommen ...«

Unsere Blicke schweiften zu dem dunklen Blau des Wassers, die Bäume spiegelten sich in der glatten Oberfläche.

Pat lächelte, als er die neugierigen Gesichter der Kinder sah, dann griff er zu seinem zweiten Glas türkischen Tee. In

Nelson betrieb er einen Partyservice, schon zweimal hatte er uns mit seinen selbst gekochten Spezialitäten bewirtet, heute feierte er seinen vierzigsten Geburtstag.

Wieder zeigte er auf das dunkel gefärbte Wasser.

»*It is really strange.*« Er schüttelte den Kopf, dann breitete er seine Hände so weit aus, wie es nur ging, und ich musste lachen.

»*There are really big fish in this small sea!*«

Zwei Tage hatten wir bei ihm und seiner Freundin verbracht, erst heute waren wir an den See zurückgekehrt und hatten beschlossen, ein wenig zu feiern; der Kuchen allerdings, den ich in meinem Gasofen hatte backen wollen, war gründlich missraten, und wir hatten dankbar auf Pats Fisch zurückgegriffen.

Viele Geschichten hatten wir in den letzten Tagen gehört, Pat schien ein ausgesprochener Spaßvogel zu sein, der die Mädels sofort begeistert hatte, und gegenseitig erzählten sie sich Geschichten, ohne dass die fremde Sprache ein größeres Problem darstellte. Paula hatte seine Freundin an der Hand genommen, führte sie entlang des Ufers und redete ununterbrochen, während ich für Emma eine neue Story von Pat übersetzte.

»Habt ihr die Warnschilder gesehen?«, fragte er auf Englisch, und ich nickte, Grizzlys waren mehrfach im Park aufgetaucht, und Erkennungstafeln erklärten die Unterschiede zwischen Schwarzbären und ihren großen Verwandten.

»Im Frühjahr noch war der Park geschlossen, eine Grizzlymutter hatte hier ihr Junges großgezogen, und ihre Spuren führten bis in die Randgebiete von Nelson.«

Ich lächelte, Bärengeschichten hatte ich inzwischen genug gehört, selbst Emma schien nicht sonderlich interessiert zu sein. Doch Pats Gesicht wurde plötzlich ernst.

»*Be careful at night!*« Dann winkte er ein letztes Mal und stieg in sein schwarzes Schlachtschiff, das bei Weitem länger zu hören als zu sehen war, und müde kletterten wir in unsere Blechkiste.

Am nächsten Morgen dämmerte es noch, als wir unsanft aus den Träumen gerissen wurden, mit einem gewagten Sprung war Laika auf dem Bett gelandet und winselte uns in die Ohren.

Missmutig sah ich nach draußen in die nebelige Kälte, auf einen Morgenspaziergang hatte ich so gar keine Lust, stöhnend kroch Tom aus den Decken und stolperte verschlafen vor die Tür.

Hysterisches Gebell zerriss die morgendliche Stille, wütendes Knurren hallte über die Lichtung, dann plötzlich Toms atemlose Stimme.

»Heike, Heike, schnell ein Bär, ein richtiger Bär!«

In Sekundenschnelle sprang ich aus dem Bett, griff nach der Kamera und spurtete aus dem Laster, doch die nassen Stufen der Treppe wurden mir zum Verhängnis. Als ich eine Minute später schlitternd, fluchend und mir das Schienbein reibend neben Tom am Seeufer stand, war von dem Bären natürlich längst nichts mehr zu sehen.

Viel Rauch um gar nichts

Die amerikanische Grenze war nicht mehr weit, für unsere letzte Nacht in Kanada hatten wir uns eine kleine *Rest Area* an der Straße gesucht, nur knappe zwanzig Kilometer von einem Grenzübergang des US-Bundesstaats Washington entfernt, Spokane war die erste größere Stadt auf amerikanischer Seite. Kaum hatten wir eingeparkt, rollte ein VW-Bus neben unseren »Truck«, und zwei Pärchen quollen zusammen mit einer intensiven Wolke Patschuli aus dem vollgepackten Inneren.

Ein junger Mann, dem schwarze Afrolocken wild um den Kopf wucherten, und eine Frau, deren lange Haare über ein bunt besticktes Oberteil fielen, standen kurz darauf breit grinsend vor unserer Tür. Ein rauchender Joint klemmte zwischen den Fingern des Mannes, und der betörende Duft wehte in unseren Laster.

»*Hi, my name is Sheela and that's Mike.*« Interessiert musterte die Frau unsere Karte.

»*Where do you go?*«

»*United States, Mexiko*!« Tom hatte sich zu ihnen gesellt, und zusammen hockten wir schon bald auf dem geteerten Boden des Parkplatzes, während die zweite Frau, Susanna, den Kindern half, ein kleines Lager zu bauen. Tim, der letzte Mann im Bunde, köchelte auf dem kleinen Ofen im Bus ein Abendessen, und das Gepäck, das zuvor den ganzen Innenraum gefüllt hatte, lag verteilt zwischen den Fahrzeugen. Hula-Hoop-Reifen baumelten an Fahrradlenkern, Jonglierkeulen, Stühle und Topfpflanzen lagen herum. Überrascht fragte ich mich, wie das alles in den kleinen Bus gepasst hatte.

»*We want to see the whales*«, weihte ich ihn in unsere Reisepläne ein und tippte auf den Kartenabschnitt der mexikanischen Halbinsel Baja California, und Mike nickte zustimmend, während kleine Qualmwölkchen aus seiner Nase stiegen. Dann legte er Tom den Arm um die Schulter und klopfte ihm freundschaftlich auf den Rücken.

»*If you need a place in Mexico, you can come to our community at any time, and you can stay as long as you want.*«

Tom lächelte, bedankte sich für die freundliche Einladung und für ihre Gastfreundschaft, und zuckte die Schultern. »*Maybe.*«

Sie hatten uns von einer Kommune erzählt, einer Gemeinschaft in den Bergen, die ein großes Stück Land bewirtschaftete, autark lebte und nur über einen Fußmarsch von zwei Tagen zu erreichen war.

»Wann wollt ihr denn über die Grenze?« Belustigt musterte ich die verklärten Gesichter, die auf die Frage hin mit einem Schlag nüchtern zu werden schienen.

»Vielleicht noch heute Nacht.« Nervös strich sich Sheela die Haare hinter die Ohren, ihre Stimme hörte sich mit einem Mal merkwürdig brüchig an, und auch Susanna und Tim hatten ihre Stirn in besorgte Falten gelegt. Sheela flüsterte: »Wir überlegen, ob wir durch einen State Park einreisen, dort gibt es keine richtige Grenze, aber die Wege sind sehr schlecht, wir sind nicht sicher, ob wir da durchkommen.«

Tim zog eine Karte aus seiner Hosentasche und tippte auf einen grün umrandeten Bereich.

»Hier kommen wir vielleicht ohne eine Kontrolle durch.«

»Noch einmal überstehe ich die amerikanische Grenze nicht!« Über Sheelas Gesicht zog die Erinnerung wie ein kalter Regenschauer, auf ihren Armen hatte sich Gänsehaut gebildet, als sie immer wieder den Kopf schüttelte.

»Das letzte Mal haben sie alles auf den Kopf gestellt, haben die Federn aus unseren Traumfängern geschnitten, unser Gemüse konfisziert, und außerdem gibt es jetzt einen Teststreifen, der sofort Rückstände von Drogen nachweisen kann.«

Ihr Blick fiel auf den vollgestopften Bus, und sie stöhnte.

»Ich muss noch alles putzen ...« Sie strich sich über die roten Augen, und noch während ich mich fragte, ob Putzen da wohl helfen würde, bröselte sie mehrere Fingerspitzen Gras in einen neuen Joint und deutete auf den kleinen grünen Berg.

»Müssen wir noch alles verrauchen ...« Ein Feuerzeug flammte auf und knisternd verschwand die Flamme im zugezwirbelten Ende der dicken Zigarette.

Zwei Stunden später machten sie sich auf den Weg. Die bunten Vorhänge flatterten im Wind, und der Duft von allerlei wahrscheinlich verbotenem Rauchwerk wehte über die Straße. Sheela und Susanna hielten lachend ihre Köpfe in den Fahrtwind, alle Sorgen schienen vergessen, während der VW-Bus kleiner und kleiner wurde, bis er schließlich hinter dem nächsten Hügel verschwand.

Gespannt rollten wir am nächsten Morgen an den kleinen amerikanischen Grenzübergang. Tom folgte dem Winken eines zugeknöpften Beamten und parkte unseren Laster hinter dem Schlagbaum auf amerikanischem Boden.

»*Please show your passports.*« Der Mann deutete auf ein kleines rechteckiges Gebäude, das sich vor uns erhob. Mit den

Pässen in der Hand marschierten wir durch die geöffnete Tür.

Lächelnd bedeutete uns ein zweiter Beamter, unsere Finger auf den Scanner zu legen, fünf Minuten später nickte er. »*Welcome to the United States.*« Dann drückte er uns die Pässe zurück in die Hand.

Fragend und unsicher blieben wir stehen, da begann er zu grinsen.

»*You can go.*« Er winkte in Richtung Tür, bevor er sich einem Stoß Papieren widmete, ungläubig machten wir uns auf den Weg zum Laster. Der Motor begann zu tuckern, nach nur zehn Minuten rollten wir von der Grenze fort, und selbst die Federn im Traumfänger baumelten unangetastet über dem Tisch.

Vor uns flatterte die amerikanische Flagge, die weißen Sterne leuchteten auf dem blauen Untergrund, die roten Streifen schlängelten sich im Wind. Ein seltsames Hochgefühl packte mich, das Land, in das ich eigentlich nie hatte reisen wollen, hatte mich gleich zu Beginn in seinen Bann geschlagen. Am liebsten hätte ich lauthals gejubelt.

Etappe 11: USA, Oktober 2011 bis Dezember 2011

Gordon

»*Ah ... you go to Okanogan?*« Fragend zog ich meine Augenbrauen nach oben und starrte dem Mann entgegen, der seinen Kopf aus dem halb heruntergekurbelten Fenster seines Autos streckte.»Okanogan?«

»*Yeah it's great!*«

Der Supermarkt hinter uns, in den wir seit drei Stunden rein wollten, aber nicht dazu kamen, weil immer wieder interessierte Leute zu uns an den Laster kamen, warf einen leichten Schatten auf den Parkplatz, und ich hatte das dumme Gefühl, »auf der Leitung« zu stehen.

»*Sorry, I don't know Okanogan.*« Tom hatte sich zu uns gestellt und schüttelte den Kopf: »Hab ich auch noch nie gehört«, sagte er mit einem Seitenblick zu mir.

»*A wonderful Freak Festival, thousands of people ...*« Entrückt lächelte der Mann, musterte dann erneut unseren bunt bemalten Laster. Die Kinder hatten sich gestern alle Mühe gegeben, mit Fingermalfarben und Pinseln hatten sie die komplette Türseite neu gestaltet, und bunte Blumen leuchteten zwischen lauter blauen Punkten.

»*You have to go there, next week, it isn't far away!*« Inzwischen hatte er das Fenster ganz geöffnet und seinen Ellenbogen über die Tür gelegt, sein weißer, gestutzter Bart ließ auf ein höheres Alter schließen, sein Kopf war kahl und blank, die junge Frau auf dem Beifahrersitz hielt ich für seine Tochter.

»*Do you have a place for the night?*«

Wir zuckten die Schultern.

»*Not yet.*«

»*You can come to my home, there is enough place for you and your truck.*« Er strich sich über die glänzende Kopfhaut, dann zückte er einen Stift und drückte uns Sekunden später einen Zettel mit einer daraufgekritzelten Adresse in die Hand. Und nur knappe zwei Stunden später wanderten wir mit ihm durch ein dicht bewachsenes Flusstal.

Es hatte zu nieseln begonnen, und mehrere Wasserfälle rauschten durch die aufatmende Stille des feuchten Waldes, über die dunklen Stämme der alten Bäume rollten Tropfen wie schimmernde Perlen. Die verwitterten Stangen eines in die Jahre gekommenen Tipis lehnten unter dem dichten Blätterdach mehrerer Birken Halt suchend aneinander, Moos hatte sich über das Holz gebreitet und überzog das morsche Gestell mit einem weichen Grün.

Gordon, den ich auf Anfang sechzig schätzte, saß neben uns auf seinem Quad und ließ seine Finger über das feuchte Gewächs gleiten, während sein Blick träumend auf dem nun mit dicken Wurzeln durchsetzten Boden verweilte.

»*I lived here for such a long time ...*« Er seufzte. »*So many years ...*«

Er hatte sich eine wollene Mütze tief ins Gesicht gezogen, während sein Finger den Startknopf des Motors suchte. Seit einer Wirbelsäulenverletzung hatte er Probleme mit dem Gehen, nur deshalb fuhr er, anstatt zu laufen. Er zog die jammernde Emma vor sich auf den breiten Sitz, und gemeinsam rollten sie auf die frei geschnittene Lichtung, an deren Rand sich ein kleines Holzhäuschen schmiegte. Eine dicke schwarz-weiße Katze kam uns maunzend entgegen, während die junge Frau aus einem unter mehreren dicken Kiefern stehenden Wohnmobil winkte. Amanda, eine »WWOOFerin« (World Wide Opportunities on Organic Farms), war hier, um Gordon zu helfen, denn alleine war die Arbeit auf dem Grundstück, das sich über mehrere Hektar zog, kaum zu schaffen.

Früher hatte Gordon auch etliche Pferde gehabt, damals waren viele verschiedene Menschen bei ihm ein und aus gegangen und hatten gegen Kost und Logis für ihn gearbeitet, doch inzwischen hatte sich viel verändert. Die Arbeit wuchs ihm über den Kopf, alle Tiere waren verkauft, und der halb fertige Pool im versteckten Untergrundhaus, eine in den Hang gebaute, mit Ausblick auf das Flusstal zu einer Seite offene Wohnetage mit mehreren Zimmern, Vorratsraum und Terrasse, würde wohl nicht mehr fertig werden.

Gemeinsam saßen wir in seiner gemütlichen Küche, und während die Kinder das Fell der dicken Katze kneteten, brüteten wir zusammen über der Straßenkarte des mexikanischen Bundesstaats Baja California. Gordons ausgebauter Reisebus wartete dort seit zwei Jahren, im Frühjahr wollte er ihn holen und damit zurück nach Amerika fahren. Er schwärmte von den wunderschönen Plätzen, vom Meer und den Kakteen, jahrelang hatte er dort seinen Winter verbracht, und immer wieder tippte er auf die Karte.

»*Fidels ... a great place!*« Er grinste. »*A really, really nice campground at the beach!*« Dann sah er uns an, plötzlich sehr ernst geworden. »*Don't stay near the border, it is too dangerous!*«

Er hatte uns von der Mafia erzählt, von Banden, die auf der Baja ihr Unwesen getrieben hatten, die letzten zwei Jahre war er nicht mehr dort gewesen, zu viel war passiert. Jetzt sollte es angeblich wieder sicher sein, nur die Grenzregion sollte nach wie vor gemieden werden.

Er umringelte mehrere Städte und verdrehte begeistert die Augen.

»*Santa Rosalia, Todos Santos ... they are so beautiful!*«

Wieder und wieder zückte er den Stift, das Wüstengelb der Landschaft war bald durchsetzt von den grünen Punkten des Kugelschreibers, und während noch der Regen an die großen Scheiben prasselte und der herbstliche Wind an den Blättern zerrte, verweilten wir in Gedanken auf dem heißen Sand der mexikanischen Strände.

Erst vier Tage später konnten wir von unserem neuen Freund Abschied nehmen, wir hatten ihn sehr ins Herz geschlossen, und hätte uns nicht der nahende Winter im Nacken gesessen, wären wir sicher noch länger geblieben. Gemeinsam hatten wir seinen Damm, den er selbst errichtet hatte und mit dem er mit selbst eingebauten Turbinen seinen eigenen Strom produzierte, winterfest gemacht, waren durch das alternde Untergrundhaus flaniert und hatten den Kühlschrank der Außenküche mit Spanngurten vor den neugierigen Bären gesichert, die immer wieder die Vorräte stibitzt hatten, waren mit Spanisch aufgestanden und Vokabeln übend ins Bett gestiegen, bis Gordon uns eingeladen hatte zu bleiben. Für immer oder zumindest so lange wir wollten. Doch noch am selben Nachmittag erwischte uns Väterchen Frost. Das erste Mal färbte sich die Wiese weiß, der Atem stockte in der Luft, und schweren Herzens packten wir unsere verstreuten Sachen zurück in den Laster.

Am 20. Oktober machten wir uns auf den Weg nach Südwesten. Wir wollten an die Küste, wollten über die 101 entlang des Pazifiks nach Mexiko reisen, wollten von New Port nach San Francisco, Los Angeles und San Diego.

Wir hatten Gordon unser kleines Reisebüchlein gegeben, um sich darin zu verewigen. Das Büchlein war ein Abschiedsgeschenk von unseren Freunden in Deutschland gewesen, die auf den ersten Seiten bereits alle etwas hineingeschrieben hatten. Und unterwegs hatten wir dann viele besondere Menschen um einen Beitrag gebeten. So auch Gordon. Während er auf dem Quad neben uns her bretterte und uns eine Hängeschaukel – sein wunderbar nach Räucherstäbchen duftendes Abschiedsgeschenk – durch das halb offene Fenster des fahrenden Lasters reichte, las ich die von ihm geschriebenen Worte:

Son familia fantastico, espero que podemos encontrarnos in México pronto. Vaya con dios y suenos de oro siempre.

Ihr seid eine phantastische Familie, ich hoffe, dass wir uns bald in Mexiko wiedertreffen können. Geht mit Gott, und immer goldene Träume!

»Bis bald«, rief ich noch, als unser Laster vom Waldweg auf die Straße rumpelte, das Quad wurde kleiner und kleiner und verschwand kurz darauf hinter den hohen Bäumen.

Ein Kojote heulte laut durch die Nacht, und Paula klammerte sich an meine Hand, Laika und Fred waren gerade irgendwo da draußen.

»Wenn die jetzt gefressen werden?« Ängstlich starrte Emma in den finsteren Wald, und Tom strich ihr beruhigend über den Kopf.

»Keine Bange, denen passiert schon nichts.«

»Kojoten fressen Hunde!« Schon zwei Mal hatten uns besorgte Halter vor unserer geplanten Reise gewarnt, gerade in Mexiko seien diese Biester besonders ausgehungert und gefährlich; Geschichten über verschwundene Labradore, aufgefressene Schoßhündchen und übel zugerichtete Pudel waren hier an der Tagesordnung. Auch ich begann langsam nervös zu werden. Einfach abzuhauen sah unseren Hunden gar nicht ähnlich, und besorgt musterte ich den Waldrand.

Wieder ein Heulen in weiter Ferne, eine weiße Schwanzspitze leuchtete durch die hohen Gräser, nur um einige Minuten später wieder hinter den nächsten Büschen zu verschwinden.

Wir waren gestern nicht weit gekommen, nur einige Kilometer von Gordon entfernt hatten wir einen einsamen *Forest Campground* entdeckt, auf den sich um diese Jahreszeit kaum ein Mensch zu verirren schien, ein Paradies für Wildtiere, die auf der Suche nach den zurückgelassenen Resten durch die Büsche schnüffelten. Kaum hatten wir vorhin die Tür geöffnet, waren die Hunde laut kläffend hinter einem Kojoten her im Wald verschwunden und seither nicht mehr aufgetaucht, inzwischen warteten wir schon eine knappe halbe Stunde.

Klappernd verteilte Margo währenddessen einige Teller auf dem Tisch. Erst heute hatten wir ihren Freund Chris auf einem Supermarktparkplatz kennengelernt, und mit einem Auto voller Essen waren sie zu Besuch gekommen. Chris starrte auf die betretenen Gesichter der Kinder und versuchte, sie aufzuheitern, während Tom noch einmal den Waldrand absuchte, weil auch er allmählich unruhig wurde.

Chris imitierte die Bärenmutter, die ihn eines Tages im Wald verfolgt hatte, und stapfte mit den Füßen auf den Boden.

»Sie sprang vor mich und riss ihr gewaltiges Maul auf ... RAOOOORRR ...« Er knurrte, und die Kinder zuckten zusammen, schon lange hatte ich keinen so begnadeten Erzähler mehr erlebt.

»Schritt für Schritt bin ich rückwärtsgegangen, knappe zehn Meter kamen mir vor wie eine Ewigkeit.«

»Freeeeeed, Laikaaaaa!« Aus der Ferne hörte ich Tom leise rufen.

»Noch einmal kam sie angelaufen, tat so, als wolle sie mich angreifen, und als ich mich endlich weit genug entfernt hatte, bin ich nur noch gerannt.« Mit einem kleinen Stöckchen stocherte Chris in der Glut, und knisternd fraß sich das Lagerfeuer durch ein dickes Scheitholz, dann endlich raschelte etwas im Gebüsch – doch nur eine kleine Maus huschte vor meinen Füßen über die Wiese.

Es begann köstlich zu duften, und die abgenutzten Bretter des verwitterten Picknicktisches bogen sich unter den gefüllten Töpfen. Margo hatte zum Schöpflöffel gegriffen und verteilte Chili in die Teller, dessen heißer Dampf in senkrechten Säulen in die kühle Abendluft stieg.

Frisches Maisbrot lag in Scheiben geschnitten auf einem kleinen Brettchen, Salat mit Walnüssen und Käse, und als Nachspeise gab es selbst gekochtes Apfelmus und Kuchen. Margo und Chris hatten ihr ganzes Auto vollgepackt, ehe sie zu uns gefahren waren. Straßenkarten, Sicherheitsschuhe, Kisten voll Obst und Gemüse, Marmelade und eingekochtes Obst.

»Und ihr fahrt auf die Baja?« Kauend betrachtete Margo unseren alten Laster.

Tom nickte.

»Vielleicht kommen wir euch ja besuchen.«

Überrascht musterten wir die beiden, erst vor wenigen Minuten hatten sie uns erzählt, dass sie die USA noch nie verlassen hatten. Nach einer kurzen Pause fügte Chris hinzu: »Wie wäre es mit Weihnachten?«

»Das wär toll! Bis Weihnachten wollten wir ungefähr hier sein.« Tom zog die Karte der Baja aus dem Handschuhfach und deutete auf einen grün umrundeten Punkt. »Fidels« stand dazu in großen Buchstaben an den Rand geschrieben, »ein wundervoller Campingplatz am Strand«.

»Okay. Wir kommen, am 24. Dezember sind wir da ... mit Pute und Weihnachtsbaum!«

Begeistert klatschten die Kinder in die Hände.

»Wie lange dauert das noch?«

»Ungefähr acht Wochen!«

Die Autotüren knallten, sanft strich das Licht der Innenbeleuchtung über die enthusiastischen Gesichter der beiden, dann wurde es dunkel, und die Scheinwerfer flammten auf. Der Lichtkegel strich durch die Büsche, zwei Hunde kamen hechelnd aus dem Gebüsch geschlüpft und warfen sich erschöpft unter den Laster, während in einiger Entfernung mehrere dunkle Körper durch das hohe Gras schlichen. Dieses eine Mal schienen die Kojoten unsere Hunde noch verschont zu haben.

Halloween

Verloren stand ich mit den beiden Mädels an der Hand in der verlassenen Straße. Ein eisiger Wind pfiff, und eine leichte Gänsehaut zog sich über meine Arme, während die Frau mit unangenehm quietschende Stimme auf mich einredete. Wie ein Elefant stemmte sie ihre wuchtigen Füße in den Boden, und ihre dicken Finger wedelten durch die Luft.

»Sie können nicht einfach durch irgendwelche Straßen gehen, dafür gibt es extra vorgesehene Viertel!«

Erst als ihr Blick auf die schüchternen Gesichter der Mädchen fiel, die wie begossene Pudel hinter mir auf dem Bordstein standen und ihre Finger in die Prinzessinnenkleidchen krallten, wurde ihr Blick weicher und die Stimme sanft.

»Dort werden extra die Straßen gesperrt, dass den Kindern nichts passieren kann, und die Menschen dort sind alle vorbereitet, mit Kostümen, Süßigkeiten und so weiter.«

Jetzt hatte sich ihr schmaler Mund sogar zu einem Lächeln verzogen.

»Nur drei Blocks weiter, hinter dem Walmart, dann sind Sie schon da.«

Von Weitem hörte ich sie noch rufen:

»Aber nur an den Türen klingeln, vor denen Kürbisse liegen!«

Erst vor zwei Stunden waren wir in Newport angekommen, einer Hafenstadt an der Westküste der Provinz Oregon, und hatten gerade an der ersten Tür geklingelt. Heute war Halloween, der 31. Oktober, und ganz nach amerikanischem Brauch hatten wir von Haus zu Haus ziehen wollen; doch so einfach, wie wir uns das vorgestellt hatten, schien es nicht zu werden.

Fröstelnd tappten wir über die Straßen, bis wir den großen Parkplatz vor uns auftauchen sahen, eng nebeneinander parkten die Autos, aus denen verkleidete Kinder quollen. Monster mit schaurigen Masken, Superhelden, zottige Bären und Tiger, daneben zierliche Prinzessinnen und Ballerinas, die sich vor Kälte zitternd neben ihren Müttern durch eine daneben aufgebaute Straßensperre drückten.

Wir mischten uns unter den verkleideten Pulk, folgten zwei Elfen und einem Robin Hood zu den offen stehenden Türen einer Garage und drängten uns hinter den begleitenden Eltern über die betonierte Einfahrt. Zwei Skelette flankierten die aufgeschobenen Tore, rötliches Licht hinter riesigen Spinnenweben, die darin sitzenden Krabbeltiere dicht beharrt und mit leuchtenden Augen. Eine Hexe stand hinter einem brodelnden Kessel; die lange gebogene Nase dicht über den dampfenden Topf haltend lachte sie höhnend, während ihre an einen Pfosten geketteten Kinder den Ankömmlingen fertig abgepackte Süßigkeiten zusteckten.

Einer nach dem anderen murmelte die magischen Worte, ließ sein kleines Päckchen in der mitgebrachten Tüte verschwinden, verschwand aus der Hexenküche auf der Suche nach dem nächsten Kürbis. Nur bei uns kam die Schlange für einen Moment ins Stocken.

»*What do you have to say?*«, murmelte eins der angeketteten Kinder mit gesenktem Kopf zu der erwartungsvoll ausgestreckten Hand von Emma.

»*Trick or treat*«, flüsterte ich, und stolz wiederholte sie meine Worte, woraufhin ein Päckchen in die aufgehaltene Tüte purzelte.

An einer dichten Buschreihe entlang schlenderten wir zum nächsten Garten und musterten leicht irritiert die sich elektrisch bewegenden Vampire, denen Kunstblut aus dem Mund troff. Ein leichtes Unbehagen machte sich in mir breit, immer wieder hatte ich das Gefühl, in einem schlecht inszenierten Horrorfilm gelandet zu sein. Schüchtern klammerten sich die Mädchen an meine Beine.

Plötzlich sprang ein Mann aus den Büschen, eine starre Maske verdeckte sein Gesicht, und noch während er drohend eine verschmierte Machete schwang, begannen Emma und Paula kreischend zu weinen.

»*Are you crazy?*« Ich hatte zu schreien begonnen, der Mann jedoch hob abwehrend die Hände und schlüpfte zurück zwischen die Äste ... die nächsten Kinder in der Reihe und ihre ebenfalls verkleideten Eltern kicherten entzückt über den Schabernack.

Eher zögerlich, mit beiden Kindern inzwischen auf dem Arm, drängten wir uns durch die nächsten Gärten, flüsterten immer wieder »*trick or treat*«, bis die Taschen sich langsam füllten, und ohne die vorgezeichnete Runde ganz beendet zu haben, stolperten wir erleichtert zurück in den Laster.

Unter dem gelblich leuchtenden Deckenlicht wurden Marshmallows, Kaubonbons, Schokolade und Lutscher verteilt, und mit ausgebeulter Backe sah Paula unbehaglich aus dem Fenster.

»Meinst du, der Jäger kommt hierher?« Sie schien den Mann mit der Machete zu meinen, und ich schüttelte beruhigend den Kopf.

»Ganz bestimmt nicht!«

»Aber wir haben ja auch die Laika, gell, Mama, die passt auf!«

Haifischfutter

»Ich wünschte, ihr würdet nicht nach Mexiko gehen!« Gary nahm den Kinderwagen entgegen, den Tom vom Dachträger reichte, und stellte ihn neben Emmas altes Laufrad in die Garage.

»Gerade mit den Kindern.«

Tom hatte den Anästhesisten im Ruhestand bei McDonald's getroffen, und nach einem gemeinsamen Besuch des Aquariums von Newport hatte er uns zu sich nach Hause gebracht. Noch während seine Frau Cynthia mit den Kindern French Toast in der Pfanne wendete, half er uns beim Abladen des Dachträgers. Kinderwagen und Laufrad hatten wir ihm für seinen Enkel geschenkt.

»Fahrt auf jeden Fall bis San Quintín, bis ihr das erste Mal haltet!«

Tom nickte, als er vom Dachträger kletterte, und Gary verteilte dampfend heiße Schokolade auf unsere Tassen. Ein feiner Nebelschleier hatte sich über der Pazifikküste gebildet, zu der ein schmaler Trampelpfad direkt vom Garten aus führte, das Rauschen der Wellen drang sacht bis an unsere Ohren.

»Und achtet auf die Kojoten!« Er zeigte auf den zwei Meter hohen Zaun des Nachbarn, über den eine zusätzliche Rolle Stacheldraht gespannt war.

»Sie haben einen seiner Hunde gefressen, den zweiten erwischen sie wohl nicht mehr.«

Zusammen stiegen wir über die hölzernen Stufen auf die ausladende Veranda, dann schlenderten wir in die Küche, der Duft nach gebratenem Ei und Toastbrot zog durch das Zimmer, und zwei Stühle waren vor den Ofen gerückt, auf denen sich die Mädchen mit rot glühenden Backen über die brutzelnden Pfannen beugten.

Als wir uns nach dem Essen auf den Weg in einen Outdoor-Secondhand-Laden machten, hatte es wieder leicht zu regnen begonnen. Ein frischer Wind fuhr unter unsere Jacken, als wir uns durch die ausladende Tür drückten.

Tom brauchte dringend neue Schuhe, und während wir die gebrauchten Stiefel begutachteten, hatte der Freund der Besitzerin sein Surfbrett aus einem Nebenzimmer geholt und sich neben Gary gestellt. Ein großes Loch prangte in der Spitze, und mit zitternden Fingern zeigte er auf den halbrunden Umriss.

»Wollt ihr eine Geschichte hören?«, wandte er sich an die Kinder, und ich begann zu übersetzen: »Ein Hai hat mich angegriffen, erst vor zwei Tagen. Ich saß auf meinem Brett und wartete auf die nächste Welle, als mich etwas am Bein streifte. Ich dachte, es sei ein neugieriger Seelöwe, und trat danach«, erzählte er, auffallend blass geworden, und auch mir lief ein Schauer über den Rücken, als ich die nächsten Worte übersetzte.

»Der Hai hat mit voller Wucht mein Surfbrett gepackt, hat mich damit bestimmt zwei Meter in die Luft katapultiert und dabei das Stück aus dem Brett gebissen, dann bin ich ins Wasser gefallen. Die zehn Minuten, die ich gebraucht habe, um ans Ufer zu schwimmen, waren die schlimmsten in meinem Leben!«

»Und der Hai?« Fragend sah ich ihn an.

»Der ist nicht wiedergekommen, mein Surfbrett war anscheinend nicht ganz nach seinem Geschmack.«

Noch einmal strich er sich über die Augen, klemmte sich das zerstörte Brett fest unter den Arm, und ich fragte mich, ob er wohl je wieder den Mut aufbringen würde, zu surfen. Wortkarg geworden zog er sich die Krempe seiner wollenen Mütze tief ins Gesicht und verschwand mit einem letzten knappen Nicken im Nebenzimmer.

Still standen die Mädchen hinter mir, und ich merkte, wie ihre Gedanken ratterten.

Warum nur hatte der Hai ihn angegriffen? Wie viele Haie gab es hier? Konnte man überhaupt im Meer schwimmen? Und warum fressen Haie überhaupt Surfbretter? Nach einer fünfminütigen Pause prasselten die Fragen wie ein Platzregen über mir hernieder, und aufgeregt musterten unsere Mädchen bei der Heimfahrt die schäumende Oberfläche des Pazifik.

Früh am nächsten Morgen stand Gary vor der Tür unseres Lasters, unter seinem Arm klemmte ein altes Karussellpferd aus Plastik, das offenbar bereits jemandem als Zielscheibe gedient hatte (es war übersät von Einschusslöchern), und ein wehmütiges Lächeln zog sich über sein Gesicht.

»Hab ich am Strand gefunden ... und ich dachte, Berti, das Räderpferd, braucht vielleicht Gesellschaft!«

Noch am Abend hatten wir unsere Sachen gepackt, und jetzt tuckerte der Dieselmotor schnurrend durch den kleinen Garten, während wir das Abschiedsgeschenk auf das Dach packten.

»Passt auf euch auf!« Noch lange sah ich die beiden winken, dann schwenkte der Laster zurück in Richtung Süden, und nach einer knappen Woche in New Port machten wir uns wieder auf den Weg.

Ein Raubüberfall

Ich schob den vollgestapelten Wagen vor mir durch die Gänge eines riesigen Walmarts, kurz vor Reedsport hatten wir einen kurzen Zwischenstopp eingelegt.

Unsere Vorratsschränke waren leer, und der letzte Toast gegessen, begeistert zog ich eine Packung Pumpernickel aus dem Regal vor mir, Emma und Paula standen mit großen Augen vor einem mit Spielzeug vollgepfropften Regal.

»Ich will Rapunzel haben Mama, bitte, schau doch mal, die langen Haare!«, bettelte Emma.

Ich schüttelte den Kopf, während ein Sicherheitsmann an uns vorbeihastete, eine rauschende Stimme dröhnte aus seinem Funkgerät.

»Mama, bitte, Papa!« Mit flehenden Augen sah sie uns an, und auch Paula hielt eine Puppe fest umklammert, doch auch Tom schüttelte jetzt den Kopf.

»Es gibt jetzt keine Barbie, wünscht euch doch eine zu Weihnachten!«

Ein ganzer Schwarm Security verteilte sich über die Gänge, aber das registrierte ich nur am Rande, während ich genervt die Puppen packte und sie zurück in das überquellende Regal legte. Emma und Paula begannen zu jammern, außer uns und dem Sicherheitsdienst schien sich kaum jemand in dem Geschäft zu bewegen. Verwundert schob ich den aufgetürmten Einkaufswagen an die einzige geöffnete Kasse und schlichtete die Waren auf das kurze Band. Menschen drückten sich vor uns an die Glastüren, starrten wie hypnotisiert über den Parkplatz.

Vollbepackt quetschten wir uns durch die gaffende Menge und wanderten in Richtung Laster. Sirenen näherten sich, ein Polizeiauto mit Blaulicht bretterte mit quietschenden Reifen um die Kurve, mehrere Polizisten sprangen heraus, stürzten sich auf einen Mann und warfen ihn zu Boden.

Amerika ... genau so hatte ich mir das vorgestellt!

Breitbeinig reihten sich die Officers um den Verhafteten, die schmalen Lippen unter den verspiegelten Sonnenbrillen hatten sich zu einem harten Strich verengt. Zu zweit packten sie den Mann an seinen hinter den Rücken gebogenen Armen und wuchteten ihn in einen bereitstehenden Streifenwagen.

Tom hatte sich in die Fahrerkabine verzogen und studierte die Karten, und während ich noch versuchte, mich durch den Berg von Einkäufen ins Innere unseres Wohnkoffers zu quetschen, rasten zwei Einsatzwagen über den plötzlich wie leer gefegten Parkplatz. Mit quietschenden Reifen rutschten sie vor die Schnauze unseres Rundhaubers, und eine Handvoll Polizisten sprangen aus den aufgerissenen Türen.

»Aussteigen!«, brüllten sie in einem schwer verständlichen Slang, die Hände auf die Waffen gelegt. Tom öffnete die quietschende Tür und hob reflexartig die Hände.

»Hey, was habt ihr denn für ein Problem?« Irritiert blickte er auf das ganze Polizeiaufgebot.

»Was tun Sie hier?«

»Na was wohl? Einkaufen!« Seine Stimme war schon einen Tick lauter geworden

»Gehört der Mann zu Ihnen?«

»Bitte wer?«

»Es gab hier einen Raubüberfall, wir haben den Täter gefasst, und ich frage Sie, gehört der Mann zu Ihnen?«

Tom begann zu kichern.

»Das ist jetzt nicht Ihr Ernst, oder?«

»Gehört er zu Ihnen?« Stur wiederholte ein Clint-Eastwood-Verschnitt die schon zweimal gestellte Frage.

Da begann Tom, wütend zu werden: »Sagen Sie mal, machen Sie das mit allen Touristen so? Meinen Sie, unser alter Laster ist ein Fluchtauto oder was, vielleicht sollten Sie mal überlegen, wie schnell der fährt, so einen Schwachsinn hab ich ja noch nie gehört!«

»Was ist denn hier los, was soll das?« Entsetzt starrte ich auf die aggressiven Polizeibeamten, die Tom zwischen sich auf den Bordstein gedrückt hatten.

»Was machen Sie hier?« Wieder das Clint-Eastwood-Double.

Wütend zeigte ich auf den Berg Einkaufstüten, die sich immer noch in der Eingangstür stapelten, Emma und Paula klammerten sich ängstlich an den Stoff meiner Hose. »Einkaufen!«

»Pässe!«

Ich griff nach der Tasche und drückte ihm unsere Ausweise in die ausgestreckte Hand, blickte hilflos auf den immer noch am Boden liegenden Tom.

»Ferien?« Immer noch blätterte der Officer in den Papieren, und ich nickte zustimmend

»Wohin wollen Sie?«

»Mexiko.«

Angestrengt musterte er noch einmal unser Gefährt, blickte in die fragenden Augen unserer Kinder, dann winkte er seinen Kollegen und legte lächelnd die Ausweise in den offenen Eingang.

»Haben Sie eine schöne Zeit«, sagte er mit öliger Stimme, und ich schnaubte wütend über die Ironie, die in diesen Worten lag.

Geschmeidig schlüpften sie zurück in ihre Wagen und rasten erneut über den Platz, nur um kurz darauf hinter der nächsten Kurve zu verschwinden. Die Menschen, die sich vor den Glastüren versammelt hatten, musterten uns mit stechenden Blicken.

Tom kletterte zurück in die Fahrerkabine und startete den Motor, nur Minuten später rollten wir vom Platz.

»*Gipsys!*«, hörte ich noch jemanden rufen, dann drückte Tom aufs Gaspedal, und schnellstmöglich machten wir uns aus dem Staub.

Gleich am nächsten Morgen war Tom krank. Ich machte die Polizisten dafür verantwortlich, und während sich Tom stöhnend im Bett wälzte, schimpfte ich wie ein Rohrspatz.

Wir hatten es gerade noch bis zu einem geöffneten Beach Park geschafft, und das Park-Host-Ehepaar Marcia und Chris nahmen sich unser an wie fürsorgliche Eltern. Während Chris Tom mit seinem Wagen ins Krankenhaus chauffierte, saß ich mit den Mädchen in den gemütlichen Wohnzimmersesseln ihres Wohnmobils und schlürfte Kaffee, über den Bildschirm des Fernsehers flimmerte ein Kinderfilm, und eisgekühlte Limonade stand auf dem Tisch.

»Keine Sorge.« Marcia tätschelte meine Hand. »In Gold Beach ist ein gutes Krankenhaus!«

Ich starrte auf die schäumenden Wellen, die über den Strand schwappten, und lächelte dankbar. Obwohl der Park nachts für die Öffentlichkeit geschlossen war, hatten uns die beiden in einer abgelegenen Ecke parken lassen. Erst in zwei Tagen würde der Park Ranger seine Kontrollrunde machen, und bis dahin konnten wir bleiben. Der Kaffee war heiß und lecker, mein Blick schweifte über die Einrichtung. Das seitlich ausfahrbare Wohnzimmer maß mindestens fünfzehn Quadratmeter, dahinter kamen ein kleines Bad und ein zusätzliches Schlafzimmer. Schon vor einigen Jahren hatten die beiden ihre Wohnung aufgegeben und waren in den Anhänger gezogen. Ihr fester Wohnsitz sei eigentlich ein Campingplatz, hatte mir Marcia erzählt, die Stellplatzmiete sei immer noch billiger als die Miete für eine Wohnung, und jetzt, in der kalten Jahreshälfte, verdienten sie ihr Geld als Camp Host in verschiedenen Parks.

Draußen hörte ich den Motor eines Wagens näherkommen, kurz darauf stolperte der bleiche Tom neben Chris durch die Tür und ließ sich in einen der Sessel fallen. Chris sah mich ernst an.

»Er hat einen seltenen Darmvirus, mit dem ist nicht zu spaßen. Der Virus greift den Darm und die Magenwand an, das kann lebensgefährlich werden!« Dann reichte er mir drei orangene Döschen voller Pillen. »Tom weiß die Dosierung, am besten, er legt sich gleich ins Bett!«

Zusammen brachte er uns mit seinem kleinen Elektroauto bis vor die Tür unseres Lasters, und Tom kletterte über die schwanzwedelnden Hunde zurück ins ungemachte Bett, während ich Chris noch einmal die Hand schüttelte.

»Danke für alles!«

»Ist doch selbstverständlich. Das fahrende Volk muss doch zusammenhalten!«

California Dreaming

»Tausendfünfhundert Dollar?« Geschockt starrte ich auf die Rechnungen des Krankenhauses und der Apotheke, während wir an den kalifornischen Checkpoint rollten. Tom ging es nach zwei Tagen Tabletteneinnahme schon viel besser, die Rechnungen jedoch rissen fürs Erste ein Riesenloch in unsere Reisekasse, und obwohl ich wusste, dass die Auslandskrankenversicherung die Summe später übernehmen würde, musste ich schlucken. Mit so viel hatte ich nicht gerechnet!

Da ertönte neben mir eine Stimme: »Haben sie Holz, Gemüse oder Obst?« Das Gesicht einer jungen Frau erschien in unserer Tür, ich schüttelte verneinend den Kopf, und ruckend passierten wir die Sperre. An der Grenze zu Kalifornien, das angeblich frei von Schädlingen ist, muss alles, womit man Ungeziefer einschleppen könnte, abgegeben werden.

Nebel erhoben sich aus den zerklüfteten Hängen der Steilküsten, die sich in der Wärme der gleißenden Sonnenstrahlen auflösten, Gischt schäumte um die ausgehöhlten Felsen, und einige Pelikane flogen in einer atemberaubenden Formation über den Kamm der Wellen. Über Crescent City bis nach Eureka folgten wir der kurvigen Küstenstraße, bis wir uns auf den Weg zur Avenue of the Giants machten, die einige Kilometer weiter im Landesinneren lag. Diese Giants sind die Redwoods: riesige Küstenmammutbäume, die bis zu zweitausend Jahre alt werden können.

Von der Ausfahrt Pepperwood führte die kleine Straße durch enge Kurven entlang des Eel River, es hatte angefangen zu nieseln, und das Licht einer Straßenlaterne brach sich diamantengleich in den Regentropfen, die über die gewaltigen Stämme rollten. Die Gipfel, die bis zu einer Höhe von hundert Metern aufragten, neigten ihre Kronen wie nickende Köpfe.

Schwere Tropfen prasselten auf den Boden. Auf dem Schotterplatz, der im Schatten der uralten Bäume lag, wirkten unser Laster wie ein Spielzeug und Emma und Paula, die wie aufgezogen um die Stämme krabbelten, insektengleich und winzig klein.

Den ganzen Tag stromerten wir durch den Wald, selbst die Hunde schienen schwer beeindruckt, und als Fred es sich in den Kopf gesetzt hatte, einen Baum zu markieren, musste er ganze sechs Mal pinkeln, bis er den breiten Stamm umrundet hatte.

Wir feierten den Ausklang des Tages gerade mit einer Flasche Bier, als ein Streifenwagen neben uns rollte, dessen Sirene einen kurzen Jaulton von sich gab. Der Regen hatte inzwischen sintflutartige Ausmaße angenommen, und Tom stieg fluchend, in eine Regenjacke gehüllt, aus dem Wagen.

»*No camping!*«, dröhnte es ihm aus der nur einen Spalt heruntergekurbelten Scheibe entgegen.

»Das kann nicht sein!« Tom schüttelte den Kopf »Wir haben kein Verbotsschild gesehen!«

»Pässe!«

In kleinen Bächen stürzte das Wasser über Toms alte Jacke, und ich konnte fühlen, wie es langsam aber stetig nach innen kroch. Noch immer blätterte der Officer in den Papieren, als Tom wieder zu sprechen begann.

»Solange kein Verbotsschild aufgestellt ist, bin ich immer davon ausgegangen, dass Camping ...« Weiter kam er nicht. Die Gesichtszüge des Polizisten schienen zu entgleiten, die Backen begannen sich aufzuplustern wie die eines Hamsters, bis er Toms ins Gesicht schrie:

»Wo kommen Sie denn überhaupt her, was sind das für Zustände in Ihrem Land, dass Sie so mit mir sprechen! Wenn ich sage, hier wird nicht gepisst und nicht geschissen, dann wird hier nicht gepisst und nicht geschissen, und wenn ich sage, Sie fahren, dann fahren Sie!«

»Aber ich habe getrunken, und die Kinder schlafen.«

Jetzt schien der bullige Kopf des Kaliforniers aus allen Nähten zu platzen.

»Das ist mir scheißegal! In zwanzig Minuten komme ich wieder, und wenn Sie bis dahin nicht verschwunden sind, sperre ich Sie und Ihre Frau ins Gefängnis und nehme Ihnen die Kinder weg!«

Er raste vom Platz, das Hinterrad schlitterte durch eine Pfütze, die sich direkt vor unserem Laster gebildet hatte, und eine Fontäne Schlamm schwappte über Toms Füße. Geladen knallte er die Tür hinter sich ins Schloss und schälte sich aus den nassen Klamotten, dann kletterte er wortlos ins Führerhaus, und während ich mich zu den schlafenden

Kindern auf das Bett setzte, verließen wir den gespensterhaften Wald der uralten Redwoods.

Am nächsten Morgen fanden wir uns im geschäftigen Treiben einer Tankstelle wieder, neben uns brummte die Kühlanlage eines Lastwagens, dessen Fahrer den Sichtschutz unseres Rundhaubers zum Pinkeln nutzte, verschlafen hockten wir im Bett über den detaillierten Straßenkarten und zählten die State Parks bis zur mexikanischen Grenze. Sechsunddreißig Dollar pro Nacht war nicht ohne, doch das wilde Campen war uns fürs Erste vergangen, und frustriert addierte ich die Zahlen. Acht Parks, das musste zu schaffen sein, das bedeutete knappe dreihundert Dollar, also gute drei Wochen essen. Ich schnaufte verärgert, vom Land der Freiheit hatte ich mir eigentlich mehr erwartet.

Noch am selben Abend krochen wir in Richtung des ersten markierten *Forest Campgrounds*, der abseits in den Bergen gelegen einen etwas günstigeren Preis versprach. In engen Kurven schlängelte sich das winzige Sträßchen immer weiter in die Höhe, tief hängende Telefonleitungen schabten an den Alukisten auf unserem Dachträger, und der Motor unseres Veteranen schnaufte unter der Anstrengung.

Als wir nach einer guten Stunde endlich den geteerten Platz des Waldzeltplatzes erreichten, erwartete uns ein an die Pinnwand geschlagenes Schild … CLOSED, NO SEASON!

»Die Gräser muss ich konfiszieren.« Das Amerikanisch des Mannes hörte sich an wie eine Kopie aus einem schlechten Gangsterfilm, breitbeinig stand er vor der Schnauze unseres Lasters und deutete auf die langen Halme, die die Kinder als Schmuck in die Stoßstange gesteckt hatten.

»Warum das denn?« Irritiert sah ich dem Park Ranger ins Gesicht, mit der Zunge schob er einen Batzen Kaugummi von einer Backe in die andere.

»Die sind nicht von hier.«

»Aha?«

»Die könnten sich vermehren, hier in unserem State Park!«

Dann stülpte er eine Plastiktüte über die Gräser, die wir nur einige Meilen entfernt am Straßenrand gepflückt hatten, warf das verknotete Päckchen in seinen Kofferraum und deutete noch im selben Augenblick auf unsere Hängeschaukel, die nicht weit entfernt an einem Ast baumelte.

»Das ist verboten«

»Hängeschaukeln?« Jetzt war ich völlig sprachlos.

»Die Bäume sind aus Australien importiert und sehr empfindlich«

»Die Schaukel hängt da schon den ganzen Vormittag.«

Skeptisch musterte er den Ast, dann schüttelte er energisch den Kopf.

»Die muss runter!«

Nach einer erneuten Irrfahrt durch die Berge und einem weiteren geschlossenen State Park hatten wir die letzte Nacht bei David und seiner Mutter verbracht, der uns am Straßenrand aufgegabelt hatte. In Sichtweite der Golden Gate Bridge parkten wir unseren Laster neben seiner schnittigen Corvette. Heute dagegen hatten wir weniger Glück gehabt. Spät am Abend waren wir nur wenige Kilometer hinter San Francisco in einem State Park gelandet, in dem der Ranger keinen Spaß zu verstehen schien. Unter dem Protestgeschrei der Kinder löste ich also die Knoten des um den Ast gewickelten Seiles, und die Hängeschaukel plumpste zu Boden. Zufrieden kletterte der Spielverderber zurück in seinen Wagen und rollte weiter durch die Reihen der parkenden Wohnmobile, während seine stechenden Augen stetig den Platz absuchten. Justin, ein junger Mann, den wir mitsamt Hund zum Essen eingeladen hatten, zog sich seinen Pullover über die schmalen Schultern, fast als würde es ihn unter der warmen Sonne frösteln.

Nicht weit entfernt hatten wir ihn am Strand getroffen, sein in einem Pullover steckender, vernarbter Hund hatte sofort die Aufmerksamkeit der Kinder auf sich gezogen, jetzt saßen beide vor unserem Laster auf der Wiese und kauten genüsslich.

Seit über zehn Jahren lebten sie nun schon auf der Straße, schon als Jugendlicher hatte sich Justin »aus dem Staub« gemacht und verdiente gelegentlich ein wenig Geld mit der Suche nach Edelsteinen. Stolz zog er einen ledernen Brustbeutel aus dem Ausschnitt seines Hemdes und leerte mehrere funkelnde Steine in seine Hand.

»Ich habe viele Bernsteine, aber auch Saphire und Smaragde!« Er zeigte auf einige zart geschliffene, kleine Steinchen, dann zog er einen gewundenen, wie eine Welle geschwungenen Bernstein, in dem einige Kristalle eingeschlossen waren, aus seiner Tasche und legte ihn in Toms Hand.

»Hier, für dich«, sagte er und lächelte.

Schmuggelplätze und ein Mord oder: Walmart, die Zweite

Nachdem uns auf dem Walmart-Gelände bei San Diego wieder ein Polizeiaufgebot überrascht hatte, waren wir Hals über Kopf aus der Stadt geflüchtet und hatten nur wenige Kilometer von der Grenze entfernt Zuflucht hinter einem dichten Gebüsch gesucht. Ich hatte gerade die Gutenachtgeschichte vorgelesen, während Tom noch einmal durch den Supermarkt gezogen war, als plötzlich Blaulicht und Sirenen um den Laster schwirrten.

»Jemand hat ein Kind in Ihren Wagen steigen sehen!«

Ich hatte das Schiebefenster über dem Bett geöffnet und starrte in das flackernde Licht.

»Das kommt bei uns öfter vor. Wir haben sogar zwei davon!«

Emma und Paula waren hinter mich gekrochen und starrten in das verkniffene Gesicht des amerikanischen Polizisten, der weder dem Bobby-Car noch dem Räderpferd über dem bunt getupften Lack Beachtung schenken wollte.

»Pässe!« ... War ja klar!

Wieder und wieder blätterte er in den Dokumenten, kontrollierte die Gesichter und unterhielt sich mit einer schnarrenden Stimme aus dem Funkgerät. Aus dem zweiten Einsatzwagen starrten uns die skeptischen Augen der Verstärkung an.

»Wir müssen jedem Verdacht nachgehen!«Was er konkret vorfand, schien ihm egal zu sein; er war nun einmal verständigt worden, und deswegen kontrollierte er, zumal auffällige Leute hier wohl als potenziell gefährlich angesehen wurden. Noch einmal starrte er auf das Foto in meinem Pass, und ich dachte an die vielen Bilder der verschwundenen Kinder, die in Supermärkten und Städten die Bäume und Informationstafeln pflasterten. Ich weiß nicht, ob es mehr sind als in Deutschland, aber auf jeden Fall hängen hier überall, an Straßen, Waschsalontüren oder in Supermärkten, die Bilder von vermissten Kindern. Trotz allem konnte ich mir nicht vorstellen, dass die Polizei mit ihrer Methode des Suchens und Kontrollierens Erfolg haben würde.

»Machen Sie das immer so?«

»Was meinen Sie?«

»Alle Autos vor dem Walmart kontrollieren, in die Kinder steigen?«

Jetzt drückte er mir die Pässe zurück in die Hand.

»Ich wünsche eine angenehme Nacht!« Und gemeinsam rollten die Einsatzwägen durch den gelblichen Schein der Straßenlaternen.

Nur zehn Minuten später waren wir in Richtung Grenze aufgebrochen und hatten den Laster hinter die dichte Buschreihe gefahren. Mexiko war nur noch wenige Kilometer entfernt, und langsam hatte ich das Gefühl, wir wären dort gut aufgehoben.

Emma und Paula saßen unter den ausladenden Ästen der dichten Büsche und sammelten Federn, Berti und sein zerschossener Kumpan standen still an einen dicken Ast gebunden und ließen sich selbst von den dicken kreisenden Fleischfliegen nicht stören.

»Mama, Papa, kommt schnell, hier sind ganz viele Federn, gelbe!«

Gemeinsam krochen wir zu den Kindern zwischen die Zweige, vor deren Füßen, verteilt um einen morschen Ast, büschelweise gelbe Federn lagen.

»Irgendein Raubtier muss hier den Vogel erwischt haben.« Unbehaglich musterten wir eine breite Schleifspur, die quer über den weichen Boden führte, der Vogel war das bestimmt nicht gewesen.

Emma war unserem Blick gefolgt.

»Gibt es hier Bären?«

»Ich weiß nicht, aber ich glaube eher nicht.«

»Vielleicht Löwen oder Tiger?«

»Vielleicht Cougars, die Berglöwen ...« Ich rümpfte die Nase, ein merkwürdiger Geruch lag in der Luft, der mich entfernt an Metall erinnerte, und nervös geworden griff ich nach Toms Arm.

»Lasst uns lieber aus den Büschen gehen, wer weiß, was sich hier für ein Tier rumtreibt!«

Auf allen vieren quetschten wir uns hintereinander durch die stacheligen Zweige, bis uns plötzlich die Reifen eines parkenden Autos den Weg versperrten. Überrascht hob ich den Kopf, BORDER PATROL stand in dicken Lettern auf den Lack des Wagens geschrieben, der sich zwischen Laster und Gebüsch geschoben hatte.

Stiefel stapften vor uns auf den Boden, silberne Schnallen schepperten dicht vor meinem Gesicht.

»Guten Abend.« Die Miene des Grenzpolizisten wirkte erleichtert. »Was machen Sie denn hier?«

Gemeinsam quetschten wir uns zwischen die Autos, und Tom zuckte die Schultern.

»Wir wollten gerade ins Bett, morgen wollen wir über die Grenze nach Mexiko.«

»Hier können Sie nicht bleiben, ist viel zu gefährlich!«

Tom lächelte gequält.

»Gefährlicher als auf dem Parkplatz eines Walmarts?«

»Hier ist einer der beliebtesten Treffpunkte der Waffenschmuggler, erst vor vier Tagen wurde hier ein Mann gefunden ... erschossen.«

Ich merkte, wie mir die Galle in die Kehle schoss, erinnerte mich des merkwürdig metallischen Geruchs und sah die Schleifspur vor meinen Augen.

»Nicht weit von hier ist ein LKW-Parkplatz, da können Sie sicher übernachten!«

Er deutete in Richtung Straße.

»Nur ein Stück weiter ist die Tankstelle, daneben können sie parken.«

Kurz darauf dröhnte die Kühlung eines Lastwagens neben uns, die hellen Strahlen der vielen Laternen leuchteten ins Innere und warfen bizarre Muster an die gewölbte Decke. Ich konnte nicht schlafen, die halbe Nacht hatten mich Albträume gequält, jetzt wälzte ich mich unter den Decken und grübelte.

Vielleicht sollten wir lieber umkehren? Plötzlich war ich mir nicht mehr sicher, ob ich nach Mexiko wollte, plötzlich hatte ich schreckliche Angst. Was, wenn es wirklich so gefährlich war, wie uns alle Leute glauben machen wollten, was, wenn uns wirklich etwas passierte? Als die ersten Sonnenstrahlen über den Horizont krochen, hatte ich Bauchschmerzen. Ich starrte aus dem Fenster, und ein LKW-Fahrer strahlte durch die beschlagene Scheibe seiner Kabine zu uns herüber. Ein dichter schwarzer Schnurrbart bedeckte seine Lippen, die bronzefarbene Haut wirkte wettergegerbt, und kleine Grübchen verteilten sich über Wangen und Augenwinkel. VIVA MEXICO prangte in schnörkeligen Buchstaben auf seinem Fenster, in der Ferne erhoben sich die stacheligen Silhouetten der ersten Kakteen.

Etappe 12: Mexiko, Dezember 2011 bis Februar 2012

Viva Mexico

Riesige Gesichter starrten uns entgegen, Verbrecher in Schwarz-Weiß auf Plakatwänden, einer neben dem anderen säumten die Parkplätze an der kleinen Grenze von Tecate.

Ich hatte die letzte Nacht kaum geschlafen, müde starrte ich in die kalten Augen des Gesuchten, der mir in einer Größe von zwei Quadratmetern entgegenstarrte. Ein Riss zog sich wie eine Narbe über die dunkle Wange, das einst festgekleisterte Papier hatte sich gelöst und flatterte an der rechten oberen Ecke im Wind. Fast schien es, als zwinkerte das im Luftzug zuckende Auge mir zu.

»*Do you have any weapons or drugs?*«

Ein gedrungener mexikanischer Grenzpolizist stand aufrecht unter der nur einen Meter achtzig hohen gewölbten Decke unseres Koffers und klopfte mit ausgestrecktem Arm gegen die dünne Holzverkleidung.

»*No, of course not.*« Ich schüttelte den Kopf und hatte Probleme, die zähnefletschende Laika unter Kontrolle zu halten, die wie eine Furie an ihrem dünnen Halsband riss, seit der Grenzer seinen Fuß in unsere Wohnkabine gesetzt hatte.

Er öffnete den Küchenschrank und starrte auf die ineinandergestapelten Tassen, wühlte sich durch die Teevorräte, dann sprang er zurück nach draußen und winkte uns durch die letzte Sperre.

Langsam rollten wir durch die mexikanische Grenzstadt. Kleine quadratische Betonhäuser stapelten sich an den Hügeln wie Kartenhäuser, rot-braune Wellblechdächer sahen zwischen den zerfransten Blättern alter Palmen hervor, die Straßenränder säumten verbeulte Autos und in Spanisch beschriebene Mauern. Nichts glich den wohlhabenden Gegenden in Kalifornien, durch die wir erst gestern noch gefahren waren.

Ein grüner VW-Bus rauschte an uns vorbei. Die Gesichter, die uns daraus entgegenstarrten, wirkten angespannt und gestresst; sie schenkten uns ein letztes gequältes Lächeln, und nur Sekunden später verschwand das amerikanische Nummernschild hinter der nächsten Kurve, Larry und Susan auf ihrem Weg in den sichereren Süden! Erst vor einer Stunde waren wir an der Grenze kurz mit ihnen ins Gespräch gekommen. Dort hatten sie bereits einen sehr nervösen Eindruck gemacht, während sie uns ihren Plan schilderten.

»Wir fahren so lange, bis wir umfallen, erst dann suchen wir uns einen bewachten Platz, je weiter wir es Richtung Süden schaffen, desto sicherer ist es, und an eurer Stelle würde ich es genauso machen!«

Sie erzählten uns, dass die meisten Amerikaner wegen der riskanten Lage und der brutalen Überfälle auf Reisende und Familien gar nicht mehr nach Mexiko reisten, allenfalls in großen Konvois, in denen sie sich sicherer fühlten; die meisten Campingplätze seien verlassen, und auf der Nordhälfte der Baja gäbe es so gut wie keinen Tourismus mehr.

Ich blickte nach draußen, ein Kind, das in ein Wickeltuch gebunden war, drehte sein Köpfchen in unsere Richtung, und seine Mutter lächelte. Wir hatten andere Pläne.

Eine Schule für Taubstumme sollte nicht weit entfernt von Tecate in den Bergen liegen, helfende Hände, so hatten wir gelesen, seien dort immer willkommen, und so machten wir uns auf den Weg in Richtung Südwesten und hofften, dort ein sicheres Plätzchen für die Nacht zu finden.

Außerhalb der Stadt empfingen uns Hügelketten, wir sahen einzelne Häuser, die einsam in der Prärie lagen, davor angepflockte Pferde, und vom Gipfel eines nahe gelegenen Berges ragten die Spitzen mehrerer zu einem Kreis angeordneter Tipis. Die weite Landschaft dagegen wirkte verlassen, und die zum Teil geschotterten und von Schlaglöchern übersäten Straßen ließen uns nur langsam vorankommen. Der Laster schaukelte und hüpfte, und fast fühlte ich mich zurückversetzt auf die Waschbrettpisten der Mongolei.

Nach einer guten Stunde standen wir vor den geschlossenen Flügeln eines hoch emporragenden Tores, rote Farbe blätterte von den unbehauenen Brettern, und Tom, der aus der Fahrerkabine gesprungen war, rüttelte an dem abgegriffenen Balken, hinter denen laut Karte die Schule liegen musste.

»Verschlossen!« Er sah mich fragend an, und ich tippte auf die kurze Passage im Reiseführer.

»Hier steht, man soll sich einfach auf den dazugehörigen Campingplatz stellen und warten, bis jemand kommt.«

Neugierig sahen wir uns um. Weit entfernt hinter den Toren konnte man eine Gruppe kleiner Häuser ausmachen, die sich an die massigen Ausläufer eines Berges zu lehnen schienen, Kakteen standen verteilt zwischen kantigen Felsen auf dem sandigen Boden, aus dem sich auch immer wieder überraschend grüne Büsche bohrten. Während der Mercedes abwartend vor den geschlossenen Toren tuckerte, lugten wir hinter die immergrüne Wand einiger mir unbekannter Gewächse und entdeckten zu unserer Überraschung ein kleines Betonhäuschen und mehrere, mit Steinen abgetrennte Parzellen. Das sollte wohl der Campingplatz sein … Schnell schlüpften wir durch die raschelnden Blätter, doch noch bevor die letzten Zweige hinter uns zusammenschlugen, erkannten wir das Ausmaß der Zerstörung.

Die Türen waren eingetreten, zerfetzte Vorhänge flatterten um das zersplitterte Holz, und in der Sonne glitzerte ein Haufen Glasscherben auf dem sandigen Boden. Lautlos huschte eine kleine Eidechse über den heißen Lack eines Autowracks, dessen Achsenden wie amputierte Gliedmaßen über die Ränder einiger übereinandergestapelter

Felsbrocken ragten, und verschwand durch einen schmalen Spalt unter dem verbeulten Kofferraumdeckel.

»Und jetzt?« Ensenada, der nächste größere Ort, war noch über sechzig Meilen entfernt, und inzwischen war es schon später Nachmittag. Ernüchtert betrachteten wir die vor uns liegende Karte, eine andere Möglichkeit schien es kaum zu geben, und auf dem verlassenen Platz fühlte ich mich mehr als unwohl. Die Schule schien es gar nicht mehr zu geben.

»Lass uns fahren.«

»Bei den Straßen brauchen wir nach Ensenada sicher noch zweieinhalb Stunden!« Doch nach einem Blick in mein Gesicht nickte Tom und kletterte zurück hinters Lenkrad.

Wir fuhren, bis es dunkel wurde und die mexikanische Stadt vor uns aus einer Mulde tauchte. Gelbliche Straßenlaternen leuchteten uns den Weg durch die unbefestigte Gasse, die vorbei an finsteren Hinterhöfen bis an die Tore eines Campingplatzes führte. Der Mann, der uns begrüßte, lächelte schief über dunklen Stoppeln eines Dreitagebartes, hinter ihm reihten sich die verlassenen Trailer längst abgereister Touristen, die dunklen Fenster wirkten wie die verloschenen Augen eines sterbenden Tieres.

»*Si, si, enough place*«, antwortete er auf unsere Frage nach einem Platz für die Nacht und deutete auf die menschenleere Strandpromenade. »*Only fifteen Dollar.*«

Ich schluckte, auch hier fühlte ich mich nicht viel besser. Zwei weitere Männer hatten sich neben den ersten geschoben und schenkten uns ein Gangstergrinsen, als Tom das Geld aus der Brieftasche zog. Wir rollten unter das fahle Licht einer alten Laterne, die in gleichmäßigen Abständen zu flackern begann. In den kleinen Gärten, die um die Trailer und die winzigen angebauten Häuschen lagen, wucherte das Unkraut, einige Fenster waren eingeschlagen, und von den Fassaden blätterte die Farbe. Selbst die sonst in solchen Situationen vorherrschende Gelassenheit der Hunde war einer angespannten Aufmerksamkeit gewichen, unruhig und mit gespitzten Ohren schlichen sie um die verlassenen Hütten, musterten misstrauisch die über die Wege schleichenden Männer, und ein tiefes Grollen kam aus Laikas Kehle.

Nachts weckten mich Stimmen. Schritte knirschten um den Laster, und spanische Sätze wechselten von rechts nach links, angespannt klammerte ich mich an meine Decke und lauschte den heiseren Worten. Leises Lachen, dann einige ausgespuckte Brocken, die einer spanischen Schimpftirade glichen, erneutes Gelächter und Flaschenklirren. Ich spürte, wie mein Herz zu rasen begann, hörte den Pulsschlag in meinen Ohren zu den in meiner Erinnerung immer und immer wiederkehrenden Sätzen der Amerikaner: »Fahrt, so weit ihr könnt ... nicht vor San Quintín ... Mafia kennt keine Gnade ... und das mit den Kindern ...« Mein Magen begann zu rebellieren, mir wurde schlecht, während draußen erneut zwei Flaschen aneinanderschlugen, bevor sich die Stimmen endlich entfernten.

Heute Nacht würde ich bestimmt nicht mehr schlafen können.

Fidels El Pabellón

»*No Problemo!*« Der kleine stämmige Mann neben uns schien kein anderes Wort zu kennen.

Wir standen in der Einfahrt eines Sandplatzes direkt am Strand, und Tom musterte den weichen Boden, durch den tiefe Fahrspuren liefen. Mit Palmwedeln bedeckte Pavillons standen in einiger Entfernung direkt vor der rauschenden Brandung. Endlich hatten wir Fidels El Pabellón erreicht, den von Gordon hochgelobten Campingplatz in der Nähe von San Quintín, der schon an der Straße mit großen Aushängeschildern und 24-Hours-Security warb.

Fidels Englisch allerdings schien sich auf zwei Worte zu beschränken.

246

»*No problemo!*« Wieder hob er abwinkend die Hand und deutete auf den weichen Boden, niemand würde hier stecken bleiben, da schien er sich sicher.

Schon mit den ersten Sonnenstrahlen waren wir aus Ensenada aufgebrochen, und auch wenn die Nacht ruhig und ohne weitere Zwischenfälle verlaufen war, wollte ich weiter nach San Quintín. Zum ersten Mal seit Beginn unserer Reise hatte ich mich von den Warnungen der Menschen beeinflussen lassen, und obwohl ich mich darüber ärgerte, ließ mich die Angst, die von den Amerikanern auf mich übergegriffen hatte, nicht mehr los. Fidels sollte laut Gordon das erste sichere Plätzchen sein, und der kleine, dickliche Mann, der unter unserem heruntergekurbelten Fenster stand, war mir auf Anhieb sympathisch.

Er stapfte vor uns durch den Sand, als wolle er den weichen Boden noch einmal für uns festtreten, und winkte uns, ihm zu folgen, während ihm seine zwei Schäferhunde schwanzwedelnd um die Beine sprangen.

Endloser Strand erstreckte sich vor uns, einige Männer, die bis zur Hüfte im Wasser standen, stocherten mit langen Gabeln nach kleinen Muscheln, die sie in Säcken gesammelt auf alte Pick-ups luden. Delphine tauchten aus den Wellen, die kleinen gebogenen Rückenflossen durchschnitten sichelgleich das kalte Wasser, bevor sie kurz in der Tiefe verschwanden, nur um Sekunden später wieder aus den Fluten zu schnellen, weit aus der Ferne schallte der Ruf einer einsamen Robbe.

Wir parkten direkt neben einem kleinen Pavillon und stürmten als Erstes das gemauerte Duschhäuschen, das sich neben einem monströsen Wassertank auf einem kleinen Hügel erhob. Die bunt gemusterten Vorhänge, die passend zur verblichenen Wandfarbe vor einzelnen Kabinen baumelten, hatten ihre besten Tage schon lange hinter sich. Eine Spur grauer Schimmel zog sich über die Falten, färbte die Fugen und die feuchten Wände.

Emma kletterte in die tiefe Wanne unter den auf Augenhöhe angebrachten Duschkopf, doch das Rinnsal, das in einigen wenigen Tropfen aus der Wand plätscherte, war eisig kalt.

Fidel zuckte die Schultern, als ich nur Minuten später an seine Tür klopfte.

»*Mucho problem*«, sagte er mit einem sorgenvollen Gesichtsausdruck.

»*No Tourists, no money, no gas.*«

Er verschwand im Inneren seines Hauses, das direkt neben dem Campingplatz an den Strand gebaut war, kam kurz darauf mit einer Flasche Gas, die er aus seiner Küche geholt haben musste, und einem Fotoalbum in der Hand zurück und ließ sich neben uns auf eine Reihe Stühle fallen. Er tippte auf eines der unzähligen Fotos, die sich auf den vergilbten Seiten überlappten, und verzog wehmütig das Gesicht.

»*A lot of people, only four years ago.*« Dicht an dicht quetschten sich die Motorhomes an den Strand, dazwischen immer wieder das strahlende Gesicht Fidels, umringt von jungen Mädchen und dicken Autos. »*But now ... no people ... no money!*«

Uns wurde einmal mehr klar, wie sehr das Land auf den Tourismus angewiesen war. Aber wegen der enormen Kriminalität und weil Mafia, Räuberbanden, Waffen- und Drogenschmuggel und eine korrupte Polizei Mexiko zu einem gefährlichen Ort machen, herrschte Angst auf den Straßen, und es kamen keine Gäste mehr. Nicht einmal die im Ausland arbeitenden Mexikaner wollten in ihr Land zurückreisen, da sie fürchten mussten, an der Grenze regelrecht ausgenommen zu werden.

In rudimentärem Englisch erzählte er von seiner Frau, die ihn verlassen hatte, seinen Kindern und seinem Haus in der Stadt, dann schüttelte er den Kopf und zeigte auf den Wassertank, der in der gleißenden Sonne glitzerte.

»*No money, no water.*« Er seufzte, bevor er sich mit einem flehenden Blick an uns wandte, jetzt war mir klar, warum so wenig Wasser aus der Dusche gekommen war.

»*You give me money, I can buy water, and tomorrow I go to Ensenada and bring you money back.*«

»*How much do you need?*« Tom sah ihn fragend an.

»*Thousand Pesos!*« Wie aus der Pistole geschossen nannte er die Summe, bei einer Umrechnung von 13,4 Pesos für einen Dollar kamen wir so auf knappe fünfundsiebzig.

»Okay.« Tom zog die Pesos aus der Tasche und legte die Leihgabe vor Fidel auf den Tisch.

»*For water!*«

Fidel nickte.

»*Tomorrow, I give you back.*«

Der Tankwagen, der Wasser geliefert hatte, war schon lange wieder verschwunden, als sich Fidel spätabends und in einer dichten Wolke aus süßlichem Aftershave auf den Weg nach Ensenada machte.

Nun, ich hegte bald den Verdacht, dass das Wasser entweder deutlich billiger gewesen war, als Fidel behauptet hatte, oder dass er den Tank nicht hatte vollfüllen lassen, jedenfalls schien er einiges Bares übrig zu haben und zum Feiern aufzubrechen.

»*Look for my campground!*«, hatte er noch gerufen, bevor sein Auto hinter der nächsten Kurve verschwand, und einen Moment lang war ich mir nicht sicher, ob ich ihn jemals wiedersehen würde.

Am späten Nachmittag des nächsten Tages machten wir uns soeben den Vorteil zunutze, auf einem ausgestorbenen Campingplatz zu sein: Wir begaben uns in die winzigen Klokabinen, ohne die Tür zu schließen – mit unserer für mexikanische Verhältnisse ungewöhnlichen Größe (mit der wir in Supermärkten oder auf belebten Straßen immer alle überragten) passten wir eh kaum hinein. Da hörte ich das Röhren von Fidels Truck, noch bevor er über den sandigen Boden rollte. Mit einer Leidensmiene kam er auf uns zugestiefelt und schüttelte den Kopf.

»*No money ... mucho problem.*« Er erzählte von Schulden, seiner fordernden Ehefrau und den armen Kindern. »*I need more money.*« Sein Blick glich dem eines Schoßhundes, der um eine kleine Zärtlichkeit bettelt.

»*We have only fourhundred Pesos left.*«

»*It is enough.*« Zuversichtlich lächelnd streckte er uns seine geöffnete Hand entgegen, und Tom legte unsere letzten Pesos auf die dicklichen Finger.

»*Until tomorrow!*«, sagte er, und Fidel nickte ergeben.

»*Comemierda!*« Kreischend packte ein kleines Mädchen ihre Freundin bei den Haaren, und die andere schlug wild um sich. Immer wieder hatten sie versucht, sich gegenseitig von meinem Einkaufswagen zu schubsen. Betreten guckte ich auf die raufenden Kinder, klatschende Schläge hallten durch den Mercado, Emma und Paula zuckten erschrocken zusammen.

»Warum streiten die denn?« Ein Büschel Haare schwebte sacht zu Boden und landete wie eine Opfergabe vor meinen Füßen in den ausgefransten Wandersandalen.

»Weil jede von ihnen unsere Einkäufe zum Auto tragen wollte.« Zweifelnd sah mich Emma an, während ich mich an die kleinen Mädchen wandte.

»*I need no help ... no pesos ... nada ...!*«

Die Worte wirkten ernüchternd wie ein Kübel kaltes Wasser, nur für einen Moment noch schwebte eine Hand lose in der Luft, dann plötzlich sanken die Kinder in sich zusammen wie fallen gelassene Marionetten. Mit hängenden Schultern schlürften sie zurück an die Kasse, mischten sich unter die anderen, die die bezahlten Einkäufe in billige Tüten stapelten.

Ich fühlte mich miserabel. Das letzte Mal hatte ich es mit der Bezahlung anscheinend übertrieben, ich hatte den Mädchen zusätzlich zu einigen Pesos ein Eis und eine Schachtel Plätzchen spendiert, doch mit solchen Folgen hatte ich nicht gerechnet, und auch Emma schüttelte immer noch ungläubig den Kopf, während ich die bezahlten Waren in einen Pappkarton steckte.

»Können wir nicht allen etwas kaufen?«, fragte sie betreten, als ich versuchte, ihr das Geschehene zu erklären, doch ich deutete auf die Masse von Kindern.

»So viel Geld haben wir nicht!«

»Dann teilen wir halt.« Sie zog eine Packung Kekse aus der Kiste, riss an der Verpackung und hielt sie vor die erstaunten Gesichter. »Die sind gut«, sagte sie schmatzend, ihr Mund war mit Schokolade verschmiert, und sie drückte sie dem erstbesten Jungen in die Hände.

Das Verhalten der Kinder rührte mich, aber mir kam auch wieder in den Sinn, was mir in Mexiko von Anfang an so sehr aufgefallen war: der enorme Unterschied zu Asien. Viele der Menschen, denen wir in Asien begegnet sind, waren auch arm, wie viele Mexikaner, und besaßen kaum etwas. Aber die allermeisten erwiesen sich als großzügig, gaben mehr, als sie eigentlich entbehren konnten. In Mexiko hingegen spürten wir ständig, dass man uns automatisch für reich hielt, schon allein aus dem Grund, weil wir aus den USA eingereist waren, und damit waren wir potenzielle Geldgeber und wurden ständig um Sach- und Geldgeschenke gebeten. Und wer etwas bekam, bedankte sich in der Regel kaum, sondern wollte mehr. Neben all den wunderbaren Eindrücken war das ein ermüdender, ein anstrengender Aspekt in diesem Land.

Letzte Woche hatten wir Weihnachten gefeiert. Chris und Margo waren aus Amerika gekommen und hatten für sieben Tage Fidels Haus bezogen, zusammen mit einem kanadischen Rentnerpärchen, Stuart und Joan, und der gesamten Familie des Mexikaners hatten wir bis spät in die Nacht bei Pute und gedünsteten Kakteen auf der Strandterrasse gesessen. Margo hatte aus Ensenada einen halb entnadelten Tannenbaum mitgebracht, den die Kinder begeistert mit Kugeln und Perlenketten behängt hatten, glitzernd bog sich seine Spitze unter der Last einer faustgroßen Schneckenmuschel.

Heute hatten wir unsere letzten Einkäufe erledigt und wollten endlich weiter nach Süden, zusammen mit Emma und Paula schleppte ich die Kisten zu dem in einer Nebenstraße geparkten Laster und ließ mich stöhnend in die Sitze fallen. Jetzt fehlte nur noch unser Geld.

»*We need the money!*« Zurück am Strand zeigte Tom auf seinen leeren Geldbeutel, und Fidel verzog sein Gesicht zu einer schmerzverzerrten Grimasse. Die meisten Schulden hatten wir verrechnet, zehn Tage hatten wir auf dem Campingplatz gestanden, ohne zu zahlen, jetzt fehlten noch etwas mehr als fünfhundert Pesos.

»*But I have nothing.*« Leidend strich er sich über das neue Hemd, das er von seinem letzten Ensenada-Ausflug mitgebracht hatte, und bohrte mit der Spitze seines Stiefels ein Loch in den Sand.

Doch diesmal schüttelte Tom den Kopf.

»*We need it until midday!*«

Immer wieder hatten wir uns erweichen lassen und neues Geld aus der Tasche gezogen, hatten eine Geschichte nach der anderen über uns ergehen lassen ... hohe Stromrechnungen ... Steuern ... Geschenke für die Kinder ..., doch jetzt brauchten wir unser Geld, noch heute wollten wir in Richtung Ojo de Liebre aufbrechen, einer in einem Salzabbau gelegenen Lagune, dort, so hatten wir gehört, sollte man die Wale sogar atmen hören.

Noch einmal klopfte Tom auf sein Handgelenk.

»*Hoy, mediodia!*« Heute, zwölf Uhr mittags! Und Fidel nickte gequält. Mit Leidensmiene marschierte er über den Strand, sammelte Dosen in einige Müllsäcke und verschwand kurz darauf mit drei vollgepackten Säcken auf der Ladefläche seines Pick-ups. Eine halbe Stunde später stand er mit vierhundert Pesos vor unserer Tür.

»*Mucho work!*« Er stemmte eine Hand in den anscheinend schmerzenden Rücken, und ich fühlte mich wie ein Sklaventreiber, als ich die Scheine in Empfang nahm – auf die restlichen hundert Pesos konnten wir gut verzichten. Tom zog die letzte Perlenkette vom kahlen Christbaum und warf sie in die Fahrerkabine, dann startete er den Motor, und zusammen mit Emma und Paula kletterte ich in den Koffer.

Drei Kübel voller Muscheln standen vor der Eingangstür, Seesterne stapelten sich über großen Schneckenhäusern, und wir blickten über den kilometerlangen Strand, der die letzten Wochen unser zu Hause gewesen war. Pelikane segelten nur wenige Zentimeter über der Wasseroberfläche, während ein grauhaariger Fischer sein in den Pazifik geworfenes Schleppnetz mit einem Seil an sein rostiges Auto knotete. In Schrittgeschwindigkeit fuhr er entlang der schäumenden Wellen und blickte dabei wehmütig aufs Meer, während wir ein letztes Mal zur Ausfahrt des Campingplatzes rollten.

Fidel hob die Hand zum Gruß, wedelte dabei mit einem Lappen durch die Luft, mit dem er gerade den cremefarbenen Lack eines neuen Autos polierte.

Erstaunt trat Tom auf die Bremse.

»Where is your Pick-up?«

Fidel wedelte abwehrend mit der Hand durch die Luft und rümpfte die breite Nase.

»Sold ... I needed a new one!« Dabei tätschelte er liebevoll den glänzenden Kotflügel und grinste schief. Was für ein Schlitzohr! Und dann fügte er noch hinzu:

»Sorry, but it is mucho better for the Ladies.«

Laguna Ojo de Liebre

Ein Soldat mit grimmigem Gesichtsausdruck versperrte uns die Straße und bedeutete Tom, an den Rand zu fahren. In Guerrero Negro, der letzten Stadt vor der Lagune, wimmelte es nur so von Militär, angeblich sollte der mexikanische Präsident gerade zu Besuch sein, hatte uns der Besitzer eines Pollo-Standes geflüstert.

»Where do you come from?«

Unbehaglich starrte ich aus dem Fenster, auf der anderen Straßenseite wurde gerade ein mit Orangen beladener LKW durchsucht, ein Polizist wühlte sich durch die hoch aufgetürmte Fracht, und immer mehr Früchte klatschten auf die dreckige Straße.

»Germany.«

Ohne uns eines weiteren Blickes zu würdigen, begann der Soldat, an seiner Tasche zu fingern, und während er sich umsah, als täte er etwas Verbotenes, zog er blitzschnell ein kleines Kästchen aus seiner Hose. Erschrocken zuckte ich zusammen, dann erkannte ich die baumelnden Ohrstöpsel eines iPods, die er bittend in Toms Richtung hielt

»*You know Rammstein?*«, fragte er, und Tom nickte.

»*Can you translate something for me?*«

Leises Wummern tönte aus den kleinen Lautsprechern, dazu die deutschen Worte ... du hasst mich ...

»*You hate me.*« Ein Lächeln zog sich über das Gesicht des Mannes, sanft tätschelte er zum Dank die runde Schnauze unseres Mercedes, und wir durften fahren.

Salzkristalle glitzerten zu beiden Seiten der sandigen Piste, die uns zur Lagune bringen sollte, schichtweise aufgetürmt in verebbten Becken; angestautes Wasser und knorrige Büsche, dazwischen immer wieder die Spuren von Kojoten.

Nach einer guten Stunde endlich tauchte die Küstenlinie der extrem salzhaltigen Lagune vor uns auf, angeblich legten die Grauwale jedes Jahr Tausende Kilometer zurück, um hier ihre Babys zur Welt zu bringen. Der Salzgehalt, so hatte ich gelesen, solle den Jungtieren das Schwimmen erleichtern. Näher und immer näher kam der Strand, und im Gegensatz zu den stürmischen Wellen des Pazifiks herrschte hier eine fast unbeschreibliche Ruhe. Sanft schaukelten die dümpelnden Seevögel, die in den schwappenden Wellen zu dösen schienen wie Babys in ihrer Wiege.

Angestrengt starrten wir aufs Wasser, fast erwartete ich zur Begrüßung das Winken einer Schwanzflosse, doch nichts regte sich, bis wir an einem kleinen Seitenarm nur wenige Meter vom Wasser entfernt unser Lager aufschlugen und die Hunde interessiert über den Strand schnupperten.

Ein leicht säuerlicher Geruch lag in der Luft, und gerade als ich dessen Ursprung erkunden wollte, stoppte ein alter

Kombi direkt vor unserem Laster, und ein junger Mann streckte seinen Kopf aus dem Fenster.

»Hi, we heard something about whale breathing and we are searching the right place to hear it.«

»This must be the place.« Tom zeigte auf den Boden unter unseren Füßen.

»But until now, we heard nothing.«

Gebannt starrten wir alle gemeinsam auf die Wasseroberfläche, aber noch immer zeigte sich nichts Ungewöhnliches, der Mann und seine Begleiterin beschlossen, noch ein Stück den Strand entlangzufahren, und circa hundert Meter weiter sah ich sie ans Ufer rollen.

Wir waren gerade dabei, unseren Abend mit Stockbrot und Bratäpfeln zu beschließen, als die Frau aufgeregt zu uns ans Feuer stürzte. Sie wedelte mit einem Fernglas vor unseren Augen und zeigte auf die »schlafende« Lagune, bevor sie mir das Glas in die Hand drückte.

»Look!«

Angestrengt starrte ich auf die schon fast in der Dunkelheit verschwindende Wasseroberfläche, als ich plötzlich ein Schäumen sah, dann schoss eine Fontäne meterhoch aus dem Wasser, und ein großer schwarzer Rücken pflügte durch das spritzende Nass. Die nächste Fontäne, nur wenige Meter daneben, weiter links noch eine, und mit einem Mal sah ich überall sprühende Tropfen, das Wasser schien zu brodeln wie ein Topf kochendes Wasser ... Die Wale waren hier!

Zusammen mit dem jungen Pärchen charterten wir früh am nächsten Morgen ein kleines Motorboot, um in die Lagune zu fahren, zwei quer gelegte Bretter dienten als Bänke, und der Mexikaner, der im Bug neben dem Außenmotor saß, lenkte das Boot immer weiter durch das spritzende Wasser. Erst als das Ufer nur noch als entfernter Strich zu erkennen war, wurde er langsamer, schaltete den Motor ab und starrte abwartend auf die stille, unendlich erscheinende Oberfläche. Plötzlich tauchte ein riesiger Kopf vor uns aus den Fluten. Immer weiter schob er sich in die

Höhe, ein kleines dunkles Auge betrachtete uns neugierig aus nur wenigen Metern Entfernung, verharrte sekundenlang auf unseren Gesichtern, als wollte es uns studieren, bevor der Kopf zurück ins Wasser tauchte und mit einer klatschenden Schwanzflosse unter unserem Boot verschwand, das mir plötzlich vorkam wie eine winzige Walnussschale. Wir begannen zu schwanken, die Seitenwände kamen den Wellen bedenklich nahe, und der dunkle Rücken des Grauwales tauchte kaum einen knappen Meter entfernt erneut aus dem Pazifik. Nur wenige Zentimeter lagen zwischen der mit Flechten bewachsenen Haut und unseren Fingern, bevor er mit einem galanten Schwung in der Tiefe verschwand.

Atemlos starrten wir auf die Wasseroberfläche, während unser »Fahrer« zu erzählen begann: Über dreihundert Wale sollten inzwischen in der Lagune verweilen, und täglich würden es mehr.

Wieder ein Rücken, sanft glitt er neben uns, daneben das kleine Köpfchen eines Neugeborenen, gerade mal fünf Meter lang. Fasziniert klammerten wir uns an den Rand des kleinen Bootes, eine Fontäne spritzte in die Luft, die kleinen Tröpfchen bunt schillernd in der strahlenden Sonne, und ein feuchter Regen rieselte über unsere Köpfe.

Aufgeregt kletterte Emma von einer Seite auf die andere, schielte über das Wasser und zeigte freudestrahlend auf die vielen Rücken, für Paula dagegen schien die Aufregung völlig unbegründet. Unbeeindruckt betrachtete sie die neben ihr ins Wasser tauchende Flosse, dann sah sie fragend in unsere Richtung.

»Wann sind wir denn endlich da?«, wollte sie wissen, bevor sie sich gähnend auf den Boden des Bootes kuschelte und sich von den Wellen in den Schlaf schaukeln ließ.

Eine Wal-Wohngemeinschaft

Ein Heulen durchdrang die schwarze Nacht, unheimlich und laut, und unsere Hunde begannen ängstlich zu knurren.

»Sind das Wölfe, Mama, oder wieder Kojoten?«

»Kojoten.« Paula griff ängstlich nach meinem Arm, während Emma, die aus dem Schlaf geschreckt war, zuerst an unsere Hunde dachte.

»Wo sind Fred und Laika?«

»Hier drinnen.« Wie auf Kommando sprangen beide Hunde wütend gegen die geschlossene Tür, doch die Kojoten ließen sich nicht stören. Nur einer trennte sich von der Meute und schlich mit gefletschten Zähnen und aufgestelltem Nackenfell um den Laster, und dieses eine Mal war ich wirklich froh, unsere Kläffer im Inneren zu haben.

Jetzt war von draußen ein Scharren zu hören, ein lautes Rumpeln ... die Mülltonne ging zu Boden. Das lang gezogene Jaulen fuhr mir durch Mark und Bein, während sich unter das Scheppern der Tonne zusätzlich wütendes Knurren und Bellen mischte – die Kojoten prügelten sich um die Reste des Tages. Nur die Blechwand des Lasters trennte uns von der hungrigen Meute; heute hatten sie sich zum ersten Mal bis zum Wagen getraut.

Seit Tagen schon hatten sie uns aus der Ferne beobachtet, hatten sich um uns geschart und uns aus ihren glühenden Augen beobachtet, bis sich die Atmosphäre einer Belagerung ausgebreitet hatte, jetzt hatten sie zum ersten Mal zugeschlagen. Wie schon so oft musste ich an die vielen Gruselgeschichten denken, die uns aus Amerika begleitet hatten, die Allesfresser, die keine Gnade kennen, selbst angebundene Hunde würden verschwinden, zurück blieben nur die abgenagten Leinen ...

»Ich hab Angst.« Paula kroch unter die warme Decke, während Emma unbehaglich aus dem Fenster starrte, der Müll von vier Wochen verteilte sich inzwischen in kleinen Fetzen über den ganzen Platz.

Seit einem Monat schon, mittlerweile war es Ende Januar, campten wir neben der Kinderstube der Wale, und noch immer konnten wir uns nicht trennen. Aber die Stimmung hatte sich ein wenig verändert, Aufbruch lag in der Luft ... In ein paar Monaten würde Emma in die Schule kommen. Und das bedeutete, wir mussten früher oder später über das Zurückkehren nachdenken ... ein schöner und doch unvorstellbarer Gedanke ...

Gähnend starrte ich aus dem Fenster, ich fühlte mich erfüllt und erschöpft zugleich. Vom Reisen, von den unzähligen Eindrücken, mein Kopf schien zum Bersten gefüllt. Was würden wir als Nächstes tun?

Die ersten Kojoten trotteten müde hinter den nächsten Hügel, während erste Sonnenstrahlen über den Horizont krochen; langsam mussten wir entscheiden, wie es weitergehen sollte, das war mir vollkommen klar.

Von draußen hörte ich das laute Atmen der Wale wie den Pulsschlag des Meeres, ein leichter Nebel hatte sich über das dunkle Wasser gelegt, und die ersten Vögel liefen unter der rötlichen Sonne durch den wattähnlichen Uferbereich, während Tom und ich aus dem Bett krochen. Ich hatte das Gefühl, als wäre ich aus einem wochenlangen Schlaf erwacht, mit einer Tasse Kaffee in den Händen setzten wir uns in den kühlen Sand und überlegten gemeinsam.

Wir konnten weiter nach Südamerika fahren, womöglich bis nach Paraguay und Argentinien ... wir konnten noch eine Weile in Mexiko bleiben oder zurück nach Deutschland gehen.

»Verschiffen können wir von Argentinien oder den USA.« Tom hatte sich im Internet informiert, und gemeinsam musterten wir die ausgelegte Weltkarte. Der Weg nach Argentinien war lang, Emmas Einschulungstermin ließ uns allerdings nur bedingt Zeit, eine Einreise zurück in die USA dagegen war problematisch. Wir hatten nur eine Registrierung beantragt, damit mussten wir erst den Landesteil Nordamerika verlassen haben, um wieder in die Vereinigten Staaten reisen zu dürfen, das hieß zumindest eine Ein-

und Ausreise nach Guatemala, so stand es zumindest in den Papieren.

»Wir könnten es einfach versuchen!« Tom zuckte mit den Schultern, und ich nickte, dann schüttete ich die letzten Tropfen Kaffee in den langsam warm werdenden Sand. Gemeinsam sammelten wir den zerstreuten Müll zurück in die Tonne und verschnürten die Pferde auf dem Dachträger. Wir würden einfach das Schicksal entscheiden lassen.

Wenn man uns einreisen ließ, würden wir an die Ostküste fahren und den Laster von Baltimore zurück nach Deutschland einschiffen; wenn man uns abweisen würde, ging es eben weiter nach Südamerika.

Der Motor klackerte laut in der morgendlichen Kälte, Emma wischte mit dem Ärmel über die beschlagenen Scheiben und warf einen letzten Blick auf die Lagune, dann begannen wir zu rollen. Langsam verschwanden die Salzkrusten am Rande des Weges, Kakteen ragten meterhoch in den blauen Himmel, an dem die kreischenden Greifvögel ihre Runden flogen, und Stück für Stück näherten wir uns der amerikanischen Grenze.

Drei Tage später klopfte der Kontrolleur missmutig auf unsere Registrierung und schüttelte den Kopf.

»*You are not allowed to go back to the United States, you first have to leave North America!*«

»*Yes.*« Tom nickte. »*I know, but it is a long way!*«

Eine Zeit lang noch blätterte der Mann in den Papieren, sein Blick schweifte von den Kindern hinüber ins mexikanische Grenzland, und nur wenige Minuten später winkte er uns in die Passkontrolle.

»*It is too dangerous!*« Er schüttelte den Kopf, während er die Einreisestempel in unsere Pässe knallte. »*Don't go there with children.*«

Er reichte uns die Pässe, und mit einem mitleidigen Lächeln nickte er ein letztes Mal.

»*Good travel.*« Dann durften wir gehen.

Die Sonne stand hoch am Himmel, als der Laster über den US-amerikanischen Highway Richtung Tucson rollte, Bäume mischten sich zunehmend unter die stacheligen Kakteen, und die ersten Wohnmobile voller Sonnenhungriger kreuzten unsere Wege, während wir uns auf den Weg quer durch die USA Richtung Heimat machten.

Epilog

Fast zwei Jahre später

Emma steht in einer Traube Kinder, und Tom, Paula und ich lauschen dem schallenden Gesang aus mindestens sechzehn Kehlen: »Kein Mensch gleicht auf Erden dem andern, die Welt ist an Sprachen so reich, aber wo wir auch gehen und wandern: Die Blumen blühn überall gleich ...«

Heute ist Tag der offenen Türe in der Montessori-Schule, und gedankenverloren klopfe ich mit den Fingerspitzen den Takt auf meinem Elternbeirats-Namensschildchen mit. Noch zu Beginn des Jahres hätte ich mir den geregelten Tagesablauf unserer letzten Monate und Wochen nicht vorstellen können.

Die Ankunft in Deutschland, das Zurückfinden in einen Alltag war nicht einfach gewesen. Die Mauern unseres Hauses wirkten wie ein Gefängnis, das kleine Flusstal einengend und dunkel. Nach dreißig Monaten grenzenloser Freiheit schien uns hier alles regungslos und viel zu still. Kein Regen prasselte mehr gegen das dünne Blechdach, kein Wind pfiff durch die Ritzen, der Blick aus dem Fenster zeigte tagtäglich dasselbe Bild, und das dicke Ziegeldach wurde zur dämpfenden Glocke.

Ich vermisste die flatternden Bänder im Fahrtwind, die blechernen Gesänge aus den Moscheen und das endlose Rauschen des Meeres, und dennoch verspürte ich den Wunsch zu bleiben. Knappe drei Jahre hatten wir Abenteuer erlebt, unfassbar viel Neues gesehen, Eindrücke gesammelt, immer wieder schnelle Entscheidungen in brenzligen Situationen gefällt und durchaus auch mit Ängsten gekämpft. Jetzt war es Zeit für Ruhe.

Tom trat wieder seine Stelle als Heilerzieher an, Sarahs Ausbildung zur Erzieherin begann, und ich kümmerte mich erst einmal zu Hause um alles. Bald hatten wir für Emma eine Montessori-Schule, in der auch Paula regelmäßig Vorschulnachmittage besuchen kann, in der Nähe der tschechischen Grenze gefunden. Wir waren in ein kleines Häuschen am Waldrand umgezogen, hatten uns eine Basis für die nächsten Jahre geschaffen. Genau hier wollen wir bleiben ...

Die letzten Töne des Liedes verklingen, und Emma stürmt mit Paula und einem Pulk anderer Kinder an mir vorbei in die Turnhalle, schwingt sich an einem Seil über den Abgrund zwischen zwei Holzkästen und springt auf eine dicke Matte. Hier haben sie Freunde gefunden.

Dicke Schneeflocken wirbeln vor den Fenstern durch die Luft, Kinderlachen hallt durch die Gänge, und für einen Moment habe ich eine Vorstellung davon, was Glück bedeutet. Ich bin zufrieden.

Unser Leben, das noch vor einigen Monaten stillzustehen schien, ist wieder in Bewegung geraten, fließt langsam und stetig, wie ein vor sich hin plätschernder Bach, und wir versuchen, wie unterwegs, im Hier und Jetzt zu leben. Auch an diesem Ort, soviel weiß ich jetzt, steht uns die Welt offen, wir können entscheiden ...

Und das Reisen?

Seit ein paar Tagen hängt die alte Weltkarte wieder in unserem Hausflur, und eine rote Nadel leuchtet verheißungsvoll auf dem bunt gefleckten Papier ...

Dank

Ich danke Braisl und Diana, ohne die wir wohl niemals losgefahren wären und viele wunderbaren Erfahrungen nie gemacht hätten, danke unserer zu Hause gebliebenen Familie und Freunden, die sich wunderbar um unsere Finanzen und viele andere wichtige Dinge gekümmert und uns immer wieder mit ausreichend Lesestoff für uns und unsere Kinder versorgt haben, danke den vielen netten Menschen, die uns vor, während und nach der Reise unterstützt haben, und nicht zuletzt danke ich Eva Semitzidou und der Agentur von Michael Gaeb, Bettina Feldweg vom Malik Verlag und meiner Redakteurin Antje Steinhäuser, ohne die mein Buch sicher nicht rechtzeitig fertig geworden wäre.

Das Glück liegt in der Ferne

Michael Martin
In der Welt zuhause
Zwanzig Geschichten von Neugier,
Eigensinn und Abenteuer

Freunde und Weggefährten inspirier-
ten seine Reisen. Nun widmet Michael
Martin ihren Erlebnissen einen Band:
mit Abenteuern von Andreas Altmann,
Maria von Blumencron, Ted Simon u.a.

Klaus Denart
Mr. Globetrotter
Meine Reisen, mein Leben

Fesselnd wie ein Abenteuerroman.
Klaus Denart war zehn Jahre lang in
der Welt unterwegs: im Holzsarg auf
dem Blauen Nil, allein im Dschungel
von Panama und zu Fuß mit Rüdiger
Nehberg durch die äthiopische Wüste.

Gregor Sieböck
Der Weltenwanderer
Zu Fuß um die halbe Welt

Drei Jahre streift Gregor Sieböck
auf Pilgerwegen durch Europa,
durch die Weite Lateinamerikas
und die Wildnis Neuseelands.
»Eine Hommage an das langsame
Reisen.« GEO

MALIK ☐ NATIONAL GEOGRAPHIC

10/1036/04/3s

Asien entdecken

Carmen Rohrbach
Mongolei
Zu Pferd durch das Land der Winde

»Carmen Rohrbach lässt
einen lebendig daran teilhaben,
eine ganz stark am harten Alltag
orientierte Kultur zu entschlüs-
seln und zu begreifen ...«.

Süddeutsche Zeitung

Linda Leaming
Das glücklichste Land der Welt
Mein Leben in Bhutan

Linda Leaming lebt ihren Traum und
zieht ins »Land des Donnerdrachens«.
Charmant erzählt sie, wie sie die
Amtssprache Dzongkha lernt, sich die
buddhistische Lebenswelt erschließt
und die große Liebe findet.

Tor Farovik
In Buddhas Gärten
Eine Reise nach Vietnam, Kambodscha,
Thailand und Birma

Tor Farovik erzählt die Geschichte
und Gegenwart der Länder Südost-
asiens so sinnlich und atmosphärisch,
als »habe er sie gerade frisch ge-
träumt«. Süddeutsche Zeitung

MALIK ■ NATIONAL GEOGRAPHIC

10/1011/05/3s

Die Erkundung der Welt

Dieter Kreutzkamp
Das Blockhaus am Denali
Leben in Alaska

Auf das Angebot einer Freundin, ihr Blockhaus am majestätischen Mount Denali für eine Auszeit zu nutzen, folgen Dieter Kreutzkamp und seine Frau Juliana dem Ruf der Wildnis.

Carmen Rohrbach
Im Reich der Königin von Saba
Auf Karawanenwegen im Jemen

Nach Erfahrungen auf allen Kontinenten beschließt Carmen Rohrbach, sich den großen Traum ihrer Kindheit zu erfüllen: Allein durch den geheimnisvollen Jemen, mit viel Intuition und wachem Blick.

Fergus Fleming / Annabel Merullo
Legendäre Expeditionen
50 Originalberichte

Die großen Entdecker der Geschichte in Originalberichten und -illustrationen: eine buntgemischte Gruppe aus Forschern, Seefahrern, Wanderern und Abenteurern, die Außerordentliches leisteten.

MALIK ▢ NATIONAL GEOGRAPHIC

10/1004/05/3s